W0322600

Andreas Heil

# Kreative Kompositionen

## für Konditorei und Patisserie

*Für Gregor und Roman*

Andreas Heil

# Kreative Kompositionen

## für Konditorei und Patisserie

2. Auflage

MATTHAES VERLAG GMBH

## Zuerst war ich erstaunt!

Andreas Heil, Sieger des 1. Wettbewerbs „Konditor des Jahres", also praktisch „Deutscher Meister", schreibt ein Fachbuch.

Dann kam die Bewunderung!
Wie schafft er das nur. Das bedeutet doch einen enormen Zeitaufwand.
Auch gehört Mut dazu.

Zum Schluß war ich nur noch begeistert.
Was ich las und sah, löste in mir nur noch den Wunsch aus, dieses Werk schnell zu kaufen. Hier schreibt ein Mann der täglichen Praxis für die tägliche Praxis. Wort und Bild sind überzeugend. Ein Buch für Lehrlinge und Meister.

Der Konditor steht täglich vor der Aufgabe, gleichbleibende Qualität und ein reichhaltiges Sortiment zu bieten.
Beides reicht aber noch nicht aus, die Produkte auch an den Kunden zu bringen. Mitentscheidend ist das Aussehen der Erzeugnisse und deren Präsentation. Ebenso ist im Alltag nicht mehr jeder Preis durchsetzbar. Dazu kommt ein verändertes Ernährungsbewußtsein. Mit den vielen Ideen, Techniken und Rezepturen im Buch können diese Anforderungen erfüllt werden.

Ein gelungenes Werk!

Ich wünsche dem Buch und meinem Kollegen Konditormeister Andreas Heil viel Erfolg

Ihr

*Otto Kemmer*

*Präsident des Deutschen Konditorenbundes*
*Präsident des Konditoren-Weltverbandes UIPCG*
*Inhaber des „Cafés am Dom" in Würzburg*

## Zum Geleit

In den letzten Jahren wird in zunehmender Weise gefragt, ob die deutsche Konditorei bzw. das Konditorei-Café noch eine Zukunft hat.
Für mich ist diese Frage schnell beantwortet. Es wird in gleichem Maße gesunde Betriebe geben, wie heutige oder künftige Inhaber erkennen, daß Durchschnitt keine Zukunft hat, und konsequent entsprechend handeln.
Um die für den künftigen Erfolg notwendigen höheren Preise zu erzielen, muß die Gesamtleistung des Betriebes ihren Preis wert sein. Das betrifft das Ambiente, den Service, die Produkte und deren Präsentation. Der erfolgreiche Konditor der Zukunft ist ebensoviel Unternehmer wie Handwerker. Er weiß, daß er seine Leistung gekonnt verkaufen muß.

Der Konditor, der sich in der Gastronomie-Landschaft behaupten will, geht zwar mit der Zeit, bewahrt aber die Identität der Konditorei und läßt sie nicht zu einem Gastronomie-Gemischtwarenladen verkommen.
Der Konditor der Zukunft hat in seiner Produktpalette Bewährtes in erstklassiger Form, bietet aber einem jungen zahlungskräftigen Publikum auch Innovatives in süßer und auch herzhafter Form an.

Dieses Buch, das Sie in Händen halten, macht Vorschläge dazu. Selbst wenn Sie keine Rezepte übernehmen sollten, ist nach meiner Ansicht der Zweck dieses Buches erreicht, wenn Sie, angeregt durch seine Lektüre, darüber nachdenken, ob Ihre eigenen Produkte noch verbessert oder attraktiver gemacht werden können.
Den Verfasser des Buches kenne und schätze ich seit Jahren. Er ist ein erfahrener und kreativer Konditor mit Leib und Seele. Er gehört zu den jungen Konditoren, welche die Zukunft dieses Handwerks, durch ihr besonderes Engagement, positiv mitgestalten.
Im Jahre 1994 wurde Herrn Heil als erstem in einem gleichnamigen Wettbewerb der Titel „Konditor des Jahres" verliehen. Dieser Wettbewerb wurde von meiner Frau und mir erdacht und mit einer Gruppe von erstklassigen Konditoren umgesetzt. Getragen wird er noch heute von der mit dem Konditorenhandwerk eng verbundenen Kaffeerösterei Heimbs & Sohn in Braunschweig.

Ich wünsche Herrn Heil den verdienten beruflichen Erfolg und seinem Buch, daß es dazu beiträgt, die Produktpalette der Konditoren noch bunter und verführerischer zu gestalten.

Braunschweig, im Oktober 1999

*Wilhelm Voigt*

*Geschäftsführer der Kaffeerösterei „Heimbs & Sohn" in Braunschweig von 1985 bis 1998.*
*Gründer des „CCC" – Condi-Creativ-Club e. V.*
*und geistiger Vater des Wettbewerbs „Konditor des Jahres"*

# Inhalt

## Tartes & Schnitten 16

## Kleintorten 52

## Eistorten 180

## Desserts rapid 196

# Einleitung

*„Qualität und Frische sind heutzutage feste Größen,*
*erst durch Innovationen – gleich in welchem Bereich –*
*schaffen wir die klare Differenzierung*
*zu unseren Mitbewerbern"*

## Zu diesem Buch

Mit dem vorliegenden Werk möchte ich erstmals als Fachautor aus meiner Sicht einen Ausschnitt aktueller Konditorei darstellen und gekoppelt an meine Erfahrungen zeitgemäße Trends und Strömungen aufzeigen. Mit der detailreichen Präsentation zahlreicher Rezepturen und Techniken und ohne aus dem einen oder anderen ein Geheimnis zu machen, möchte ich so versuchen, Wissen und Erfahrungen aus meiner bisherigen Tätigkeit als Konditor dem Leser zugänglich zu machen.

In den jüngst zurückliegenden Jahren gab es für die verschiedensten Bereiche des Konditorhandwerks so manchen kräftigen, aber auch positiven Impuls. Nicht wenige davon hatten dann auf die bisherige Form deutscher Konditorei mehr oder minder großen Einfluß. Als Beispiel sei hier nur der starke Schub im Bereich der Arbeitstechniken, des Handwerkszeugs oder der Traiteurbereich und das gewandelte Verbraucherverhalten genannt. Das Konditorhandwerk unterliegt so, genau wie andere Branchen auch, dem Druck zu einem steten Wandel. Die hierbei permanent vom Markt an die Konditoreien und deren Beschäftigte gestellten Anforderungen, schneller zu sein als andere, noch kreativer zu werden und immer noch flexibler zu agieren, diese Anforderungen können sicherlich nicht mit einer „Weiter-wie-bisher-Haltung" bewältigt werden; aber das für sich allein ist ja auch noch keine neue Erkenntnis. Es gilt deshalb für mich, sich zu neuen Strömungen oder Stilrichtungen der Verbrauchererwartung frühzeitig Zugang zu verschaffen. Dabei ist es von großer Bedeutung, ständig die Tendenzen des eigenen Marktes zu analysieren und für sich gegenüber neuen Erfordernissen eine offen-positive Grundeinstellung zu wahren. Es ist aber auch unabwendbar, sich rechtzeitig von Altbackenem zu trennen, um auch in Zukunft Erfolge mit einem den Zeitgeist treffenden Angebot haben zu können. Dieser Erfolg ist dann aber durch immer fortlaufendes Engagement und ständiges Optimieren zu sichern und zu erweitern. Unter der Belastung des hier geschilderten immer schneller voranschreitenden Prozesses droht etwa im gleichen Verhältnis der künstlerische Pol und der rationale Pol des Konditorberufes auseinanderzudriften und ersterer dabei verlorenzugehen. Nach meiner Auffassung kann aber das eine nicht ohne das andere erfolgreich weiterbestehen. Der innovative Künstler in unserem Beruf braucht eine solide existentielle Basis, oder, von der anderen Seite betrachtet, was wäre Konditorei ohne künstlerischen, sich vom Einerlei abhebenden Maßstab? – Und worin sonst sollten junge Menschen ihre erste Perspektive finden, um den Konditorberuf erlernen zu wollen? Auch aus diesem Grunde strebe ich im Tagesgeschäft den größtmöglichen Standard an. Darüber hin-

aus habe ich es mir zum Grundsatz gemacht, ständig mit entsprechenden Leistungen in das Bewußtsein der Kunden vorzudringen.
Vielleicht gelingt es mir mit diesem Werk, einen interessanten Moment „fotografisch" festzuhalten. Es ist aber meiner Meinung nach nicht möglich, in nur einem Buch einen spiegelbildlichen Querschnitt heutiger Konditorei darzustellen. Zu groß wäre die Bandbreite des Stoffes, zu speziell die verschiedenen Fachgebiete. Aus meinen Erfahrungen aus der Praxis heraus setze ich daher bestimmte thematische Schwerpunkte, um bedeutende Produktgruppen anschaulich darzustellen, welche zum Teil schon lange Bestand haben, aber vielleicht auch in der zukünftigen Konditorei zu finden sein werden. Allein der Bereich Dekor und Dekortechniken verlangt nach einer ausführlichen Beschreibung und könnte dabei einen eigenständigen Band füllen. Andererseits wurde hier von mir auf den von Konditoreien „neu entdeckten" Traiteurbereich verzichtet, immerhin ist die Stoffülle so umfangreich, daß sie in einem eigenständigen Buch abgehandelt werden sollte.

### *Wesentliche Merkmale zu den Rezepturen des Buches*

Der Trend geht zu kleineren Portionsgrößen bei ausgezeichneter Qualität und mit viel Raffinesse, wie es sich beispielsweise bei Kleintorten oder den Desserts rapid sichtbar niederschlägt. Die Diskussion um Zucker und Fett bei allgemeinem Wandel des Verbraucherbewußtseins führte dazu, Gebäcke, Torten, Kuchen und süße Sachen mit immer geringer werdendem Zucker- bzw. Fettanteil zu produzieren.
Oftmals ersetzen nun schmackhafte und bekömmliche Fruchtzubereitungen, dem vielfachen Kundenwunsch entsprechend, die bisher häufig durch die Intensität mancher Destillate hervorstechende Aromatisierung zahlreicher Produkte.
Petits fours werden im Gegensatz zur klassischen Manier heute vielfach ohne Fondantüberzug hergestellt. Dies ist ebenfalls eine Folgeerscheinung der Forderung, weniger Zucker zu verwenden bzw. hier für mehr Abwechslung bei Füllungen und für bezahlbaren Dekor zu sorgen.
Die Vielzahl rationeller Dekormöglichkeiten hat sich auch auf Grund verschiedener Massen, wie etwa Dekormassen für Mandelkapseln, der dazugehörigen originellen Schablonen oder aber phantasievollem, auch selbstgefertigtem Siebdruck enorm vergrößert. Dabei erreichte die Qualität und Vielfalt des gegenwärtig erhältlichen Handwerkszeugs einen bisher unerreichten Standard.
Rationelle Formensysteme, wie man sie z. B. bei der Produktion von Desserts rapid benötigt, in Verbindung mit neuen Arbeitstechniken ermöglichen eine junge, abwechslungsreiche sowie attraktive Optik bei Konditorei- und Patisserie-Erzeugnissen.
Zu den im Buch beschriebenen Arbeitstechniken zählen beispielsweise das schnelle Aufsprühen hauchdünner Schokoladenüberzüge oder aber die Verwendung von markanten Schokoladensplittern sowie winziger Blattgoldflöckchen zur rationellen, aber eleganten Garnierung von Desserts und Torten. Auch der Einsatz besonderer Strukturen bei den verschiedensten Materialien und Komponenten sorgt für gute Effekte und viel Aufmerksamkeit beim Kunden. Es sollte jedoch und eben gerade im Dekorbereich immer darauf geachtet werden,

daß die diversen Rohstoffe „materialgerecht", das heißt unter Berücksichtigung ihrer typischen Eigenschaften, zum Einsatz gebracht werden.
Die Summe dieser Details markiert einen Weg, den Anstrengungen der Industrie unser kreatives Potential verkaufswirksam entgegenzusetzen und dabei vor allem die Bedürfnisse unserer Kunden bestmöglich zu erfüllen.
Hierbei wird aber auch der notwendige und heute betriebswirtschaftlich zunehmend überlebenswichtige Faktor Rationalisierung mit einbezogen. An dieser Stelle verweise ich darauf, daß die Grundkörper der im Buch präsentierten Torten und Desserts fast ausnahmslos dank der Leistungsfähigkeit moderner Kältetechnik in großen Stückzahlen bzw. in sinnvollen Chargengrößen produziert werden können, wobei ein Unterschied zu gleichen, eventuell nur angefrosteten bzw. nur gekühlten Artikeln für den Verbraucher so gut wie nicht mehr wahrnehmbar bzw. nachweisbar ist. Auf diese Weise wird auch heutigen Erfordernissen Rechnung getragen, wie z. B. zentrale Produktionsstätte bei Filialbetrieben, wechselnder Bedarf, schnelle Ausführung von kurzfristigen Bestellungen, Nachordern und Präsentieren frischer Ware auch in den Verkaufsstunden am Nachmittag oder einfach bei überraschendem Wetterwechsel usw.

### *Zum Arbeiten mit diesem Buch – Hinweise für den Leser*

- Die Kalkulation der richtigen Preise zu den Produktvorschlägen obliegt ausschließlich dem jeweiligen Leser. Denn es wäre wohl nur möglich, ein verallgemeinerndes Schema zu erstellen. Zu verschieden sind die individuellen Gegebenheiten. Der tatsächliche Zeitaufwand wird maßgeblich durch die betriebsspezifischen Gegebenheiten sowie die persönliche Arbeitsmethodik bestimmt, aber auch durch den Umfang, in welchem die sogenannten Basiskomponenten, wie diverse Böden oder Füllungen, im Unternehmen schon vorhanden sind.
- Es gibt für jedes Produkt sogenannte „Produktionshinweise" wie „Spezielle Rohstoffe/Arbeitsgeräte", die dem Benutzer des Buches „auf einen Blick" eine möglichst gute Einschätzung des jeweiligen Produktes ermöglichen sollen. Als weiterer Anhaltspunkt gelten die Symbole unter „Herstellungsaufwand", die als Entscheidungshilfe gedacht sind: Je nach ihrer Anzahl der „Konditorsymbole" geben sie eine grobe Auskunft über relative Schwierigkeit und den ungefähren Zeitaufwand zur Herstellung des jeweiligen Produktvorschlags.
In den Kapiteln wechselt die Anzahl der Symbole von einem bis zu drei Stück und zum Teil in halben Stufen (schwach gedruckt). Ausnahme: Im Kapitel Kleintorten werden die diversen Produktvorschläge durch bis zu fünf Symbole unterschieden.
- Für die zur Herstellung eines vollständigen Produktes notwendigen Basiskomponenten bzw. Basisrezepturen befinden sich jeweils am Ende der Zutatenliste entsprechende Hinweise mit Angabe der genauen Seitenzahl. Diese Basisrezepturen sind zum schnelleren Auffinden in einem eigenen Kapitel aufgeführt. Ein bebilderter Produktvorschlag stützt sich in seiner Herstellung zunächst immer auf die vorausgehende Fertigung der hierzu aufgelisteten Basisrezepturen.
- Der Punkt „Herstellung" eines vorgestellten Produktes umfaßt in seiner Beschreibung neben dem Gesamtverlauf auch stets die genaue Anleitung zur Herstellung etwaiger Neben-

rezepturen. Dies sind zum Beispiel Rezepte für eine Tränke, Essenz oder Creme, also wichtige Bestandteile, die dann ebenfalls, neben der Hauptrezeptur, in der Zutatenliste aufgeführt sind.

• Die wichtigste, ja Haupt-, weil geschmacksbestimmende Rezeptur eines Produktvorschlages ist zur deutlicheren und schnelleren Unterscheidung zwischen eventuell gleichartigen Rezepturen (z. B. bei Schokoladenmousse) zusätzlich durch ein Diagramm dargestellt. Mit diesem Diagramm soll zum einen die Zusammensetzung der ausgewählten Rezeptur optisch verdeutlicht werden und zum anderen geringste Unterschiede ähnlicher Rezepturen sofort „auf einen Blick" zu erkennen sein. Zusätzlich können auch eventuelle gesetzesrelevante Größen, z. B. die Höhe des Schlagsahneanteils, sehr leicht überprüft werden.

• Die Anforderungen im Hygienebereich sind in den letzten Jahren sprunghaft gestiegen und werden dies wohl auch noch weiter tun. Als Autor eines Fachbuches habe ich dieser Entwicklung gebührende Aufmerksamkeit gewidmet und lasse deshalb bei der Herstellungsbeschreibung sowie im Lexikonteil viele Erklärungen mit einfließen, um so auf den richtigen Umgang mit Lebensmitteln und auf die eventuell daraus resultierenden Risiken hinzuweisen. Eine besondere Beschreibung bedeutender Punkte zu Risiken-Kontrolle-Maßnahme im Umgang mit Rohstoffen bzw. zur Herstellung von Lebensmitteln habe ich für den Leser auf Seite 299 aufgelistet.

• Manche der Produktvorschläge haben, um bestimmte Techniken darzustellen, aufwendigere Dekore erhalten. Diese sollten gegebenenfalls in der Praxis auf ein verkäufliches Maß eingeschränkt bzw. abgewandelt werden. Um hierfür ein Beispiel zu liefern, habe ich die Kleintorte Plissee in zweifacher Weise angefertigt und so auch auf dem Produktfoto vereint.

### *Thema Mousse und Variationen*

Die zu diesem Thema im Buch vorgestellten Produkte und Ideen bieten eine Auswahl traumhaft locker-leichter Rezepturen zeitgemäßer Patisserie. Dabei haben die Vorschläge von den ganz „einfachen" bis hin zu aufwendigeren exklusiven Varianten sich bereits schon zahlreiche Male in der beruflichen Praxis dem kritischen und unbestechlichen Urteil des „Königs Kunde" stellen dürfen und sich hier zugleich hervorragend bewährt. Die indessen sehr deutlich zum Ausdruck gekommene hohe Akzeptanz einer derartigen Produktlinie läßt einen Trend in der Verbrauchererwartung klar erkennen: hin zur Leichtigkeit im Genuß bei gleichzeitiger geschmacklicher Reinheit und Klarheit der Produkte.

Nahezu unerschöpfliche Möglichkeiten durch individuelle Abänderungen und spielend leichtes Hinzufügen bzw. Verwirklichen eigener Ideen in Optik und Geschmack bieten sich dem kreativen Fachmann, der seine Klientel mit Torten und Desserts, versehen mit einer Moussefüllung auf Schokoladen- oder Fruchtbasis, verzaubern möchte. Die Rezepturen in diesem Buch bieten hierzu einige Anregungen und wertvolle Tips sowie eine Auswahl der Möglichkeiten, geschmacklich simple oder ganz raffinierte, aber in jedem Fall immer optisch ansprechende Kreationen wie z. B. Orange-, Cassis-, Erdbeer- und Limonenfruchtmousse, Passionsfruchtcharlotten weiße, Milch- und Bitterschokoladenmousse in Variationen oder Spezialitäten wie Kaffeemousse herzustellen.

Die Definition „Mousse" erklärt sich (für mich) durch den bei Mousserezepturen zugesetzten schaumigen Eianteil, wodurch die besondere Lockerheit bzw. Leichtigkeit (Mousse [franz.: „Schaum"]) dieser Rezepturen zu begründen und zu unterscheiden ist. Der Leser möge bitte hier zusätzlich meine Begriffserklärung „Mousse" (auf Seite 292) aus dem Kapitel „Erläuterungen zu den Fachbegriffen" heranziehen. Da der Begriff „Mousse" bisher für die deutsche Konditorei noch nicht festgeschrieben worden ist, führte ich den „Vergleich der Litergewichte" (Seite 303) durch. Ich konnte so zu der fundierten Erkenntnis gelangen, daß sich durch das Beimengen eines schaumigen Eianteils de facto eine geringeres Litergewicht und somit eine „leichtere" Füllung herstellen läßt, als dies durch ausschließliche Zugabe von Schlagsahne zu erreichen ist.

### *Mehr Abwechslung mit Tartes und Schnitten*

Der Bereich Tartes und Schnitten bietet eine nahezu unvergleichliche Vielfalt und zählt wohl mit zu den am rationellsten herzustellenden Produkten. Auch hier sorgen die tagesfrisch produzierten kleinen Kuchen, als Ganzes verkauft, für mehr Abwechslung im konditorlichen Sortiment. Schnitten, von einfach bis raffiniert, lassen sich ausgesprochen rationell fertigen. Beide Bereiche bieten sich regelrecht an, das persönliche Sortiment z. B. jahreszeitlich angepaßt zu variieren.

### *Vielfältige Kleintorten*

Die Produktgruppe Kleintorten bildet sicherlich einen Schwerpunkt im Buch und findet hier auch eine besonders breite Darstellung. Für jeden, der sich mit dieser Abteilung beschäftigt, gibt es zahlreiche Vorschläge, die eindeutig dokumentieren, wie attraktiv eine kleine, aber ganze Torte dem Kunden präsentiert werden kann. Dabei ist es gewiß nicht immer ein außergewöhnlicher bzw. aufwendiger Dekor, der in dieser Produktgruppe den Ausschlag gibt.
Für den Konditor ergeben sich sehr stark veränderte, zeitgemäße Dekormöglichkeiten, zumal er in erster Linie besondere Arrangements, die dennoch einfach herzustellen sind, auf den Kleintorten anrichten kann und damit zugleich eine erhöhte visuelle Wirkung erzielt. Kleintorten verändern darüber hinaus das Erscheinungsbild in der Warenpräsentation. Sie bringen ungewöhnlich hohe Abwechslung, Farbenpracht und optische Vielfalt in die Verkaufstheke, gleichwohl führen sie zu hoher Aufmerksamkeit beim Kunden.

### *Zahlreiche Verkaufsargumente für Kleintorten*

Die Vielfalt der Kleintorten kann man darüber hinaus überaus positiv nutzen. Dabei handelt es sich im wesentlichen um verkaufstechnische Argumente. So gilt es, dem Kunden vor allem zwei Vorteile zu verdeutlichen: Eine Kleintorte als ganzes Produkt macht als Präsent oder Mitbringsel für sich eine gute Figur, bewegt sich dabei in einem preislich interessanten Rahmen und hält sich auch noch besser und länger frisch als etwa angeschnittene Tortenstücke. Zudem kann der Kunde selbst durch einfache Dekore, wie etwa kleine Marzipanfiguren, Glücksbringer, Kerzen oder Selbstgefertigtes, die Kleintorte individuell schmücken.

### *Köstliche Eistorten*

Auch das Thema „Eistorten" findet einen adäquaten Platz im vorliegenden Fachbuch. Als kleines Ganzes oder aufgeschnitten eignen sich Eistorten gleichermaßen ideal für den Kaffeehausbereich wie auch für den Kunden daheim, der allein oder im Kreise von Freunden dieses traditionelle konditorliche Erzeugnis genießen möchte.

### *Hochzeitstorten*

Zu diesem weitgefächerten Thema befindet sich im „Bilderbogen" ab Seite 236 auch eine kleine Auswahl an Hochzeitstorten; allesamt Auftragsarbeiten aus der täglichen Praxis.
Wie schon für den Dekorbereich erwähnt, sollte die umfassende Produktgruppe der Hochzeits- bzw. Thementorten in einem eigenständigen Werk behandelt werden.

### *Desserts rapid, rationelle Alleskönner*

Um es vorwegzunehmen: Desserts rapid verleiten zu ungebremster Kreativität. Man sollte sich aber besonders hier auf das Wesentliche konzentrieren, um den notwendigen Verkaufspreis der kleinen Desserts nicht ins Unverhältnismäßige zu steigern! Einerseits sind das am Markt vorhandene vielfältige Formenangebot und die unterschiedlichen Portionsgrößen überaus reizvoll, andererseits sollte man sich nur ein rationelles, überschaubares Formensortiment zulegen und sich ganz auf die Verkäuflichkeit der Minitörtchen beschränken.
Für Desserts rapid gelten ähnliche Überlegungen wie für Kleintorten: Der Dekor ist keinesfalls immer das Ausschlaggebende. Sie überzeugen statt dessen auch bei schlichter Optik, wie sie etwa durch ein Blattgoldflöckchen auf dunkler Schokolade erzielt wird, und durch das stets wohl wichtigste Verkaufsargument: den guten Geschmack! Dieser wird vor allem durch die Frische und Qualität hochwertiger Rohstoffe erreicht. Dabei rückt die Höhe und der Umfang des Materialeinsatzes relativ stark in den Hintergrund. Vielmehr muß der Konditor ein Optimum an Qualität und Frische in das Produkt einbringen und dies zugleich als bedeutendes Verkaufsargument nutzen! Sicher ist es oft ein langwieriger und schwieriger Weg, beim Kunden Akzeptanz zu finden bzw. ihn auf den Geschmack zu bringen. Aber es ist eine durchaus realistische Chance, sich mit Desserts rapid am Markt durchzusetzen und sich dabei auffallend positiv vom allgemeinen Angebot zu unterscheiden. Freilich verstehen sich diese Patisserie-Vorschläge keineswegs als Patentrezepte, aber es handelt sich hierbei um eine überzeugende Möglichkeit, das bislang übliche Programm einer Konditorei durch Farben- und Formenvielfalt aufzulockern, bzw. es läßt sich damit das Produktsortiment sinnvoll ergänzen.

### Neue Petits-fours-Variationen

Die Produktgruppe „Petits fours" erlaubt uns wohl am leichtesten, für eine nahezu unerschöpfliche Vielfalt im Angebot zu sorgen. So können die Grundkomponenten von Biskuit und Füllungen auf die unterschiedlichste Art und Weise kombiniert und die Fours auf phantasievollste Art und Weise ausgestaltet werden. Das Ergebnis sind kleine Leckerbissen, die vielfach den krönenden Abschluß einer Menüfolge bilden. Auch hier macht sich ein Wandel der Verbrauchererwartung bemerkbar. Der Trend geht in die Richtung, Petits fours immer weniger auf traditionelle Art, also mit Fondantüberzug, herzustellen. Auch gibt es immer seltener Petits fours in der herkömmlich streng geometrischen Form; vielmehr werden Formen wie etwa Mini-Baumstamm, Mini-Tartelett oder Mini-Terrinenform bevorzugt. Das Kaffee-Säckchen oder die Schnitte „Café de Paris", die hier im Buch beschrieben werden, sind überzeugende Beispiele dafür. Auch „Noisette", ein schnell zu produzierendes Petit four, überrascht durch seine einfache Form sowie schlichten Dekor und verblüfft zugleich durch seine geschmackliche Raffinesse.

### Transparenz und Ehrlichkeit als Verkaufsargument

Während man früher bei sehr hoher Kunstfertigkeit eher zu einer Art „Zuckerbäckerstil", also zu schnörkelhafter Optik neigte, tendiert man nun zu klaren, ja fast puristisch anmutenden Erzeugnissen. Diese Aussage wird ebenso bei Füllungen und im Randdekor sichtbar. So werden etwa Oberflächen bei Torten und Desserts mit klarem Gelee abgeglänzt, wobei die Erzeugnisse fast transparent erscheinen mit der beabsichtigten Folge, daß der Kunde deutlich sieht, was in unserem Produkt enthalten ist.
Diese Entwicklung weg von dicken Überzügen und dem Einstrich aus schwerem Krem hin zum Sichtbarmachen des Produktinhaltes entspricht ganz dem Trend einer neuer Ehrlichkeit gegenüber einer immer kritischer werdenden Kundenklientel. Jeder Konditor sollte diesen Wandel der Zeit als willkommene Herausforderung betrachten und sich bewußt werden, daß er sich selbst bzw. sein Sortiment ändern muß, wenn er sich denn den gewandelten Kundenansprüchen erfolgreich stellen will.

### Zwang zu rationellem Arbeiten

Konditoreibetriebe stehen unter enormen Kostendruck, und die allseitige Forderung, rationell zu arbeiten, ist heutzutage gravierender denn je. Unsere Handarbeit läßt sich nicht so einfach durch Maschinen ersetzen, das führt so zu einer entsprechend geringeren Wertschöpfung.
Aus diesem Grund besteht in allen Bereichen die zwingende Notwendigkeit, Rationalisierungsnischen zu suchen. Vielleicht kann auch eine zunächst teilweise Spezialisierung erneutes Wachstumspotential bieten. Die Erfordernisse wechseln dabei mit jedem Standort eines Unternehmens.
Rationalität läßt sich jedoch auch über das Arbeiten mit dem Froster oder mit Tiefkühlprodukten erzielen. Die hohe Leistungsfähigkeit der modernen Aggregate in Verbindung mit

korrekter Arbeitsweise ermöglicht eine hohe Produktqualität. Es läßt sich kaum noch feststellen, wenn schockgefrostete Produkte bei vorgeschriebener Zeit im Kühlraum langsam aufgetaut werden, ob es sich dabei um tiefgekühlte oder um frisch hergestellte Produkte handelt, und es ist darin auch grundsätzlich kein Nachteil zu sehen. Die Tauglichkeit, ob sich tiefgekühlte Waren rationell in entsprechender Menge über den Froster vorproduzieren lassen, wird bei den Produktvorschlägen im Buch sehr stark berücksichtigt. Nach meiner Erfahrung besteht bereits heute beim Kunden eine sehr hohe Akzeptanz und Kaufbereitschaft gegenüber hochwertigen TK-Produkten, und dies sollten wir uns durch entsprechende Maßnahmen zunutze machen. Es kann deshalb von Vorteil sein, z. B. eine Moussetorte auch in gefrorenem Zustand unseren Kunden zu offerieren.
Natürlich können diese Überlegungen nicht von heute auf morgen und in jedem Betrieb in gleicher Weise in die Praxis umgesetzt werden. Vielmehr handelt es sich hierbei um einen permanenten Entwicklungsprozeß, der sich genauso beim Betriebsinhaber/Konditormeister und letztendlich auch beim Kunden vollziehen muß.

Der Leser findet in diesem Buch eine Fülle von Vorschlägen, die er zunächst auf die Durchführbarkeit in seinem Betrieb und auf Akzeptanz bei den Kunden kritisch überprüfen sollte. Die vorgestellte Produktpalette reicht von einfachen bis hin zu exklusiven Konditorei- und Patisserie-Produkten. Aus der Vielfalt der Beispiele sollte jeder die für seinen Betrieb passende Variante heraussuchen oder aber einzelne Komponenten herausgreifen. Es ist nicht daran gedacht, die Vorschläge unbesehen 1:1 direkt zu übernehmen. Vielmehr sollten sie anforderungsgerecht abgewandelt und mit eigener Kreativität veredelt werden.
Ich wünsche dem Leser den größtmöglichen Nutzen und Erfolg bei der Umsetzung von Vorschlägen bzw. Rezepturen aus diesem Werk. Zugleich wünsche ich aber auch viel Freude und manch gute Inspiration beim Betrachten der stimmungsvollen Fotos.

*Andreas Heil*

# Tartes und Schnitten

**Zutaten für 4 Tartes,**
**18 cm Durchmesser,**
**etwa 2,5 cm hoch**

**Apfeltartemasse**

| | |
|---|---|
| 225 g | Butter |
| 165 g | Kristallzucker |
| 125 g | Vollei |
| 35 g | Eigelb |
| 85 g | Vollmilch (3,5 %) |
| 20 g | Sahne (32 %) |
| 270 g | Weizenmehl (Type 405) |
| 65 g | Weizenpuder |
| 50 g | Jamaica-Rum (50 Vol.-%) |
| 2 g | Backpulver |
| | Mark von 1 Bourbon-Vanillestange |
| 1/2 | Zitronenschale, fein abgerieben |
| | Salz |
| 200 g | Äpfel, fein gehackt |
| 0,9 bis 1 kg | Äpfel, geschält und entkernt |

Zutaten

**Spezielle Rohstoffe/Arbeitsgeräte**

- Etwa 2 kg backfeste, feinsäuerliche Äpfel
- 4 Tarteringe, 18 cm Durchmesser, 2 cm hoch

***Diese leckere Apfeltarte weckt Erinnerungen an zeitweilige „Sonntagsdüfte" meiner Kindheit. Der Apfel-Klassiker aus Sandkuchenmasse, hier aromatisiert mit echtem Jamaica-Rum und feiner Bourbon-Vanille, erhält durch die kreisförmig arrangierten Apfelspalten und die leckere goldbraune Backfarbe eine verlockende Optik.***

***Herstellung:***

Zuerst die Tarteringe dünn buttern und auf eine Silikonbackmatte setzen oder die Ringe mit Silikonpapier einschlagen, um sie direkt auf einem Blech zu backen. Da die Masse beim Backen auslaufen kann (insbesondere wenn der Ring nicht plan auf dem Backblech aufliegt), ist es wichtig, Backbleche zu verwenden, die sich beim Backen nicht verformen (aufwerfen).

Für die Apfeltartemasse die Butter mit dem Zucker und den Gewürzen leicht schaumig schlagen. Dann die Eier mit der Milch, der Sahne sowie dem Rum verquirlen und diese Eiermischung dann im Wechsel mit dem Mehl-Weizenpuder-Backpulver-Gemisch unter die leicht schaumige Butter rühren (Herstellungsprinzip wie eine Sandmasse). Zur Fertigstellung der Masse die fein gehackten Äpfel untermengen.
Im Anschluß hieran die Masse in die Ringe portionieren und glatt streichen. Danach je Tarte etwa 230 bis 250 g Apfelspalten, ungefähr 1,5 cm breit geschnitten, leicht in die Masse eindrücken, bis die Oberfläche ausreichend bedeckt ist. Die Tartes sofort bei 210 °C und geöffnetem Zug in etwa 30 Minuten Backzeit saftig abbacken.

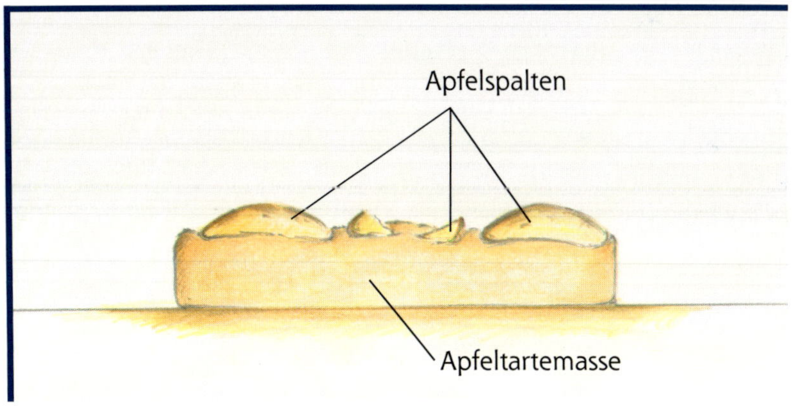


***Fertigstellung:***

Die Apfeltartes nach dem Auskühlen zart mit Puderzucker abzuckern und dann den Ring abheben.

***Prozentuale Zusammensetzung Apfeltarte***

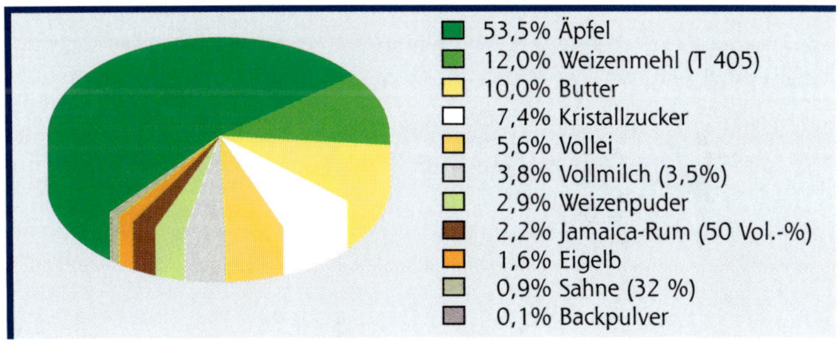


***Herstellungsaufwand:*** 

## Bananentarte

Es ist immer wieder erstaunlich, wie variantenreich sich die beliebte „Zutat" Banane zeigt. Hier werden drei exzellente Varianten – Bananencanache, in Butter mit etwas Zucker gebratene Bananen sowie Bananen-Chiboust – harmonisch zu einer Tarte zusammengefügt. Die karamelisierte Oberfläche, die gebräunten Bananenscheiben sowie der zwanglose Dekor aus Bitterschokolade setzen, wie ich finde, passende Akzente.

### Zutaten für 4 Tartes, 18 cm Durchmesser, etwa 3 cm hoch

**Bananencanache**

340 g Bitterkuvertüre (Pur Caraïbe – 66,5 % Kakao)
250 g Sahne (32 %)
180 g Bananenpüree
25 g Invertzucker
90 g Butter

**Crème Chiboust-Banane für Tartes**

170 g Bananenpüree
30 g Zitronensaft
110 g Eigelb
165 g Sahne (32 %)
30 g Kristallzucker
35 g Weizenpuder
$4\frac{1}{2}$ Bl. Gelatine (Platin = 7,9 g)
160 g Eiklar, pasteurisiert
170 g Kristallzucker
Salz

**Gebratene Bananen**

4 bis 6 (nach Größe)
Seite 59

**Pâte sucrée**

Seite 40

Zutaten

**Prozentuale Zusammensetzung Crème Chiboust-Banane**

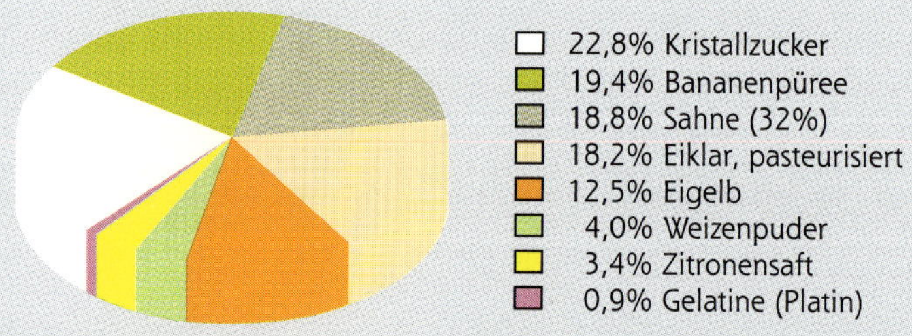


**Spezielle Rohstoffe/Arbeitsgeräte**

- Etwa 6 nicht zu reife Bananen zum Braten
- 4 Tarteringe, 18 cm Durchmesser, 2 cm hoch
- 4 Tortenringe, 18 cm Durchmesser, etwa 3 cm hoch

**Herstellungsaufwand:**

**Herstellung:**

Die flachen Tarteringe mit der Pâte sucrée auslegen und bei 170 °C „blind" ausbacken. Siehe hierzu auch auf Seite 45, Arbeitsschritte der Rezeptur „Sauerrahmtarte".
Für den Bananencanache die Sahne mit dem Bananenpüree und dem Invertzucker einmal kurz aufwallen lassen und dann etwa ein Drittel davon über die gehackte Bitter-

kuvertüre gießen. Durch langsames Rühren (mit einem hygienischen Gummispatel mit Edelstahlgriff) in der Mitte der Schüssel einen homogenen Kern herstellen und so lange rühren, bis eine gewisse Bindung entstanden ist. Nach und nach die übrige heiße Sahne zugeben und weiterrühren, bis ein glatter, elastischer Canache entstanden ist. In diesen wird zum Schluß, frühestens etwa bei 40 °C, die cremig weiche („pomadige") Butter eingerührt. Den Bananencanache etwa 5 mm hoch in die im Ring belassenen gebackenen Mürbteigschalen einfüllen und dann die auf Küchenkrepp abgetropften gebratenen Bananenscheiben einlegen. Anschließend den übrigen Canache verteilen, glatt streichen und die so mit der Bananencanache vorbereiteten Tartes kühl stellen. Um die Crème Chiboust-Banane herzustellen, rechtzeitig die Blattgelatine in reichlich kaltem Wasser einweichen sowie aus dem Eiklar und dem größeren (170 g) Zuckeranteil der Rezeptur einen cremigen, aber stabilen Eischnee herstellen. Gleichzeitig aus den übrigen Zutaten, außer der Gelatine, eine Creme kochen. Diese Creme am besten sofort nach dem Kochen in eine Edelstahlschüssel umfüllen und die vorgequollene, gut ausgepreßte Gelatine darin einrühren. Gleich darauf den Eischnee kurz und kräftig unterrühren und sofort die Crème Chiboust-Banane in die mit etwas höheren Ringen umstellten Tartes einfüllen und glatt streichen. Die soweit fertiggestellten Tartes kühl stellen oder gegebenenfalls sogleich anfrosten.

### Fertigstellung:

Die gekühlten Bananentartes ausreichende Zeit frosten, so daß die Oberfläche der Chiboust beim Abflämmen mit dem Bunsenbrenner oder dem Flämmeisen nicht zu weich werden kann. Die Tartes, wie auf den Steps ersichtlich, mit Kristall- und Puderzucker karamelisieren und eventuell später noch passend dekorieren.

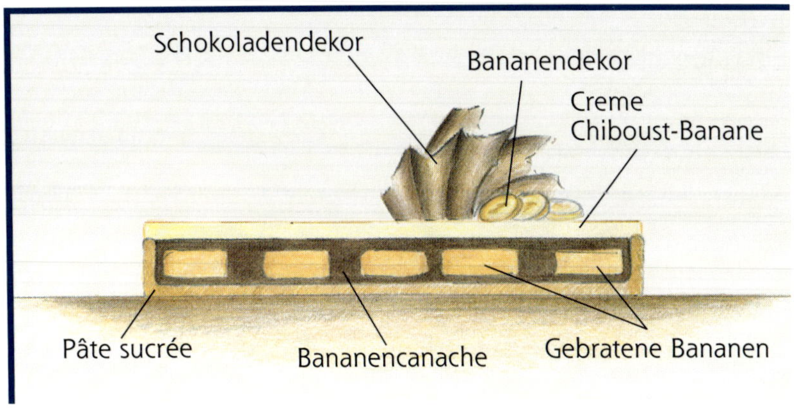


### *Karamelisieren einer Crème Chiboust*

*Die Oberfläche der eiskalten Tarte dünn mit Kristallzucker bestreuen.*

*Den Kristallzucker mit dem Bunsenbrenner oder Flämmeisen leicht vorkaramelisieren.*

*Mit Puderzucker den Karamelisiervorgang wiederholen, gegebenenfalls öfters.*

*Zuletzt so stark bräunen, wie es beliebt.*

Schicht für Schicht – ein Gedicht: Lockere Böden mit kleinen Stückchen feiner Bitterkuvertüre, zusammengesetzt mit saftiger köstlicher Vanillecreme, sind die simplen Komponenten dieser außergewöhnlich beliebten Schnitte. Dabei steht das edle Aroma der echten Bourbon-Vanille mit im Vordergrund. Kontrastreich auch das Finish aus dunklem Glasurcanache und dem schnörkellosen Dekor aus hauchdünnen weißen und dunklen Schokoladenblättern.

Barcelona

### *Zutaten für 1 Schnitte, 1 Rahmen 57 x 36 cm, 6 cm hoch*

(ergibt 56 Stücke mit einem Maß von 9 x 4 cm)

***Barcelona-Kapseln***
(4 Kapseln 57 x 36 cm, etwa 1 cm hoch)

| | |
|---|---|
| 1080 g | Eigelb |
| 900 g | Marzipanrohmasse M0 |
| | Mark von 4 Bourbon-Vanillestangen |
| 900 g | Eiklar |
| 630 g | Kristallzucker |
| 480 g | Weizenmehl (Type 405) |
| 600 g | Bitterkuvertüre (Caraque – 56 % Kakao) |
| | Salz |

***Bourbon-Vanillecreme***

| | |
|---|---|
| 1875 g | Vollmilch (3,5 %) |
| 375 g | Kristallzucker |
| 165 g | Eigelb |
| | Mark von $2\frac{1}{2}$ Bourbon-Vanillestangen |
| 160 g | Cremepulver |
| 150 g | Eierlikör (20 Vol.-%) |
| | Salz |

***Basiskrem***
Seite 259

***Glasurcanache***
Seite 261

Zutaten

***Prozentuale Zusammensetzung Bourbon-Vanillecreme***

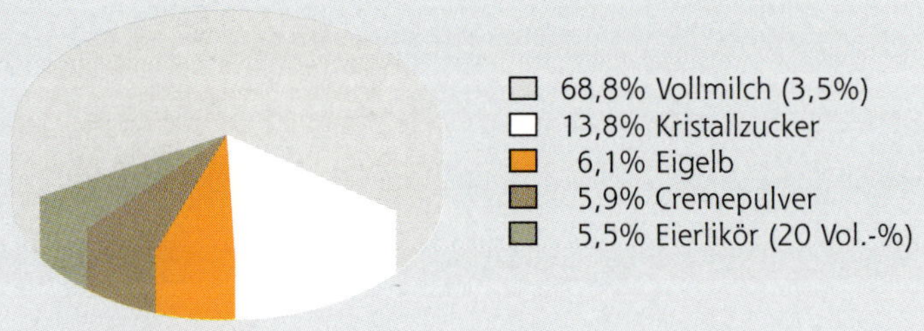


***Spezielle Rohstoffe/Arbeitsgeräte***

- Echte Bourbon-Vanillestangen
- 1 Rahmen 57 x 36 cm, 6 cm hoch
- Klarsichtband für den Schokoladendekor
- 1 kleine, schmale Palette für den Schokoladendekor

***Herstellungsaufwand:***

***Herstellung:***

***Herstellung der Barcelona-Kapseln:***
Die Marzipanrohmasse mit dem Eigelb glatt arbeiten und zusammen mit dem Mark der Vanillestangen schaumig schlagen. Zeitgleich das Eiklar mit dem Salz leicht anschlagen, den Zucker zugeben und einen

stabilen, aber cremigen Eischnee herstellen. Diesen Eischnee unter die schaumige Marzipanmasse heben und anschließend das mit der gehackten Bitterkuvertüre vermischte Mehl einmelieren. Die Masse auf 4 Silikonbackmatten verteilen und gut auf das Maß von 57 x 36 cm aufstreichen. Die Kapseln sofort bei 200 °C und bei geöffnetem Zug saftig abbacken.

***Hinweis zum Backen der Böden:***
Je nach Ofentyp kann die Backtemperatur unterschiedlich hoch sein. Sie ist jedoch immer so einzustellen, daß der Boden flott und saftig gebacken werden kann. Der Boden muß dann nicht zusätzlich getränkt werden!

***Herstellung der Bourbon-Vanillecreme:***
Das Eigelb und das Cremepulver zusammen mit einem Viertel der Milch anrühren und beiseite stellen. Gleichzeitig die übrige Milch zusammen mit dem Zucker, dem Mark der Vanillestangen und einer Prise Salz zum Kochen bringen. Dann die Mischung mit dem Eigelb flott in die kochende Flüssigkeit einrühren und die Creme für 1 bis 2 Minuten vollständig durchkochen. Die fertig gekochte Creme am besten sofort in eine Edelstahlschüssel umfüllen und jetzt, unmittelbar vor dem Verfüllen der Creme, den Eierlikör einrühren.

***Herstellung der Schnitte:***
Auf ein geeignetes Blech die erste Barcelona-Kapsel legen und dann den Rahmen darumsetzen. Im Anschluß daran ein Drittel der warmen Bourbon-Vanillecreme einfüllen, gleichmäßig verstreichen und mit zwei weiteren zugeschnittenen Kapseln in gleicher Weise verfahren. Mit der letzten Kapsel die Schnitte abdecken, ein Silikonpapier auflegen und die Schnitte gestürzt am besten über Nacht auskühlen lassen.

***Fertigstellung:***
Die Schnitte zurückstürzen und mit der neutralen Basiskrem die Oberfläche glätten. Danach mit dem Glasurcanache die Oberfläche dünn glasieren und anschließend den Rahmen abziehen. Wenn die Glasur angezogen ist, kann die Barcelona-Kapsel in Stückchen (9 x 4 cm) aufgeschnitten werden. Zum Schluß Schokoladenblätter aufsetzen.

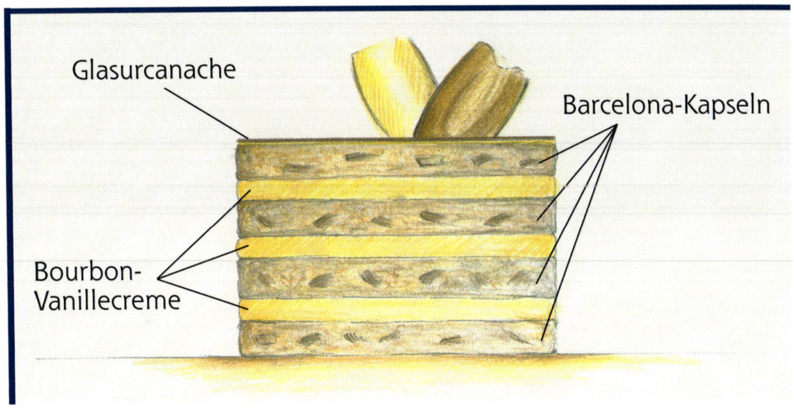


***Schokoladenblätter***

***Die kleine, schmale Palette auf etwa 5 cm Länge in die weiße Schokolade tauchen.***

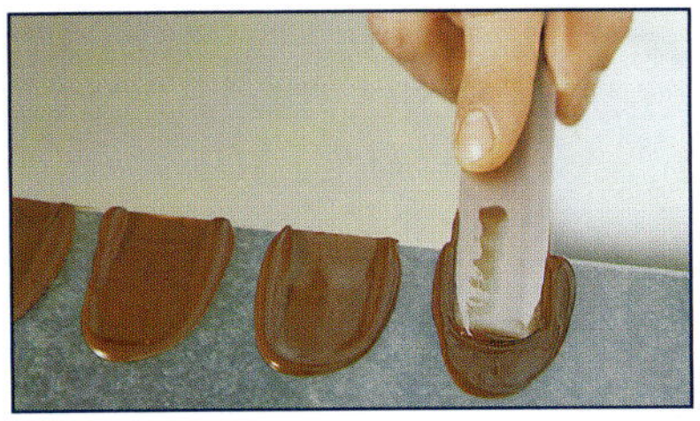

***Die Klinge mit der Schokolade auf den Klarsichtbandstreifen aufsetzen und zur Kante hin abziehen. An der Kante außen sollte die Palette ganz dünn aufliegen, so daß die Schokolade hier hauchdünn ist und das Licht effektvoll durchschimmern kann.***

***Den Vorgang öfters wiederholen, und die Streifen mit den Blättern in einer Vorratsbox aufbewahren.***

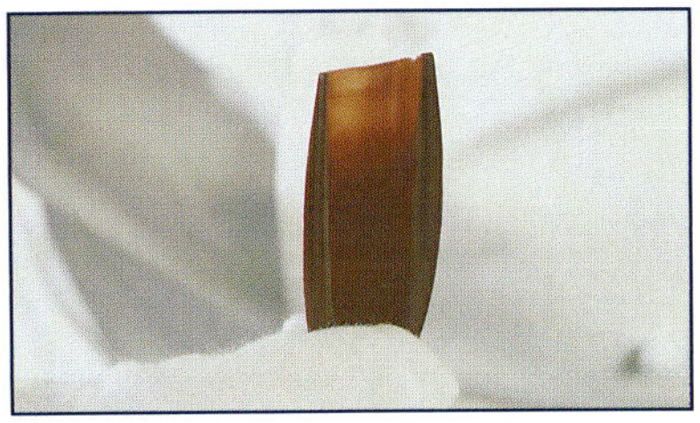

***Der fertige Schokoladendekor.***

*Knackige Sauerkirschen, edler Kirschgeist und geröstete Walnüsse – Zutaten, die den Cherry Cake zu einem außergewöhnlich feinen und saftigen „Sonntagskuchen" machen.*

**Zutaten für 2 Cakes, 18 cm Durchmesser, 5 cm hoch**

**Cherry-Cake-Masse**

| | |
|---|---|
| 900 g | Sauerkirschen, entsteint |
| 130 g | Kirschwasser (42 Vol.-%) |
| 150 g | Walnüsse, leicht geröstet und grob gehackt |
| 250 g | Butter |
| 250 g | Kristallzucker |
| 250 g | Vollei |
| 300 g | Weizenmehl (Type 405) |
| 5 g | Backpulver |
| 5 g | Ceylon-Zimt |
| 30 g | Kakaopulver |
| 1/2 | Zitronenschale, fein abgerieben |
| | Mark von 1 Bourbon-Vanillestange |
| | Salz |

Zutaten

**Spezielle Rohstoffe/Arbeitsgeräte**

- Frische, aromatische Sauerkirschen
- 2 Tortenringe, 18 cm Durchmesser, 5 cm hoch

***Herstellung:***

Für die Cherry Cakes die Tortenringe mit Silikonpapier einschlagen. Dann die Kirschen etwa mit der Hälfte des Kirschwassers marinieren und abgedeckt bereitstellen. Die Butter mit dem Zucker und den Gewürzen schaumig schlagen und dann im Wechsel die Eier und das übrige Kirschwasser mit der Mehl-Zimt-Kakao-Backpulver-Mischung zugeben (Herstellung wie Sandmasse). Die Walnüsse und die marinierten Kirschen danach von Hand unter die Masse spateln. Die Cherry-Cake-Masse in die vorbereiteten Ringe portionieren, glatt streichen und bei 190 °C etwa 15 Minuten anbacken. Danach die Backtemperatur auf 175 °C fallen lassen und die Cakes etwa weitere 50 Minuten saftig ausbacken.

***Fertigstellung:***

Die Cherry Cakes möglichst vor dem vollständigen Erkalten aprikotieren und mit Kirschwasser-Fondant glasieren. Nach dem Auskühlen den Ring abziehen, eventuell den Rand mit einem Schleifenband verkleiden.

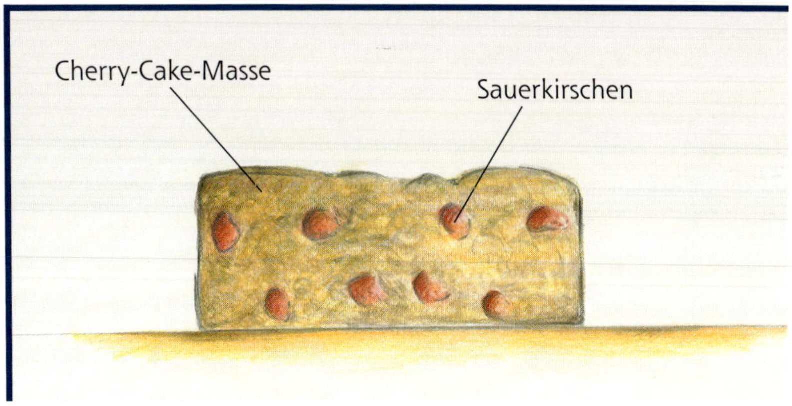


***Prozentuale Zusammensetzung Cherry Cake***

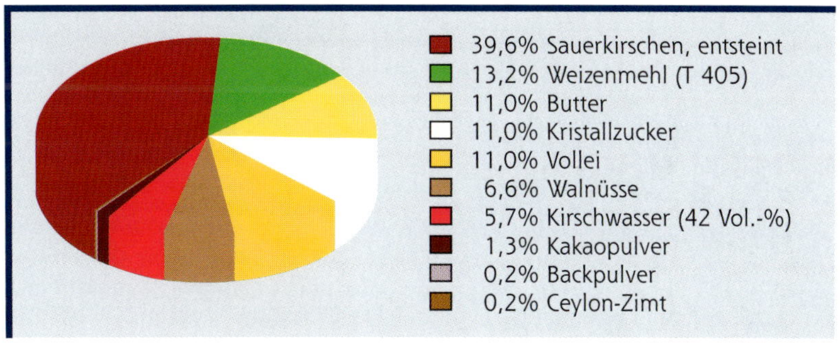


***Herstellungsaufwand:*** 

*Ein wahrhaft ideales Team: Mürbteig und Mandelboden, bestrichen mit Crème pâtissière, üppig bedeckt mit Erdbeerhälften und zart mit Gelee abgeglänzt. Das frische Grün der gehackten Pistazien bildet mit den feinen Orangenzesten einen dezenten und passenden Dekor*

**Zutaten für 4 Tartes, 20 cm Durchmesser**

**Mürbteig für Böden**

| | |
|---|---|
| 450 g | Butter |
| 225 g | Erdnußfett |
| 375 g | Kristallzucker |
| 50 g | Vollei |
| 20 g | Eigelb |
| 1125 g | Weizenmehl (Type 405) |
| 1 | Zitronenschale, fein abgerieben |
| | Mark von 2 Bourbon-Vanillestangen |
| | Salz |

**Eigelbmakronenmasse**

(etwa 100 g pro Rand)

| | |
|---|---|
| 500 g | Marzipanrohmasse M0 |
| 90 g | Puderzucker |
| 130 g | Eigelb |
| 1/4 | Zitronenschale, fein abgerieben |

**Grand Marnier-Tränke 1**

| | |
|---|---|
| 320 g | Läuterzucker |
| 80 g | Orangendestillat, z. B. Grand Marnier (50 Vol.-%) |

**Mandelboden**

(18 cm Durchmesser)
Seite 264

**Läuterzucker**

Seite 264

**Crème pâtissière**

(etwa 80 g pro Tarte und mit etwas fein abgeriebener Orangenschale aromatisiert)
Seite 250

**Agar-Gelee**

Seite 124

Zutaten

**Spezielle Rohstoffe/Arbeitsgeräte**

- Marzipanrohmasse M0
- Sterntülle Nr. 7

### Herstellung:

**Herstellung der Böden:**

Aus dem am Vortag hergestellten Mürbteig 4 Böden, etwa 3 Millimeter stark und mit 20 cm Durchmesser, herstellen und bis zum Aufdressieren des Eigelbmakronenrandes kühl stellen.

Für die Eigelbmakronenmasse die Marzipanrohmasse und den Puderzucker mit dem Eigelb glatt arbeiten, so daß die Masse dressierfähig wird. Der unterschiedliche Feuchtigkeitsgehalt von Marzipanrohmasse muß berücksichtigt und durch Veränderung des Eigelbanteils ausgeglichen werden (Backprobe). Mit der Makronenmasse einen Rand in Bärentatzenform aufdressieren und die Böden anschließend bei 175 °C und offenem Zug bis zum Erreichen einer goldbraunen Backfarbe abbacken.

### Tip:

Um einem zu starken Austrocknen des Makronenrandes zu begegnen ist es von Nutzen, die Böden mit dem Silikonpapier sofort nach dem Backen auf kalte Bleche zu ziehen.

**Herstellung der Erdbeermakrone:**

Den Mürbteig dünn mit Orangengelee oder -marmelade bestreichen und einen eventuell am Rand etwas zugeschnittenen, etwa 1,5 cm starken, 18er-Mandelboden einlegen. Diesen Boden leicht tränken, anschließend je Erdbeermakrone etwa 80 g der mit wenig feinst abgeriebener Orangenschale aromatisierten Crème pâtissière bis knapp vor den Rand auftragen. In der Folge die Erdbeeren aufsetzen und leicht in die Creme eindrücken. Zum Schluß die Erdbeermakrone dünn mit dem Agar-Gelee abglänzen sowie mit einigen frisch gehackten Pistazien und in heißem Zuckersirup marinierten Orangenzesten kontrastreich dekorieren.

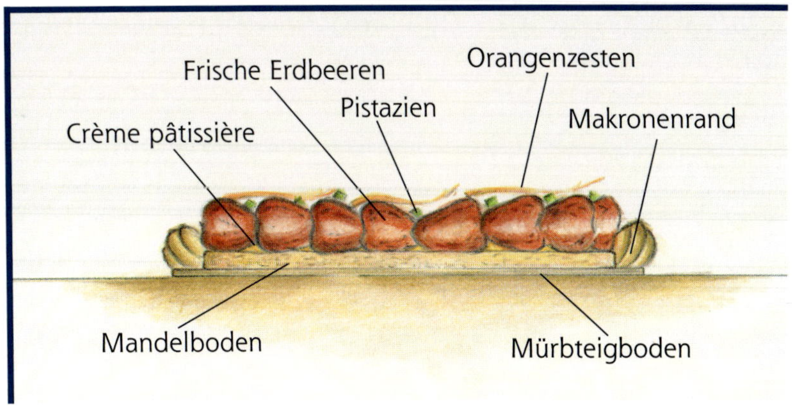


**Prozentuale Zusammensetzung Eigelbmakronenmasse**

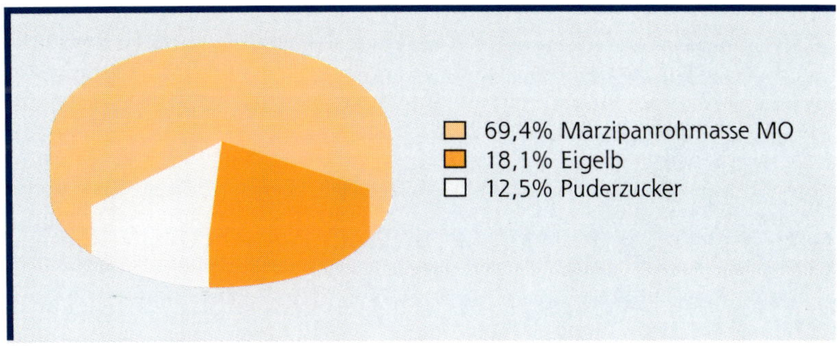


**Herstellungsaufwand:**

„Zwischen der Physiologie des Geschmacks und angenehmen Erinnerungen besteht ein Zusammenwirken, das unweigerlich zuversichtlich stimmt."

*(Raymond Oliver)*

Griottine

**Zutaten für 1 Schnitte,**
**1 Rahmen 57 x 36 cm, 6 cm hoch**
(ergibt 56 Stücke mit einem Maß von 9 x 4 cm)

**Guanaja-Schokoladensahne 1**

| | |
|---|---|
| 40 g | Invertzucker |
| 160 g | Vollmilch (3,5%) |
| 800 g | Bitterkuvertüre (Guanaja – 70,5 % Kakao) |
| 1800 g | Schlagsahne (32 %) |

**Kirschwassersahne**

| | |
|---|---|
| 200 g | Milch-Grundcreme |
| 280 g | Kristallzucker |
| 320 g | Kirschwasser (50 Vol.-%) |
| 22 Bl. | Gelatine (Platin = 38,5 g) |
| 2400 g | Schlagsahne (32 %) |

**Schokobiskuit Spezial**

(2 Kapseln, 57 x 36 cm, mit eingebackenen Griottines oder Sauerkirschen)
Seite 268

**Milch-Grundcreme**

Seite 265

Zutaten

**Prozentuale Zusammensetzung Kirschwassersahne**

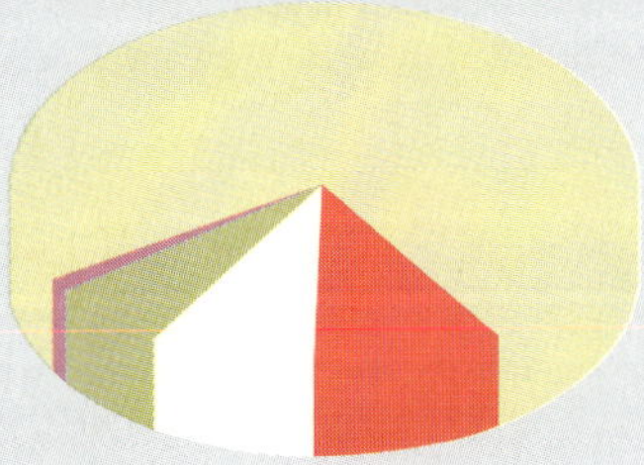


**Prozentuale Zusammensetzung Guanaja-Schokoladensahne 1**

**Spezielle Rohstoffe/Arbeitsgeräte**

- Griottines oder als kostengünstigere Variante frische bzw. gefrorene Sauerkirschen
- Kaltgelee (Nappage)
- 1 Rahmen 57 x 36 cm, 6 cm hoch

**Herstellung:**

Eine der beiden Schokobiskuitkapseln mit den eingebackenen Griottines an der Unterseite hauchdünn mit Bitterkuvertüre abstreichen und auf ein mit Silikonpapier belegtes geeignetes Blech auflegen. Anschließend den Rahmen darumsetzen und diese erste Schokobiskuitkapsel leicht mit etwas Saft von den marinierten Griottines (Glas) tränken.

Für die Guanaja-Schokoladensahne die Milch zusammen mit dem Invertzuckersirup aufkochen. Gleichzeitig die Bitterkuvertüre bei 54 °C vollkommen auflösen und dann, beginnend durch Zugabe der heißen Milch, eine elastische Grundmasse herstellen. Hierzu nach der Milchzugabe etwas von der Schlagsahne zur Kuvertüre geben und vorsichtig untermelieren. Die Grundmasse muß von glänzender und homogener Struktur sein und gegebenenfalls nachtemperiert werden, so daß die übrige Schlagsahne untergehoben werden kann, ohne daß die Kuvertüre in der Schokoladensahne bereits zu kristallisieren beginnt, bevor die Füllung vollständig verarbeitet ist! Dies gilt es unbedingt zu berücksichtigen, da nur auf diesem Wege eine glänzende Schokoladensahne mit guter (feinkristalliner) Struktur und hierdurch feinem Schmelz hergestellt werden kann! Die Füllung flott auf dem ersten Schokobiskuit verteilen, glatt streichen und dann den zweiten Biskuit auf die Schokoladensahne stürzen und diesen nach leichtem Andrücken ebenfalls vorsichtig tränken. Den Rahmen mit Inhalt bis zur Fertigstellung der Kirschwassersahne kühl stellen.

Für die Kirschwassersahne die Milch-Grundcreme mit dem Zucker glatt rühren und etwas anwärmen. Danach die mit dem Kirschwasser vermischte, gelöste Gelatine zur Milch-Grundcreme geben und die Mischung entsprechend temperieren. Abschließend die Schlagsahne unterheben, dann die Kirschwassersahne in den Rahmen einfüllen und rahmenhoch glatt streichen. Die somit fertig eingesetzte Griottine einfrieren oder kühl stellen.

***Fertigstellung:***

Die Oberfläche der gekühlten Schnitte mit etwas mit Sauerkirschpüree versetztem Kaltgelee und neutralem Kaltgelee marmorieren. Nach dem Abziehen des Rahmens die Schnitte in Portionsstücke der gewünschten Größe (9 x 4 cm) schneiden und ansprechend dekorieren.

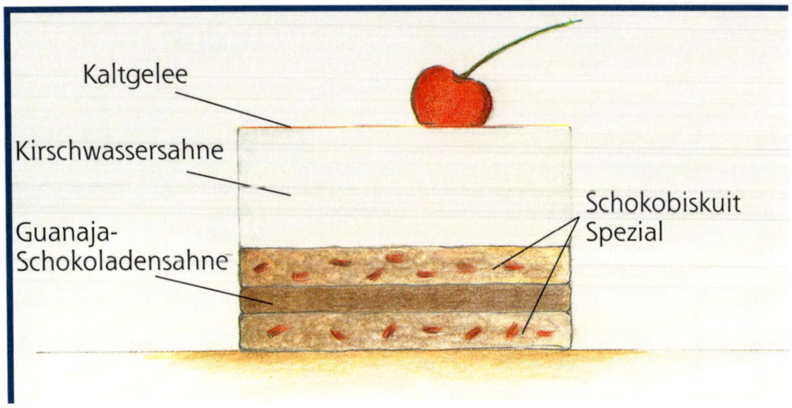


***Herstellungsaufwand:***

***Marmorieren der Oberfläche mit Kaltgelee***

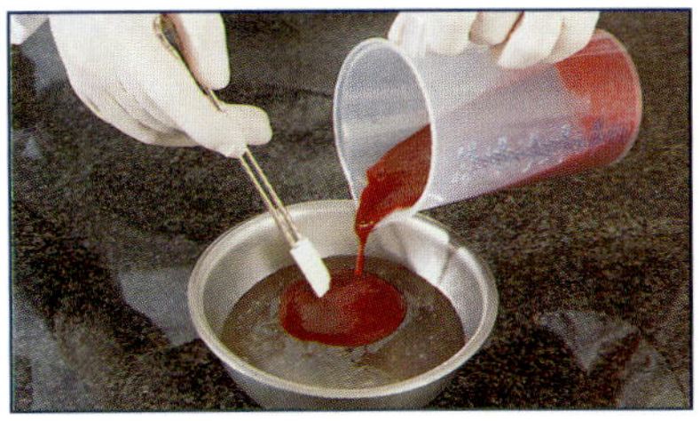

***Etwas vom neutralen Kaltgelee mit Sauerkirschpüree einfärben.***

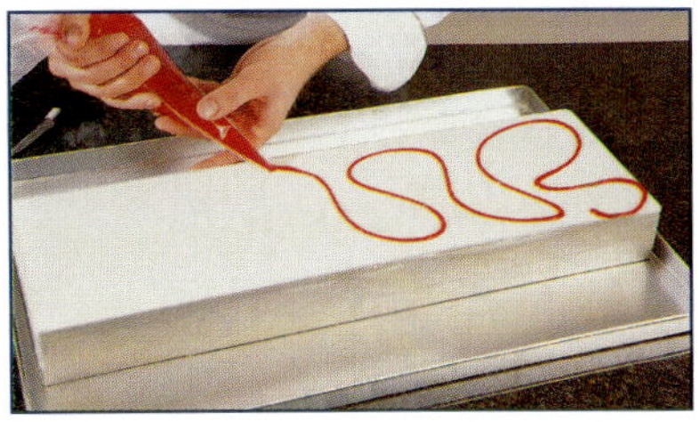

***Mittels sehr knapp aufgeschnittenem Kunststoffdressierbeutel die Oberfläche der eingesetzten Schnitte mit dem eingefärbten Kaltgelee strukturieren.***

***Danach eine kleine Menge neutrales Kaltgelee dünn und in einem Zug über die Oberfläche der Schnitte ziehen.***

**Eine beerige Schlemmerei – Himbeerfans kommen hier voll auf ihre Kosten: Ein Schokoladenkrem aus aromatischem Himbeermark, Milchkuvertüre, Zucker und Eiern wird in Tarteböden gefüllt und zusätzlich mit einer Schicht von Himbeermark bedeckt. Zartes Baiser, frische Himbeeren und Minzeblättchen dekorieren diese außergewöhnliche Tarte besonders effektvoll.**

**Herstellungsaufwand:**

**Zutaten für 4 Tartes, 18 cm Durchmesser, Tartering 2 cm hoch, rund**

**Himbeerschokoladenkrem**

| | |
|---|---|
| 80 g | Eigelb |
| 80 g | Vollei |
| 60 g | Kristallzucker |
| 260 g | Himbeerpüree (10 % Zucker) |
| 3 Bl. | Gelatine (Platin = 5,25 g) |
| 170 g | Milchkuvertüre (Équatoriale Lactée – 35 % Kakao) |

**Himbeerpüreefüllung**

| | |
|---|---|
| 500 g | Himbeerpüree (10 % Zucker) |
| 30 g | Puderzucker |
| 20 g | Zitronensaft |
| 4 Bl. | Gelatine (Platin = 7 g) |

**Mandelboden**

Seite 264

**Pâte sucrée**

Seite 40

**Baisermasse zum Abflämmen**

(etwa 1/3 Rezept)
Seite 38

Zutaten

**Spezielle Rohstoffe/Arbeitsgeräte**

- Himbeerpüree ohne Kerne (TK-Ware enthält 10 % Zucker)
- 4 Tarteringe, 18 cm Durchmesser, 2 cm hoch, rund
- Lochtülle Nr. 8

**Herstellung:**

Zur Herstellung der Himbeertartes zuerst die flachen Tarteringe mit der Pâte sucrée auslegen und bei 170 °C „blind" ausbacken. Siehe hierzu auch auf Seite 45, Arbeitsschritte der Rezeptur „Sauerrahmtarte".
Für den Himbeerschokoladenkrem das Püree mit dem Zucker und den Eiern im

Wasserbad unter kräftigem Schlagen bis 86 °C erhitzen. Den Kessel mit der Himbeer-Eier-Mischung am besten beim Erreichen des Temperaturpunktes kurz in kaltem Wasser abschrecken, um ein Gerinnen der Mischung durch weitere Wärmeabgabe des Kesselbodens zu unterbinden. Sofort die gequollene, gut ausgedrückte Blattgelatine unterrühren, dann diese bereits etwas abgekühlte Mischung nach und nach über die gehackte Milchkuvertüre gießen und einen geschmeidigen, homogenen Schokoladenkrem herstellen. Den Schokoladenkrem hierbei intensiv verrühren und anschließend in die vorbereiteten Tarteböden einfüllen. Die Tartes mit dem Himbeerschokoladenkrem kühl stellen.

Im nächsten Schritt einen kleinen Teil des mit dem Puderzucker und Zitronensaft vermischten Himbeerpürees temperieren und die aufgelöste Gelatine darin unterrühren. Nach und nach das restliche Himbeerpüree zugeben und die Füllung hierbei eventuell maßvoll nachwärmen. Nun das Fruchtmark auf den bereits angezogenen Himbeerschokoladenkrem in die Tartes eingießen. Mit jeweils einem sehr dünnen 18er-Mandelboden, der am Rand geringfügig zugeschnitten wurde, wird die Himbeerpüreefüllung der einzelnen Tartes abgedeckt und diese dann wieder kühl gestellt.

### Fertigstellung:

Die Oberfläche einer gut gekühlten Himbeertarte mit der Baisermasse zum Abflämmen dünn bestreichen und den Rand sowie die Oberfläche glatt streichen. Mit einer Lochtülle Nr. 8 einen Kranz aus der Baisermasse aufdressieren, einen Hauch Puderzucker auftragen und die Tarte anschließend bei kräftiger Oberhitze abflämmen. Zum Schluß die Tarte in der Mitte mit einigen frischen Himbeeren und einem Minzesträußchen dekorieren.

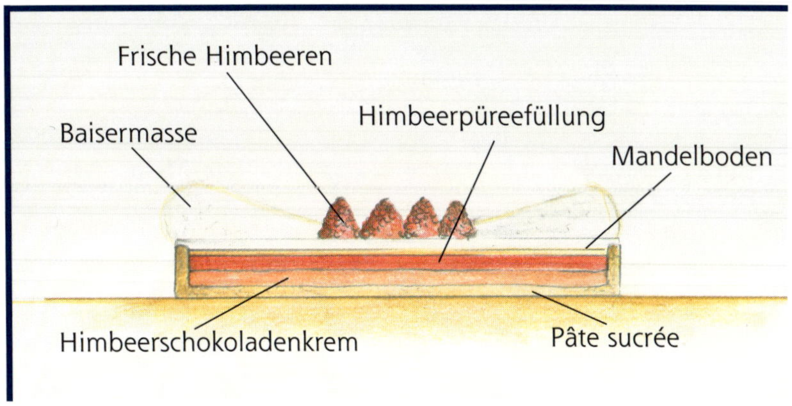


**Prozentuale Zusammensetzung Himbeerschokoladenkrem**

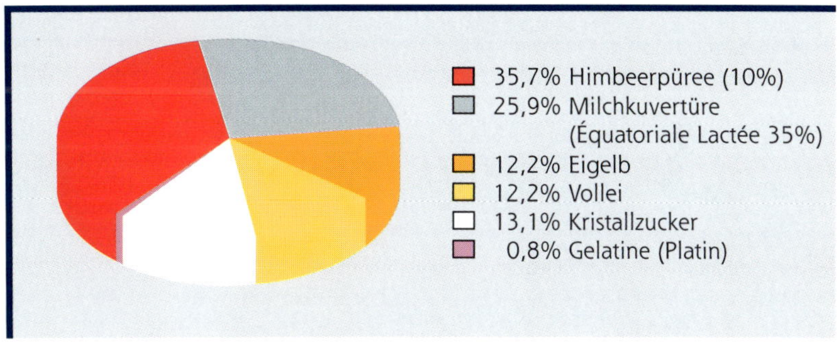

***Schichtarbeit für Genießer: Eine Johannisbeerweincreme wird im Wechsel mit feinen, saftigen Rouladenkapseln schichtweise aufgesetzt. Darüber die leuchtend roten Johannisbeeren – eingebunden in Gelee. Das Ganze üppig mit Baisermasse bedeckt, abgeflämmt und mit puderzuckerbestäubten Johannisbeerrispen dekoriert.***

## Zutaten

***Zutaten für 1 Schnitte, 1 Rahmen 57 x 36 cm, 4 cm hoch***
(ergibt 56 Stücke mit einem Maß von 9 x 4 cm)

***Johannisbeerweincreme***

320 g Marzipanrohmasse M0
32 g Johannisbeerlikör (Crème de Cassis – 20 Vol.-%)
32 g Johannisbeergeist (42 Vol.-%)
80 g Kristallzucker
32 g Cremepulver
360 g Johannisbeerwein, rot (8,5 Vol.-%)
80 g Johannisbeersaft, rot
50 g Eigelb

***Johannisbeerfüllung***

2000 g rote Johannisbeeren (frisch)
1450 g Agar-Agar-Gelee
320 g Johannisbeerlikör (Crème de Cassis – 20 Vol.-%)

***Johannisbeergeist-Tränke***

500 g Läuterzucker
100 g Johannisbeergeist (42 Vol.-%)

***Baisermasse zum Abflämmen***

480 g Eiklar, pasteurisiert
800 g Kristallzucker

***Rouladenkapsel***

3 Stück, 57 x 36 cm
Seite 267

***Agar-Gelee***

Seite 124

***Läuterzucker***

Seite 264

***Spezielle Rohstoffe/Arbeitsgeräte***

- Frische, rote Johannisbeeren
- Johannisbeerlikör (20 Vol.-%)
- Johannisbeergeist (42 Vol.-%)
- Johannisbeerwein, rot (8,5 Vol.-%)
- Agar-Agar-Fäden

- 1 Rahmen 57 x 36 cm, 4 cm hoch

# Johannisbeer-Baiserschnitte

**Herstellung:**

Für die Johannisbeerweincreme die Marzipanrohmasse mit dem Johannisbeerlikör und -geist weich arbeiten und in einem geeigneten Rührgerät bereitstellen. Dann aus den übrigen Zutaten eine Creme kochen und mit kleinen Portionen dieser Creme, sofort nach dem Kochen, die Marzipanmasse verdünnen und, besonders wichtig, eine glatte Füllung anrühren. Ist die Marzipanmasse erst einmal richtig glatt gerührt bzw. entsprechend verdünnt, kann die restliche Johannisbeerweincreme zügig eingearbeitet werden. Ein zu starkes Schaumigrühren der fertigen Johannisbeerweincreme ist jedoch in jedem Fall zu vermeiden.
Zum Einsetzen eine Rouladenkapsel mit der Backhaut nach oben in den Rahmen einlegen, leicht tränken und die Hälfte der warmen Weincreme gleichmäßig darauf verteilen. Auf diese erste Cremeschicht eine weitere Kapsel stürzen (Backhautseite nach unten), so daß die Rouladenkapsel leicht getränkt werden kann. Nach dem Einfüllen der übrigen Weincreme mit der dritten Rouladenkapsel wie im Falle der zweiten verfahren. Die letzte Kapsel ebenfalls gut andrücken und anschließend sehr dünn mit Johannisbeerkonfitüre oder -gelee bestreichen. Eine feine Schicht Biskuitbrösel oder etwas „Susta" auf der Konfitüre erschwert das Verrutschen des Fruchtbelags auf der darunter liegenden Konfitüreschicht bzw. der Rouladenkapsel.
Im weiteren Verlauf das heiße Agar-Gelee mit dem Johannisbeerlikör vermengen, die roten Johannisbeeren zugeben und alles zusammen nochmals gut vermischen. Anschließend die Früchte mit dem Gelee auf der eingesetzten Johannisbeerweincreme-Kapsel verteilen und danach den Rahmen mit Inhalt für ausreichende Zeit kühl stellen.

**Tip:**

Als Variante kann dem heißen Agar-Gelee anstatt des Johannisbeerlikörs auch Sauerkirschsaft (am besten von gefrorenen Sauerkirschen) beigemengt werden. So läßt sich bei Wunsch der Alkoholanteil der Schnitte etwas herabsetzen.

**Fertigstellung:**

Für die Baisermasse das pasteurisierte Eiklar mit dem Zucker bis etwa 50 °C erhitzen und anschließend stabil kalt schlagen. Das relativ starke Erwärmen der Eiklar-Zucker-Mischung ist notwendig, um eine zähe Masse mit hoher Viskosität zu erhalten. Hierdurch läßt sich eine stabile und standfeste Baisermasse herstellen. Nach dem gleichmäßigen Aufstreichen der Baisermasse die Oberfläche mit einem Kamm strukturieren, bei sehr starker Oberhitze abflämmen und nach etwas Zeit zum Abkühlen die Schnitte in Stücke der gewünschten Größe (9 x 4 cm) schneiden.

**Hinweis:**

„Susta" ist ein im Konditorei-Bäckerei-Fachhandel erhältliches Pulver, das aus staubfein vermahlenen Oblaten hergestellt wird. Es besitzt deshalb eine stark saugende Eigenschaft, welche es (bei Verwendung als Zwischenschicht) ermöglicht, bestimmte Komponenten wirksam voneinander zu isolieren oder, anders ausgedrückt, zwei glatte, rutschige Komponenten bzw. Schichten miteinander zu verbinden.

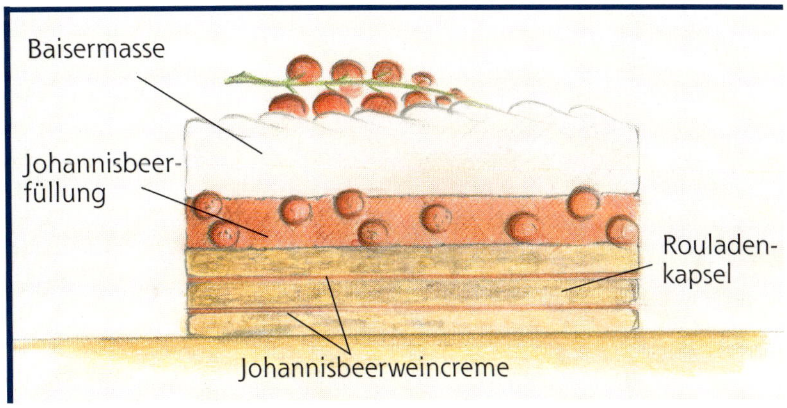


**Prozentuale Zusammensetzung Johannisbeerweincreme**

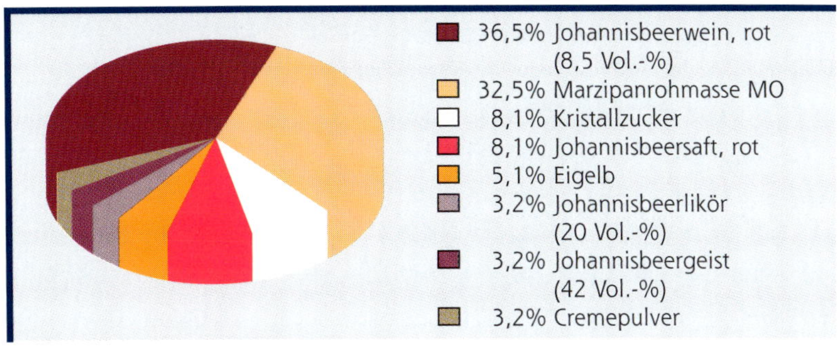


**Herstellungsaufwand:**

**Zutaten für 4 Tartes, 18 cm Durchmesser, Tartering 2 cm hoch, rund**

**Mandelmasse für Tartes**

| | |
|---|---|
| 120 g | Marzipanrohmasse M0 |
| 195 g | Eiklar |
| 155 g | Puderzucker |
| 60 g | Weizenmehl (Type 405) |
| 195 g | Butter |
| 2 Tr. | Orangenöl |
| | Salz |

**Pâte sucrée**

| | |
|---|---|
| 300 g | Butter |
| 150 g | Kristallzucker |
| 25 g | Eigelb |
| 50 g | Vollei |
| 500 g | Weizenmehl (Type 405) |
| | Mark von 1 Bourbon-Vanillestange |
| 1/2 | Zitronenschale, fein abgerieben |
| | Salz |

**Gelee zum Abglänzen**

| | |
|---|---|
| 250 g | Agar-Gelee |
| 80 g | Aprikosenkonfitüre (passiert) |

**Agar-Gelee**

Seite 124

Zutaten

**Spezielle Rohstoffe/Arbeitsgeräte**

- Orangenöl, naturrein
- Frische, reife, aber feste weiße oder gelbe Nektarinen

***Eine Tarte mit einer beim Backen von mir bisher recht vernachlässigten Frucht – aber unbegründet, wie sich hier am Beispiel zeigt: Schmal geschnittene, reife Nektarinenspalten werden sternförmig in die Mandelmasse gesetzt. Die ganze Herstellung ist ebenso einfach wie schnell und der Geschmack – mmmh – einfach köstlich.***

**Herstellung:**

Die Tarteringe mit etwa 3 mm stark ausgerollter Pâte sucrée auslegen und den Teig an der Ringoberkante sauber nach außen abkanten. Siehe auch „Blindbacken der Tarteformen und -ringe", bei der Sauerrahmtarte auf Seite 45.

Für die Mandelmasse aus den temperierten Zutaten – Marzipanrohmasse, Eiklar, Puderzucker – sowie den Gewürzen eine glatte Masse herstellen und leicht schaumig schlagen. Dann das Mehl zugeben und die Masse dabei aber weiterrühren. Anschließend die gelöste, warme Butter zufügen und kurz und kräftig unterrühren. Die Masse sofort in die 4 ausgelegten Tarteringe portionieren und dann etwa 1 cm breite Nektarinenspalten mit der Schale nach unten in die Tartes einsetzen. Die Nektarinentartes sogleich bei 180 °C und geöffnetem Zug goldbraun abbacken.

**Fertigstellung:**

Nach dem Auskühlen die Nektarinentartes mit dem etwas abgekühlten, schon leicht dickflüssigen Gelee abglänzen und einige geröstete Mandelblättchen aufstreuen oder, als Alternative, einfach nur mit etwas Puderzucker zart abstauben.

**Tip:**

Dieses Rezept ergibt auch mit Aprikosen oder Pfirsichen ein hervorragendes Produkt!

**Herstellung der „Pâte sucrée":**

Die geschmeidige Butter mit dem Zucker und den Gewürzen vermischen. Dann die Eier und zum Schluß das gesiebte Mehl kurz unterarbeiten, anschließend den Teig kühl stellen.

**Hinweis:**

Den Teig möglichst schon am Vortag zubereiten und für eine Nacht gut gekühlt ruhen lassen.

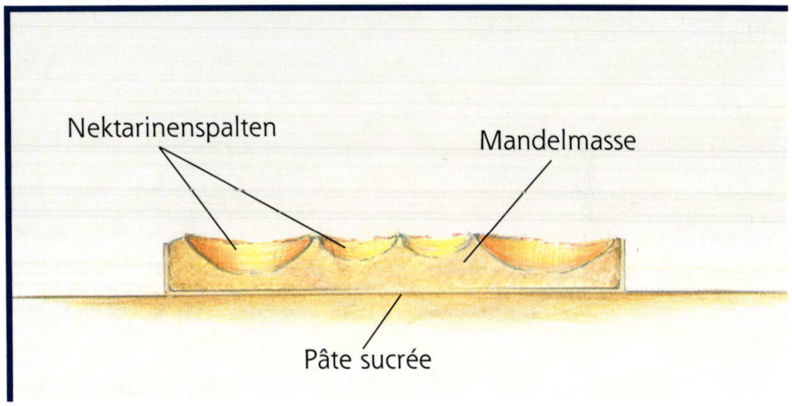


**Prozentuale Zusammensetzung Mandelmasse für Tartes**

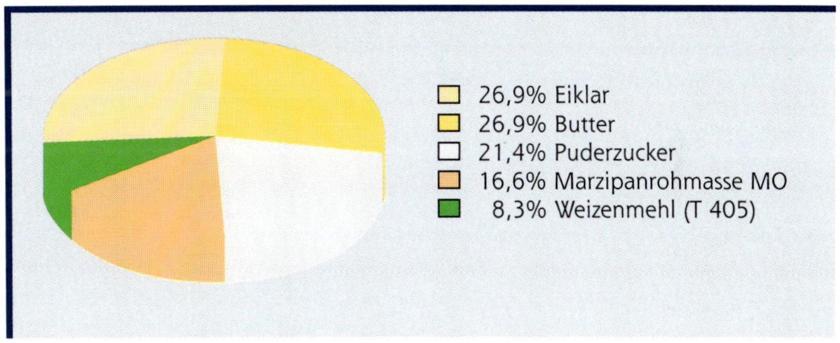


**Herstellungsaufwand:**

**Zutaten für 1 Schnitte,**
**1 Rahmen 57 x 36 cm, 5 cm hoch**
(ergibt 44 Stücke mit einem Maß von 8,5 x 5 cm)

**Rum-Sahne-Guß**

| | |
|---|---|
| 400 g | Kristallzucker |
| 165 g | Cremepulver |
| 600 g | Vollei |
| 1200 g | Sahne (32 %) |
| 120 g | Jamaica-Rum (50 Vol.-%) |
| 4 g | Salz |
| | Mark von 2 Bourbon-Vanillestangen |
| 1 | Zitronenschale, fein abgerieben |
| 2600 g | Rhabarber, geschält (eventuell blanchiert) |

**Mürbteig für Böden**
Seite 30

**Wiener Boden (Kapsel)**
Seite 271

**Milch-Grundcreme (600 g)**
Seite 265

Zutaten

**Spezielle Rohstoffe/Arbeitsgeräte**

- Echter Jamaica-Rum (50 Vol.-%)
- 1 Rahmen 57 x 36 cm, 5 cm hoch

***Dieser hervorragende Blechkuchen auf Mürbteig- und Wiener Boden eignet sich vor allem dann, wenn von April bis Juni die Hauptsaison für das grün- und rotfleischige Gemüse ist. Der erfrischend-säuerliche Geschmack, begleitet vom feinen Rumaroma der Rum-Sahne-Creme, verbindet sich in dieser Schnitte zu überzeugender Harmonie.***

**Herstellung:**

Auf ein Backblech mit Silikonpapier etwa 2,5 mm stark ausgerollten Mürbteig legen, den Schnittenrahmen aufsetzen, gut andrücken und dann den überstehenden Mürbteig vom Blech nehmen. Im Anschluß daran eine etwa 12 mm starke Wiener Kapsel einlegen und auf dieser 600 g Milch-Grundcreme so verstreichen, daß die Oberfläche lückenlos dicht verschlossen wird. Auf die Milch-Grundcreme eine dünne Schicht

gesiebter Biskuit- oder Wiener-Boden-Brösel aufstreuen (z. B. getrocknete Abschnitte des Wiener Bodens) und dann 2600 g frischen, geschälten und in etwa 2 bis 3 cm lange Stücke geschnittenen Rhabarber darauf verteilen. Bei einem sehr harten bzw. während des Backprozesses nicht weich werdenden Rhabarber kann es notwendig werden, die klein geschnittenen Stangen kurz zu blanchieren.
Für den Rum-Sahne-Guß alle Zutaten miteinander vermischen und im Kessel unter kräftigem Rühren so lange erhitzen, bis der Guß eine dickflüssige, schwach cremige Konsistenz angenommen hat. Dann den Kessel vom Gas nehmen, den dickflüssigen Guß sehr flott über den Rhabarber gießen und dabei gleichmäßig verteilen. Die Viskosität des Rum-Sahne-Gusses ist korrekt, wenn er gerade noch in die Zwischenräume des Rhabarbers hineinläuft. Anschließend die Schnitte bei 185 °C und geöffnetem Zug etwa 40 Minuten backen. Dabei muß auf eine passende Einstellung der Unterhitze geachtet bzw. nötigenfalls mit einem Unterblech gebacken werden.

**Fertigstellung:**

Die etwas abgekühlte Rhabarberschnitte aprikotieren und mit Rumfondant dünn glasieren. Nach dem Auskühlen die Schnitte am Rand etwas zuschneiden und dann Stückchen der gewünschten Größe (z. B. 8,5 x 5 cm) schneiden.

**Tip:**

Mit dem Rezept „Rum-Sahne-Guß" und nach dem gleichen Herstellungsverfahren läßt sich auch eine köstliche Apfelschnitte herstellen. Hierzu werden anstatt des Rhabarbers Apfelviertel oder je nach Größe Apfelsechstel eines backfesten, feinsäuerlichen Apfels aufgelegt. Dann wird weiter genau gleich nach der Herstellungsanleitung des Produktes Rhabarberschnitte verfahren.

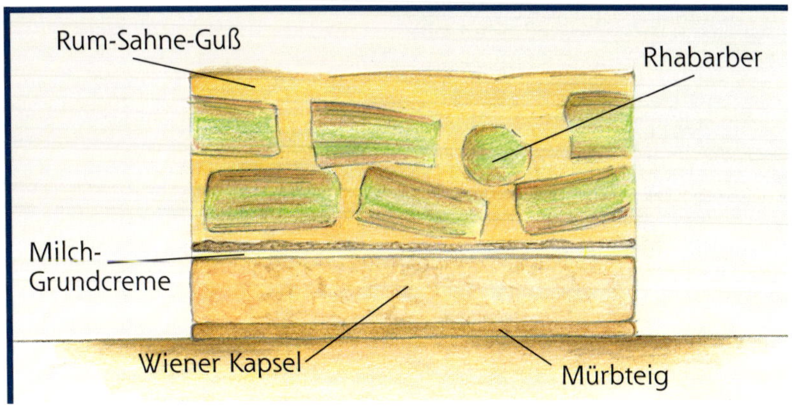


***Prozentuale Zusammensetzung Rum-Sahne-Guß***

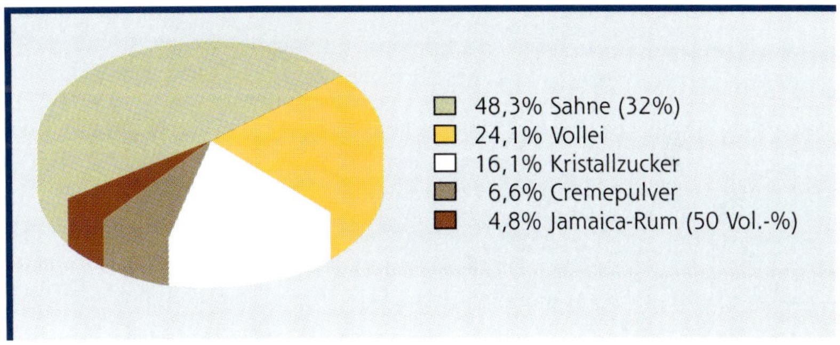


**Herstellungsaufwand:**

***Herrlich mild und einfach ausgezeichnet – diese unkomplizierte Sauerrahmtarte, die sofort nach dem Backen zart mit einer Zucker-Zimt-Mischung bestreut wird.***

***Zutaten für 4 Tartes, konische Tarteform***

***Sauerrahmfüllung***

| | |
|---|---|
| 800 g | Quark |
| 1600 g | Sauerrahm (10 %) |
| 200 g | Vollei |
| 100 g | Eigelb |
| 300 g | Kristallzucker |
| 145 g | Cremepulver |
| 1 | Zitronenschale, fein abgerieben |
| | Mark von 1 1/2 Bourbon-Vanillestangen |
| 3 g | Salz |

***Pâte sucrée***

Seite 40

***Spezielle Rohstoffe/Arbeitsgeräte***

- 4 konische Tarteformen, Durchmesser oben 22 cm, unten 20,5 cm, Höhe 2,5 cm

***Prozentuale Zusammensetzung Sauerrahmfüllung***

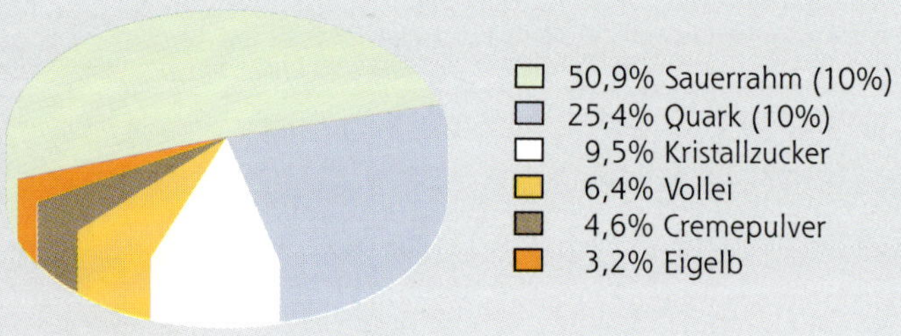


***Herstellungsaufwand:***

**Herstellung:**

Die konischen Tarteformen hauchdünn buttern, mit der Pâte sucrée auslegen und leicht anbacken bzw. „blind" backen (siehe Steps), bis der Teig eine schwach goldbraune Färbung erreicht hat. Für die Sauerrahmfüllung den Quark mit dem Sauerrahm, den Eiern und den Gewürzen glatt arbeiten und anschließend den mit dem Cremepulver gemischten Zucker unterarbeiten. Die Sauerrahmfüllung hierbei jedoch keinesfalls schaumig rühren. Anschließend die Füllung in die vorgebackenen Tarteformen portionieren und glatt streichen. Die Tartes bei 185 °C und geöffnetem Zug etwa 40 bis 45 Minuten ausbacken. Sogleich nach dem Entnehmen aus dem Ofen die Tartes mit wenig Zimtzucker bestreuen und auskühlen lassen.

**Hinweis:**

1. Bei etwas weicherer Pâte sucrée die Backformen bzw. -ringe schon frühzeitig mit dem Teig auslegen und kühl stellen, erst dann an der Oberkante abschneiden. So läßt sich ein Abrutschen des Teiges unter die Ringoberkante vor dem Backen vermeiden.
2. Die zum Auslegen verwendete Alufolie (oder das Silikonpapier) sollte zumindest am Boden einige Male durchstoßen sein, so daß der Dampf besser entweichen kann.
3. Um fertigzubackende Teile leichter bzw. schneller ausbacken zu können, kann die entsprechende Füllung und die eingelegte Folie oder das Papier nach etwa zwei Drittel der Backzeit entnommen und die Tarte anschließend flott fertig gebacken werden.

**Fertigstellung:**

Nach dem Auskühlen die Tartes mit einem Kuchengitter stürzen und die Form abnehmen. Nach dem Zurückstürzen ist die Tarte fertig zum Verkauf.

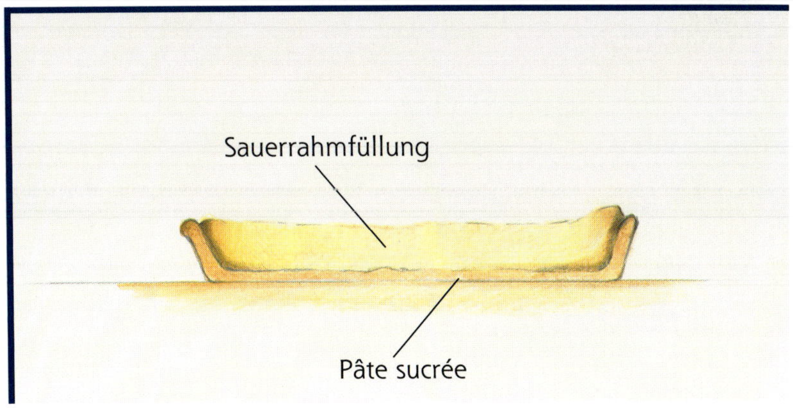


**Blindbacken der Tarteformen und -ringe**

***Die Formen und Ringe mit der Pâte sucrée auslegen und an der Oberkante abschneiden.***

***Den Teig mit einer Gabel stupfen und mit geölter Alufolie oder Silikonpapier auslegen.***

***Die Backformen oder- ringe mit Linsen oder Reis usw. „blind" füllen und bei 170 °C anbacken oder fertig ausbacken.***

***Nachdem die Formen etwas abgekühlt sind den Inhalt herauskippen und das Papier oder die Folie entfernen.***

*„Die Crêpes Suzette sind eine wunderbare, alte französische Platte ... ein herrliches Rezept."*

*(Alfred Walterspiel)*

***Diese köstliche Crêpes-Tarte mit aromareicher Orangensoße und köstlichen Orangenfilets als Dekor hat Suzette, die Zofe einer Schauspielerin von der Comédie Française, jedoch bestimmt noch nicht gekannt.***

**Herstellungsaufwand:**

***Zutaten: für 4 Tartes, 16 cm Durchmesser, Tartering 2 cm hoch, rund***

**Crème Chiboust-Orange**

| | |
|---|---|
| 35 g | Kristallzucker |
| 50 g | Weizenpuder |
| 120 g | Eigelb |
| 220 g | Orangensaftkonzentrat (TK) |
| 180 g | Sahne (32 %) |
| $5^1/_2$ Bl. | Gelatine (Platin = 9,63 g) |
| 200 g | Eiklar |
| 190 g | Kristallzucker |

***Masse für Crêpes***

| | |
|---|---|
| 80 g | Kristallzucker |
| 310 g | Vollei |
| 50 g | Eigelb |
| 120 g | Sahne (32 %) |
| 480 g | Vollmilch (3,5 %) |
| 225 g | Weizenmehl (Type 405) |
| | Mark von 1 Bourbon-Vanillestange |
| | Salz |

***Orangen-Karamel-Soße***

| | |
|---|---|
| 400 g | Puderzucker |
| 360 g | Orangensaft, frisch! |
| 50 g | Grand Marnier (50 Vol.-%) |
| 1 | Orangenschale, fein abgerieben |

***Pâte sucrée***

Seite 40

Zutaten

***Spezielle Rohstoffe/Arbeitsgeräte***

- Orangensaftkonzentrat (TK)
- 3 unbehandelte Orangen für die Zestenund zum Abreiben
- Zestenreißer
- Pfanne mit 16 cm Durchmesser

***Herstellung:***

Zur Herstellung der Suzettetartes die Ringe mit Pâte sucrée auslegen und bei 170 °C „blind" backen (siehe hierzu Steps „Sauerrahmtarte" auf Seite 45). Nach dem Aus-

kühlen die Tartes innen hauchdünn mit Bitterkuvertüre auspinseln und den ersten Crêpe als Boden einlegen.
Um die Crème Chiboust herzustellen, rechtzeitig die Blattgelatine in reichlich kaltem Wasser einweichen sowie aus dem Eiklar und dem größeren (190 g) Zuckeranteil der Rezeptur einen cremigen, aber stabilen Eischnee herstellen. Gleichzeitig aus den übrigen Zutaten, außer der Gelatine, eine Creme kochen. Diese Creme am besten sofort nach dem Kochen in eine Edelstahlschüssel umfüllen und die vorgequollene, gut ausgepreßte Gelatine gleich darin unterrühren. Gleich darauf den Eischnee kurz und kräftig unterrühren und etwas von der Crème Chiboust-Orange auf den bereits in der Tarte befindlichen Crêpe streichen. Nach zwei weiteren Crêpes- und Chiboust-Schichten, wovon die letzte Chiboust-Schicht etwa auf dem Niveau der Mürbteigoberkante glatt gestrichen werden sollte, verteilt man die übrige Chiboust in der Mitte von 7 Crêpes je Tarte, bei welchen zuvor die Unterseite mit der Orangen-Karamel-Soße bestrichen wurde. Bei diesen Crêpes den Rand locker nach innen zusammenschlagen und die Crêpes anschließend mit einigen skurrilen Falten auf den Tartes drapieren. Die Suzettes anschließend für ausreichende Zeit kühl stellen.

### Fertigstellung:

Die Tartes mit den in der übrigen Orangensoße eingelegten und einmal aufgekochten Orangenzesten (oder Julienne) und einigen frischen Filets dekorieren. Über die Filets und die Crêpes kann noch zusätzlich etwas von der Orangensoße geträufelt werden bzw. die Oberfläche daraufhin auch mit etwas Agar-Agar-Gelee abgeglänzt werden.

### Herstellung der Crêpes:

Für eine glatte, dünnflüssige Crêpesmasse die Zutaten ohne Milch miteinander glatt rühren. Danach diese Grundmasse mit der Milch portionsweise verdünnen. Um hauchdünne Crêpes zu backen, die Masse sehr sparsam in eine heiße, schwach ausgebutterte Pfanne mit 16 cm Durchmesser gießen und rundherum verlaufen lassen. Den Crêpe jeweils nach dem Anbacken wenden und auf der anderen Seite fertig ausbacken. Nach dem Backen die Crêpes übereinander stapeln und zur weiteren Verarbeitung bereitstellen. Je Tarte werden 10 Crêpes mit etwa 16 cm Durchmesser benötigt.

### Herstellung der Orangensoße:

Den Zucker goldgelb schmelzen (karamelisieren) und sofort mit dem erhitzten Orangensaft ablöschen. Danach die mit dem Grand Marnier marinierte, fein abgeriebene Orangenschale zugeben und die Soße so weit reduzieren, bis eine schwach sirupartige Konsistenz erreicht ist. Die Soße durch ein Sieb in eine Schüssel gießen, wenn sie etwas abgekühlt hat, die Crêpes für die Oberfläche auf der Unterseite mit der Soße bestreichen. Für die Orangenzesten (oder Julienne) zum Dekorieren der Tartes die übrige Soße nochmals erhitzen und die Schale für einige Zeit darin einlegen.

### Tip:

Generell die Flüssigkeit zum Ablöschen von geschmolzenem Zucker erhitzen. Dies beschleunigt den Vorgang ganz erheblich und begünstigt ein zufriedenstellendes Produkt, da auf diese Weise ein heller, geschmacklich angenehmer Karamel hergestellt werden kann.

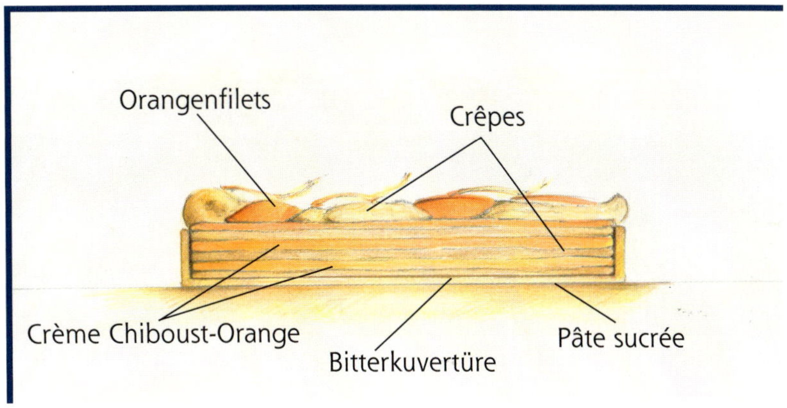


**Prozentuale Zusammensetzung Crème Chiboust-Orange**

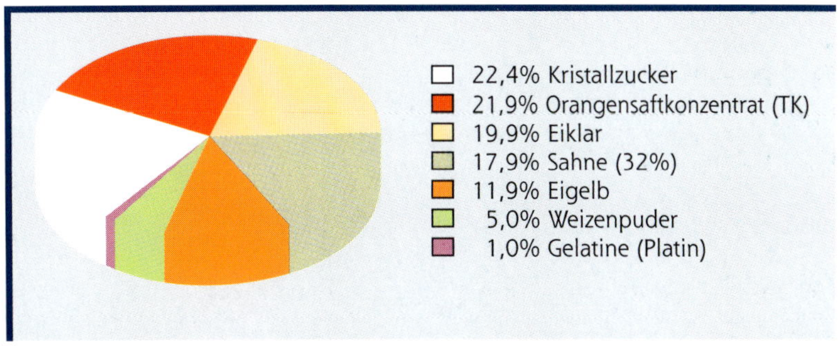

***Nicht nur Musikfreunde fühlen sich hier angesprochen, denn diese „Symphonie" verspricht vor allem Feinschmeckern ein ungewöhnlich lustvolles Geschmackserlebnis.***

**Zutaten für 1 Schnitte,**
**1 Rahmen 57 x 36 cm, 6 cm hoch**
(ergibt 56 Stücke mit einem Maß von 9 x 4 cm)

**Orangenschokoboden**

| | |
|---|---|
| 385 g | Marzipanrohmasse M0 |
| 240 g | Eigelb |
| 125 g | Williams-Birnengeist (50 Vol.-%) |
| 420 g | Butter |
| 315 g | Kristallzucker |
| 420 g | Eiklar |
| 250 g | Weizenmehl (Type 405) |
| 180 g | Weizenpuder |
| 6 g | Backpulver |
| 375 g | Bitterkuvertüre (Caraque – 56 % Kakao) |
| 75 g | Orangeat |
| 2 g | Salz |

**Williams-Schokosahne**

| | |
|---|---|
| 375 g | Milch-Grundcreme |
| 100 g | Kristallzucker |
| 475 g | Bitterkuvertüre (Pur Caraïbe – 66,5 % Kakao) |
| 15 Bl. | Gelatine (Platin = 26,25 g) |
| 150 g | Williams-Birnengeist (50 Vol.-%) |
| 2400 g | Schlagsahne (32 %) |

**Williams-Birnengeist-Tränke**

| | |
|---|---|
| 640 g | Läuterzucker |
| 160 g | Williams-Birnengeist (50 Vol.-%) |

**Fruchteinlage**

| | |
|---|---|
| 2000 g | Williamsbirnen, gedünstet |

**Läuterzucker**

Seite 264

**Milch-Grundcreme**

Seite 265

Zutaten

### Spezielle Rohstoffe/Arbeitsgeräte

- Saftiges Orangeat (Arancini)
- Williams-Birnengeist (50 Vol.-%)
- 2 kg gedünstete Williamsbirnen (Dosenware)
- Kaltgelee (Nappage)
- Babybirnen
- 1 Rahmen 57 x 36 cm, 6 cm hoch

### Herstellung:

**Herstellung des Orangenschokobodens:**
Die Marzipanrohmasse zuerst mit dem Eigelb sorgfältig glatt arbeiten. Dann das Williams-Destillat und danach die warme, flüssige Butter unterrühren. Die Marzipanmasse nun leicht schaumig schlagen und gleichzeitig aus dem Eiklar, dem Zucker und dem Salz einen cremigen, aber stabilen Eischnee herstellen. Diesen Eischnee unter die Marzipanmasse heben. Anschließend die Mischung aus dem Mehl, dem Weizenpuder, dem Backpulver sowie dem fein gehackten Orangeat und der fein gehackten Kuvertüre gefühlvoll einmelieren. Die fertige Masse in einen mit Silikonpapier eingeschlagenen Rahmen mit den Maßen 57 x 36 cm einfüllen, gleichmäßig verstreichen und bei 180 °C sowie geöffnetem Zug in etwa 35 bis 40 Minuten saftig ausbacken.

**Einsetzen der Symphonie:**
Den Orangenschokoboden aus dem Rahmen lösen und die Oberfläche durch das Abschneiden der Backhaut begradigen. Danach den Boden wieder mit dem gesäuberten 6 cm hohen Rahmen umstellen und saftig tränken.

Für die Williams-Schokosahne zuerst die Milch-Grundcreme leicht anwärmen und dann die mit dem Williams-Destillat vermengte, aufgelöste Blattgelatine zugeben und unterrühren. Anschließend wird die bei 54 °C geschmolzene Bitterkuvertüre beigegeben und die Mischung nun so temperiert, daß die Schlagsahne untermeliert werden kann; d. h., daß das in der Kuvertüre enthaltene Fett (Kakaobutter) nicht bereits vor dem vollständigen Verfüllen der Williams-Schokosahne auskristallisieren kann. Im weiteren Verlauf eine ungefähr einen Zentimeter starke Schicht der Williams-Schokosahne auf den getränkten Orangenschokoboden aufstreichen, etwa 2 kg gedünstete Williams Christbirnenhälften einlegen und leicht andrücken. Im letzten Arbeitsschritt die übrige Schokosahne einfüllen und rahmenhoch glatt streichen. Die Schnitte jetzt kühl stellen oder einfrieren.

### Fertigstellung:

Die Oberfläche der gekühlten bzw. der aufgetauten Schnitte dünn mit neutralem Kaltgelee bestreichen, einteilen und nach dem Abheben des Rahmens die Portionsstücke schneiden. Zum Schluß die Symphonie mit den Babybirnen dekorieren und somit zum Verkauf fertig stellen.

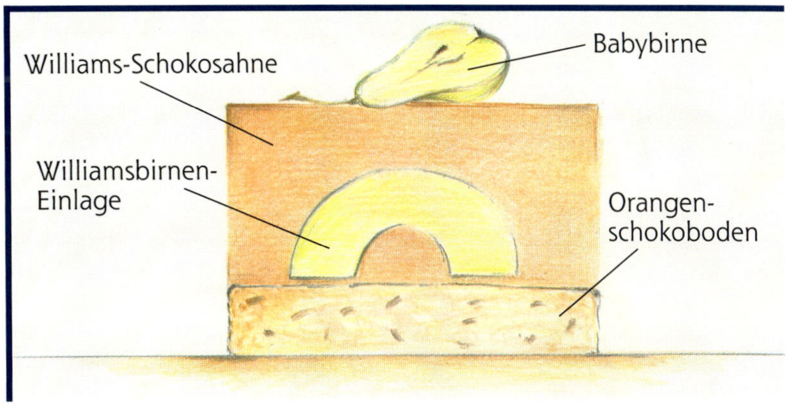


**Prozentuale Zusammensetzung Williams-Schokosahne**

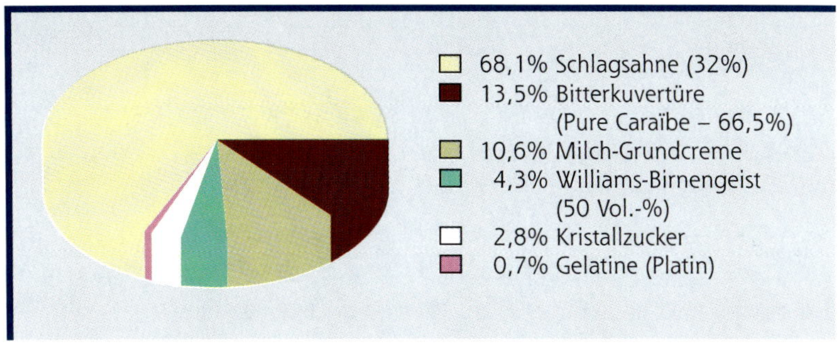


**Herstellungsaufwand:** 

**Zutaten für 1 Schnitte,**
**1 Rahmen 57 x 36 cm, 5 cm hoch**
(ergibt 56 Stücke mit einem Maß von 9 x 4 cm)

**Zuppa-Romana-Creme**

1165 g Vollmilch (3,5 %)
400 g Kristallzucker
70 g Cremepulver
220 g Eigelb
Mark und Stangen von 2 1/2 Bourbon-Vanillestangen
2 1/2 Zitronenschalen, fein abgerieben
16 Bl. Gelatine (Platin = 28 g)
850 g Schlagsahne (32 %)
Salz

**Fruchteinlage**

450 g Sauerkirschen, gedünstet

**Zuppa-Romana-Tränke**

550 g Likör (Alchermes – 21 Vol.-%)
300 g Wermutwein (Martini bianco – 15 Vol.-%)
250 g Jamaica-Rum (50 Vol.-%)
200 g Läuterzucker
200 g Sauerkirschsaft
300 g Amarenakirschsaft

**Zum Fertigstellen**

1500 g Schlagsahne
60 g Zucker

**Läuterzucker**

Seite 264

**Wiener Kapsel**

Seite 271

Zutaten

***Der italienische Dessert-Klassiker – hier neu interpretiert nach einer Rezeptur aus den allerersten Tagen meiner Lehrzeit. Die Zuppa-Romana-Creme mit einer Fruchteinlage aus gedünsteten Sauerkirschen wird zwischen zwei Lagen saftig getränkte Wiener Böden gegeben, mit Schlagsahne bedeckt, wellenförmig strukturiert und mit der charakteristischen Amarenakirsche verziert.***

**Spezielle Rohstoffe/Arbeitsgeräte**

- Mandellikör (Alchermes – 21 Vol.-%)
- Wermutwein (Martini bianco – 15 Vol.-%)
- Amarenakirschen
- 1 Rahmen 57 x 36 cm, 5 cm hoch

***Herstellung:***

***Herstellung der Zuppa-Romana-Creme:***
Für die Zuppa-Romana-Creme zuerst die Milch mit dem Zucker, der fein abgeriebenen Zitronenschale, dem Mark der Bourbon-Vanillestangen sowie den klein geschnittenen Stangen und dem Salz in einem geeigneten Kessel bis kurz vor den Kochpunkt erhitzen. Zeitgleich das Cremepulver und das Eigelb zusammen mit einer kleinen Menge Milch anrühren und bereitstellen. Hat die Milch die entsprechende Temperatur erreicht, wird sie unter kräftigem Rühren nach und nach zur Eigelbmischung gegossen. Sobald die gesamte heiße Milch zugeschüttet wurde, wird die komplette Mischung durch ein feines Sieb in den Milchkessel zurückgegossen (passiert) und zur Creme abgekocht. Sofort nach dem Kochen die Creme in eine kalte Edelstahlschüssel umfüllen und an der Oberfläche mit Frischhaltefolie abgedeckt auskühlen lassen. Die Creme ohne Gelatine kann problemlos schon am Vortag zubereitet werden.

***Hinweis:***
Wenn die Milch zur Herstellung dieser Creme mit den Gewürzen über die hierfür notwendige Zeitspanne erhitzt wurde, sind die Aromastoffe bereits ausreichend in der Flüssigkeit gelöst. Erfolgt dann das Durchpassieren der Creme (durch das Umgießen) vor dem eigentlichen Abkochen (und dem damit verbundenem Eindicken), nimmt dieser Vorgang nur einen kurzen Augenblick in Anspruch. Fasern der Vanillestange, die abgeriebene Zitronenschale, Hagelschnüre oder sonstige unerwünschte Bestandteile wie z. B. Eischale können so unkompliziert und hygienisch einwandfrei entfernt werden.

***Einsetzen der Zuppa Romana:***
Zum Einsetzen der Schnitte die Backhaut der vorbereiteten Wiener Kapseln hauchdünn abschneiden und die stärkere der beiden als Boden in den 57 x 36 cm großen Rahmen einlegen. Die Zutaten der Tränke intensiv miteinander vermischen und damit den eingelegten Boden tränken. In der Folge eine kleine Menge der vorgekochten Zuppa-Romana-Creme anwärmen, die aufgelöste Gelatine darin unterrühren und dann die übrige Creme unter gleichzeitigem Nachwärmen zugeben und so temperieren, daß die Schlagsahne untergehoben werden kann. Nachdem die Hälfte der Creme im Rahmen verteilt ist, werden 450 g sehr gut abgetropfte Dunstsauerkirschen im Rahmen gleichmäßig verteilt. Darauf folgt nun die übrige Creme und die zweite, etwas dünnere der vorbereiteten Wiener Kapseln, welche dann mit der Unterseite nach oben gekehrt in den Rahmen eingelegt wird. Die Zuppa Romana nun ausreichende Zeit kühl stellen oder einfrieren.

***Fertigstellung:***
Den oberen Boden saftig tränken und mit 1500 g schwach gesüßter (40 g Zucker/l), leicht gebundener Schlagsahne bestreichen. Die Schlagsahne kann jetzt sehr schön mit einem geeigneten Strukturkamm (Biskuitmassen) strukturiert werden. Dann den Rahmen abziehen und nach dem Einteilen und Schneiden der gewünschten Portionsstücke (9 x 4 cm) jedes Stück mit einer Amarenakirsche dekorieren.

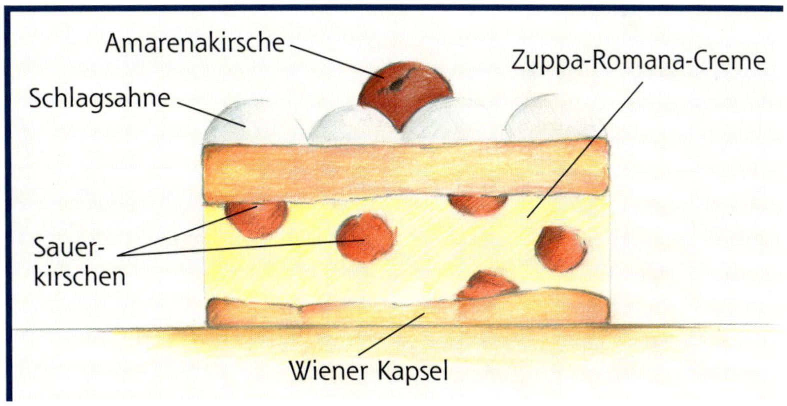


***Prozentuale Zusammensetzung Zuppa-Romana-Creme***

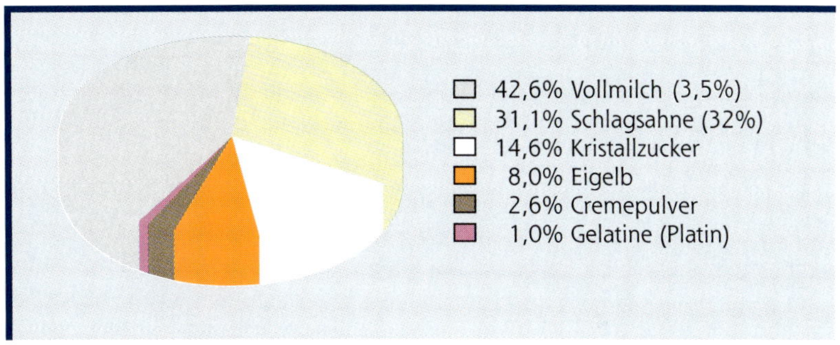


***Herstellungsaufwand:***

# Kleintorten

Wer würde bei der Kleintorte „Banana" nicht schwach werden? Diese prachtvolle Kreation besticht optisch zuerst durch eine besonders markante Form, unterstrichen durch die wilden Kuvertüresplitter, aber vor allem durch die Brickteig-Rüsche, welche dieser mit Kuvertüre abgesprühten Torte reizvoll die „Krone" aufsetzt.

Banana

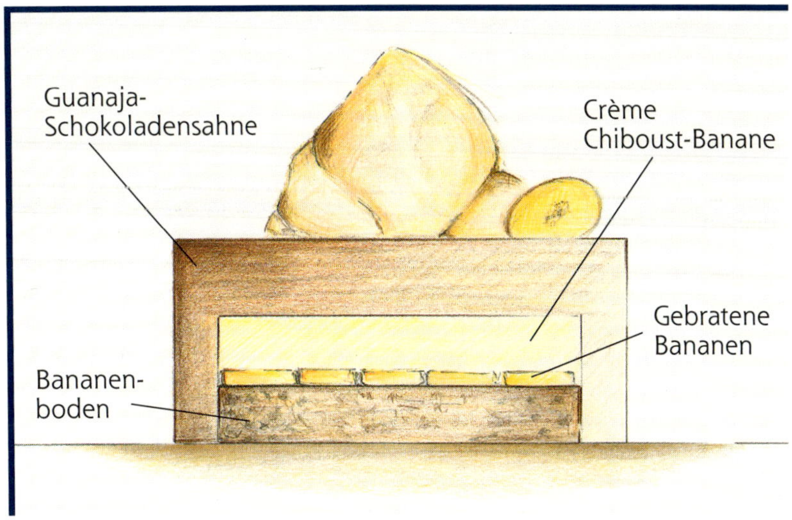


***Prozentuale Zusammensetzung Guanaja-Schokoladensahne 2***

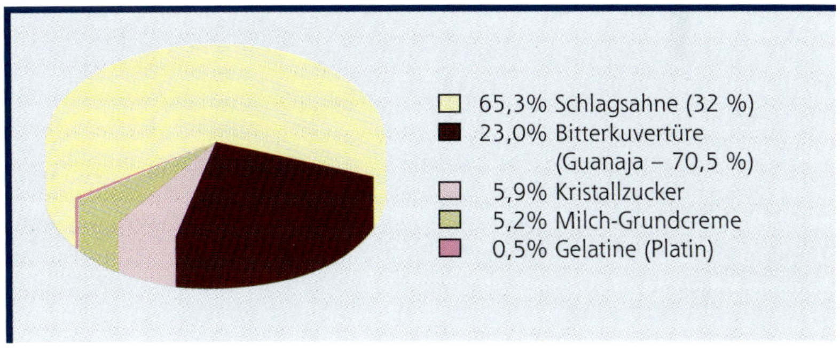

**Zutaten für 3 Kleintorten,**
**18 cm Durchmesser, 5 cm hoch, Sechseck**

**Crème Chiboust-Banane für Torten**

| | |
|---|---|
| 240 g | Bananenpüree |
| 45 g | Zitronensaft |
| 95 g | Eigelb |
| 40 g | Sauerrahm (10 %) |
| 24 g | Kristallzucker |
| 14 g | Weizenpuder |
| 3,5 Bl. | Gelatine (Platin = 6,1 g) |
| 120 g | Eiklar, pasteurisiert |
| 65 g | Kristallzucker |

**Guanaja-Schokoladensahne 2**

| | |
|---|---|
| 80 g | Kristallzucker |
| 70 g | Milch-Grundcreme |
| 4 Bl. | Gelatine (Platin = 7 g) |
| 310 g | Bitterkuvertüre (Guanaja – 70,5 % Kakao) |
| 880 g | Schlagsahne (32 %) |

**Bananenlikörtränke**

| | |
|---|---|
| 150 g | Bananenpüree |
| 150 g | Läuterzucker |
| 30 g | Zitronensaft |
| 40 g | Bananenlikör (Crème de Bananes – 30 Vol.-%) |

**Bananenboden**

Seite 259

**Milch-Grundcreme**

Seite 265

**Läuterzucker**

Seite 264

**Bitterkuvertüre zum Sprühen**

Seite 260

**Schokosplitter**

Seite 137

Zutaten

**Herstellungsaufwand:**

**Spezielle Rohstoffe/Arbeitsgeräte**

- Brickteig
- 3 sechseckige Tortenringe, 18 cm Durchmesser, 5 cm hoch
- 3 sechseckige Tortenringe, 16 cm Durchmesser, 3,5 cm hoch
- Sprühpistole, elektrisch

**Herstellung:**

In die 16er-Tortenringe einen gedrittelten Bananenboden einlegen und leicht tränken. Für den Bananen-Chiboust-Kern aus den Zutaten (außer der Gelatine, dem Eiklar und dem größeren Zuckeranteil im Rezept) eine gekochte Creme herstellen. In diese heiße Creme die ausreichend gequollene und gut ausgedrückte Gelatine einrühren. Anschließend sofort den aus dem Eiklar und Zucker hergestellten stabilen, aber noch geschmeidigen Eischnee kurz und kräftig von Hand unter die heiße Bananencreme schlagen. Diese Crème Chiboust dann möglichst flott in die vorbereiteten 16er-Ringe einfüllen und auf Ringniveau glattstreichen. Den Bananen-Chiboust-Kern bis zum Fertigstellen der Guanaja-Schokoladensahne 2 kühl stellen, wenn nötig kurzzeitig anfrosten, um den Kern dann weiterverarbeiten zu können. Im weiteren Verlauf jetzt die Guanaja-Sahne herstellen. Hierzu den Zucker mit der Milch-Grundcreme leicht erwärmen, dann die aufgelöste Gelatine und anschließend die bei 54 °C geschmolzene Kuvertüre unterrühren und alles zusammen temperieren. Durch Beimengen von kleinen Mengen Schlagsahne unter gleichzeitigem Nachtemperieren eine homogene Masse mit elastischer Konsistenz herstellen. Unter diese dann die übrige Schlagsahne vorsichtig untermelieren und die Guanaja-Sahne in 18er-Tortenringe mit einem Boden aus glatt gespannter Frischhaltefolie portionieren. Jetzt nur noch die kalten Bananen-Chiboust-Kerne aus dem

Ring lösen, in die Guanaja-Sahne stürzen und leicht andrücken, bis der Bananenboden das Niveau des 18er-Tortenrings erreicht hat. Anschließend die am Rand eventuell übergetretene Guanaja-Sahne nach außen abstreichen und die Torten daraufhin kühl stellen oder einfrieren.

### Fertigstellung:

Bei der eingefrorenen oder in jedem Fall angefrorenen Torte den Boden nach unten kehren und den Ring zum Abziehen leicht erwärmen. Dann die angefrorene Torte mit der Kuvertüre absprühen, die Schokosplitter (Seite 137) anbringen und abschließend eine Brickteigrüsche aufsetzen.

### Tips:

- Wenn man einen Tortenring außen mit etwas Wasser befeuchtet, läßt er sich sehr glatt mit Frischhaltefolie bespannen, da die Folie bei Feuchtigkeit hervorragend haften bleibt. Wenn Torten in derartig präparierten Ringen „verkehrt" eingesetzt werden, erhält man nach dem Stürzen eine vollkommen glatte Tortenoberfläche.
- Eine geschmackliche Steigerung der „Banana" läßt sich über das Einlegen einiger in Butter mit etwas Zucker gebratener Bananen in den Chiboust-Kern erreichen. Kann der entsprechende Verkaufspreis erzielt werden, so ist dieser zusätzliche Aufwand gerechtfertigt, wobei dann darauf geachtet werden muß, daß sich die Torten nur noch bedingt zum Einfrieren eignen!

### Herstellung gebratener Bananen:

Je Torte etwa 1 bis 1 1/2 mittelgroße Bananen in etwa 8 mm starke Scheiben schneiden und mit wenig Zitronensaft marinieren. Anschließend die Bananenscheiben leicht mit Kristallzucker überzuckern und in der Pfanne mit wenig Butter goldbraun braten.

### Karamelisierte Brickteigrüsche

*Ein Blatt Brickteig von einer Seite mit konzentriertem Zuckersirup (2,5:1) bestreichen.*

*Dann etwas Puderzucker auf die Oberfläche sieben.*

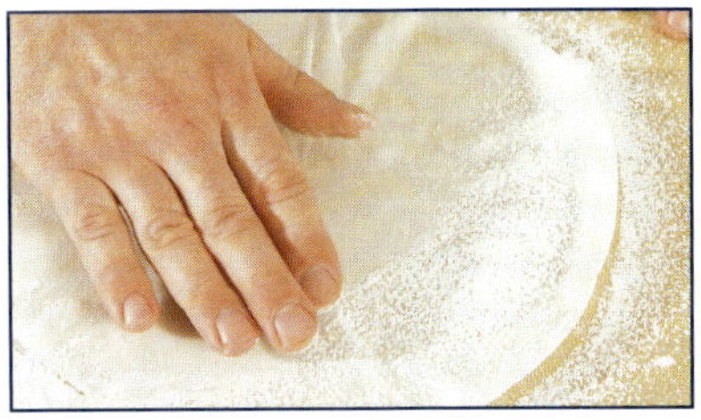

*Puderzucker leicht verreiben.*

*Dem Teigblatt eine möglichst skurrile, aber lockere Form geben und anschließend im Ofen bei 200 °C und geöffnetem Zug goldbraun backen bzw. karamelisieren.*

## Baumstamm

Ein Naturerlebnis zu jeder Jahreszeit: Dieser Baumstamm, eine saftige Roulade, gefüllt mit erfrischend feinsäuerlicher Orangenweincreme, erhält durch die mit dunkler Kakaobutter bestrichene „Rinde" sowie durch die stilgerecht hergestellte Hippenblüte einen ganz besonders naturnahen Akzent.

Konditor
des Jahres

Andreas
Heil
Konditor
des Jahres

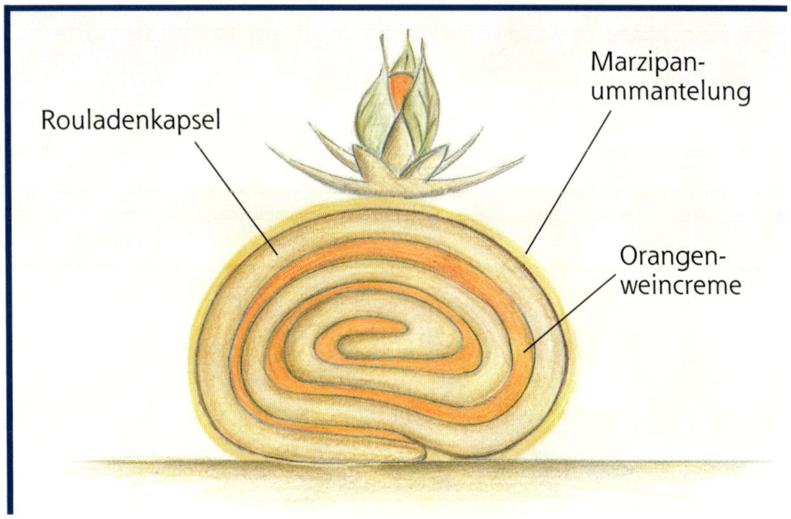


***Prozentuale Zusammensetzung Orangenweincreme***

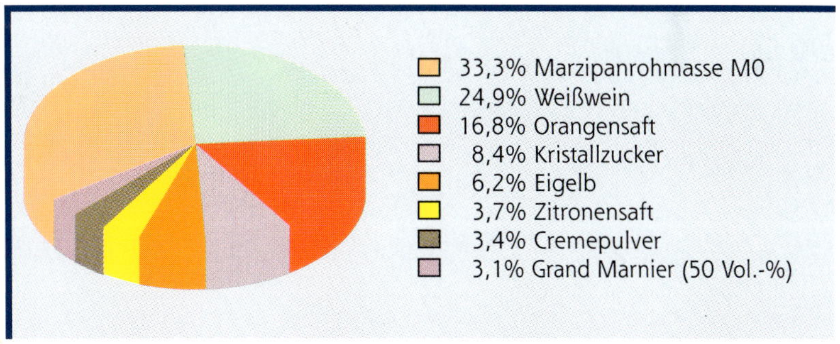

**Zutaten für 4 Kleintorten, etwa 10 cm Durchmesser, Länge 18 cm, Rolle**

**Orangenweincreme**

| | |
|---|---|
| 270 g | Orangensaft |
| 400 g | Weißwein, trocken |
| 60 g | Zitronensaft |
| 135 g | Kristallzucker |
| 55 g | Cremepulver |
| 100 g | Eigelb |
| 535 g | Marzipanrohmasse M0 |
| 50 g | Grand Marnier (50 Vol.-%) oder |
| 40 g | Cointreau-Konzentrat (60 Vol.-%) |

**Grand Marnier-/Cointreau-Tränke**

| | |
|---|---|
| 360 g | Läuterzucker |
| 90 g | Grand Marnier (50 Vol.-%) oder |
| 70 g | Cointreau-Konzentrat (60 Vol.-%) |

**Marzipan zum Ausrollen**

Marzipanrohmasse und Puderzucker im Verhältnis 2,5:1 verkneten.

**Rouladenkapseln**

Seite 267

**Basiskrem**

Seite 259

**Läuterzucker**

Seite 264

**Hippenmasse**

| | |
|---|---|
| 95 g | Marzipanrohmasse M0 |
| 240 g | Puderzucker |
| 150 g | Vollei |
| 30 g | Eiklar |
| 220 g | Weizenmehl (Type 405) |
| 30 g | Sahne (32 %) |
| | Ceylon-Zimt |
| | Salz |

Zutaten

**Herstellungsaufwand:**

**Spezielle Rohstoffe/Arbeitsgeräte**

- Holzdekorkamm (Maserierwerkzeug)
- Schablone für die Hippenblüte
- Silikonbackmatten

**Herstellung:**

Als ersten Schritt zum Füllen der frischgebackenen Rouladen-Kapseln mit der Orangenweincreme aus der Marzipanrohmasse und dem jeweiligen Orangendestillat (bzw. einer Mischung von beiden) eine glatte Masse herstellen und diese dann in einer Rührmaschine mit grobem Besen bereitstellen. Aus den übrigen Zutaten eine Creme kochen und mit kleinen Portionen dieser heißen Creme sofort nach dem Kochen die Marzipanrohmasse verdünnen und, besonders wichtig, eine glatte Füllung anrühren. Ist die Marzipanrohmasse erst einmal richtig glatt gerührt, kann die restliche Orangenweincreme zügig untergerührt werden.

Als zweiten Schritt die Rouladenkapseln auf neues Backtrennpapier umsetzen und von der Backhautseite her leicht tränken. Danach die warme Orangenweincreme aufstreichen und die Rouladen von der Stirnseite her aufrollen. Mit einem Lineal wird das übergeschlagene Backpapier mit leichtem Druck unter die jeweilige Roulade geschoben (siehe auch auf Seite 253). Die Rouladen bekommen so eine kompakte runde Form und können dann, durch das Papier gegen Austrocknen geschützt, über Nacht kühl gestellt werden.

**Fertigstellung:**

Die Rouladen dünn mit neutralem Basiskrem einstreichen und mit etwa 1¼ mm stark ausgerolltem Marzipan eindecken.

Anschließend die Oberfläche mit warmer, dunkler Kakaobutter (Kakaobutter mit etwas Kakaopulver oder Blockkakao vermischt) bestreichen und sofort mit dem Holzdekorkamm (Maserierwerkzeug) strukturieren. Nachdem die Kakaobutter fest geworden ist, kann die Oberfläche mit einem Gemisch aus Trinkschokoladepulver und Kakao (ergibt den gewünschten Farbton) abgestaubt werden. Durch diesen Vorgang bekommen die „Stämme" eine matte Oberfläche. Jetzt noch die Torten in entsprechender Größe aus den „Stämmen" (Rouladen) schneiden und die Schnittflächen ggf. mit geprägtem Marzipan (Jahresringe) abdecken. Als Dekor eine Hippenblüte aufsetzen und somit die Torten fertigstellen.

### *Herstellung der Hippenmasse:*

Die Marzipanrohmasse und den Puderzucker mit dem Salz, dem Zimt und etwas Vollei glatt arbeiten. Dann die übrigen Eier unterziehen und anschließend das Mehl einmelieren. Die Sahne zum Schluß unterrühren und die Masse abschließend fein passieren, dann abgedeckt 4 bis 5 Stunden stehen lassen. Zum Verarbeiten die Hippenmasse eventuell mit flüssiger Sahne etwas weicher machen. Backtemperatur 200 °C und geöffneter Zug.

### *Tip:*

Durch den hohen Zuckeranteil und die große Oberfläche der Hippengebäckstücke sind diese Teile sehr feuchtigkeitsempfindlich. Etwas Abhilfe schafft hier ein dünner Film Kakaobutter, der aufgesprüht oder aufgepinselt wird und so, insbesondere Dekorstücke, einige Zeit von der Luftfeuchtigkeit isoliert.

### *Herstellung der Hippenblüten*

*Auf eine vollkommen ebene Tischfläche eine Silikonbackmatte und darauf die Aufstrichschablone legen.*

*Die Hippenmasse mit einer Winkelpalette und der Schablone auf die Silikonbackmatten aufstreichen und dann backen.*

*Sobald die Blüten am Rand eine goldbraune Backfarbe angenommen haben, die heißen Blüten unter Zuhilfenahme einer kleinen Palette von der Silikonbackmatte abnehmen…*

*…dann die Blüten sofort in die vorbereiteten Formen setzen und darin auskühlen lassen.*

*In einer luftdichten Box können die Hippenblüten ohne nennenswerten Qualitätsverlust längere Zeit bevorratet werden.*

## Calvadostorte

Ein Spiel mit Äpfeln, Kunst und Phantasie: Die mit viel handwerklichem Eifer gefertigte Calvadostorte gewinnt optisch vor allem durch die karamelisierten Babyäpfel und den in heißem Fett gebackenen, gefüllten Brickteig.

Andreas
Heil
Konditor
des Jahres

Andrea
Heil
Konditor
des Jahres

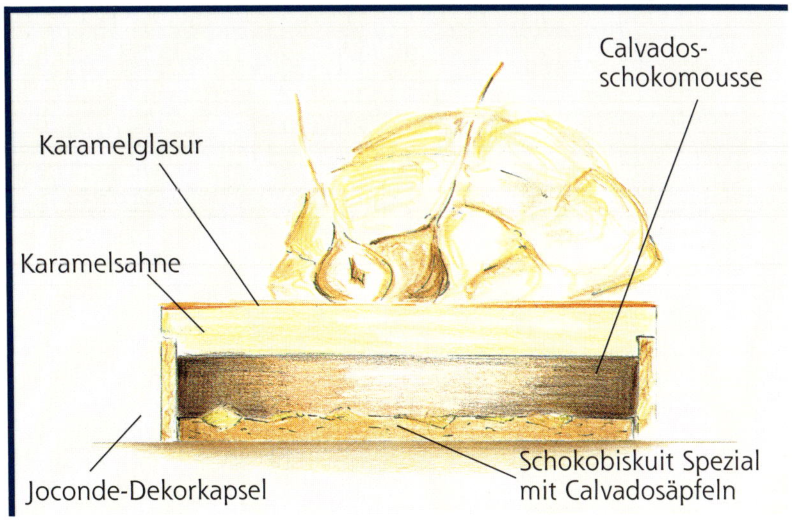


***Prozentuale Zusammensetzung Karamelsahne***

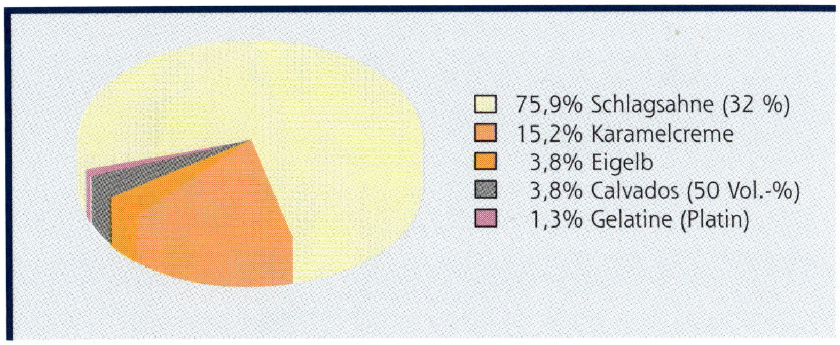


***Prozentuale Zusammensetzung Calvadosschokomousse***

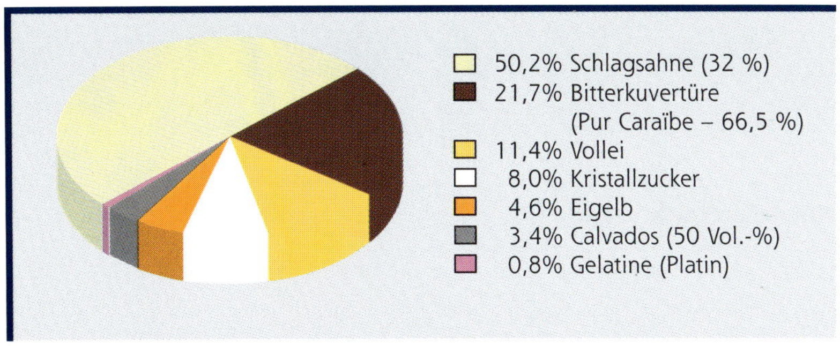

**Zutaten für 4 Kleintorten, 18 cm Durchmesser, 5 cm hoch, rund**

**Calvadosschokomousse**

100 g Vollei
40 g Eigelb
70 g Kristallzucker
190 g Bitterkuvertüre (Pur Caraïbe – 66,5 % Kakao)
4 Bl. Gelatine (Platin = 7 g)
30 g Calvados (50 Vol.-%)
440 g Schlagsahne (32 %)

**Karamelsahne**

160 g Karamelcreme
40 g Eigelb (pasteurisiert)
40 g Calvados (50 Vol.-%)
8 Bl. Gelatine (Platin = 14 g)
800 g Schlagsahne (32 %)

**Schokobiskuit Spezial**

Seite 268
(4 Böden mit Calvados-Apfelspalten)

**Karamelcreme für die Karamelsahne und die Karamelglasur**

Seite 263

**Karamelglasur**

Seite 264

**Joconde-Dekorkapsel**

Seite 262

**Zuckersirup mit 30 °Be**

Seite 271

Zutaten

**Herstellungsaufwand:**

**Spezielle Rohstoffe/Arbeitsgeräte**

- Kaltgelee (Nappage)
- Brickteig
- Babyäpfel
- Flämmeisen
- Klarsichtband (5 cm breit)

**Herstellung:**

Die Tortenringe mit einem ringhohen Klarsichtband auslegen und einen 3,5 cm breiten Streifen von der karamelisierten Joconde-Dekorkapsel als Tortenrand einlegen. Dann folgt ein Spezial-Schokoboden mit eingebackenen Calvados-Äpfeln. Für die Calvadosschokomousse die Eier mit dem Zucker bis 86 °C erhitzen, anschließend fein durchpassieren und dann kalt schlagen. Die aufgelöste Gelatine zusammen mit dem Calvados und einer kleinen Menge Schlagsahne unter die bei 54 °C verflüssigte Kuvertüre rühren und hieraus eine elastische Masse herstellen (nachwärmen). Jetzt die Pâte à bombe zusammen mit der übrigen Schlagsahne unter die elastische Masse melieren. Hierbei ist besonders auf die Temperatur der Komponenten zu achten, so daß eine homogene Mousse mit glänzender Oberfläche und Struktur entsteht. Die Calvadosschokomousse in die Ringe portionieren, glatt streichen und eventuell (nach Belieben) einen zweiten Spezial-Schokoboden einlegen. Beim Verfüllen darauf achten, daß keine Schokomousse über den Rand der Joconde-Dekorkapsel an den Tortenring gelangt. Um mit der Karamelsahne die Tortenringe abschließend zu füllen und hierbei die Oberfläche glatt streichen zu können, die temperierte Karamelcreme mit dem pasteurisierten Eigelb kurz von Hand leicht schaumig schlagen. Anschließend die aufgelöste Gelatine, vermischt mit dem Calvados, in die temperierte Karamelcreme einrühren und danach die Schlagsahne untermelieren. Die Karamelsahne sofort verfüllen und die Torten daraufhin kühl stellen oder einfrieren.

***Hinweis:***

Trotz des zugesetzten Eianteils bleibt die Bezeichnung Karamel-„Sahne" bestehen. Zum einen wird hier der Eianteil nicht besonders schaumig geschlagen bzw. fällt kaum ins Gewicht, da der geringe Anteil im wesentlichen zur Farbgebung und Bindung der Rezeptur beigefügt wurde.
Wird anstatt der rohen Eier pasteurisiertes Ei verwendet, so ist dieses zusammen mit dem Zucker vor dem Aufschlagen nur bis etwa 30 °C zu erwärmen. Dies ist erforderlich, um ein vollständiges Auflösen des Zuckers zu gewährleisten. Nur so kann anschließend die Eimasse durch die zähere Viskosität stabil und bis zum größtmöglichen Volumen aufgeschlagen werden.

***Tip:***

Das beim Tiefgefrieren übliche Absinken der Tortenoberfläche, speziell in der Mitte, kann durch Aufstreichen von ein wenig übrig gebliebener Karamelsahne, etwa 20 Minuten nach dem Einfrosten, ausgeglichen werden. (Dieses Vorgehen empfiehlt sich auch für weitere, gleichartige Produkte.)

***Fertigstellung:***

Die Tortenoberfläche mit der Karamelglasur abstreichen und dann den Tortenring abziehen. Zum Schluß mit glasierten (karamelisierten) Babyäpfeln und einem in heißem Fett gebackenen, gefüllten Brickteigblatt die Torten ansprechend dekorieren.

***Pâte à bombe zum Karamelisieren einer Joconde-Dekorkapsel:***

180 g Zuckersirup (30 °Bé)
90 g Eigelb (pasteurisiert)
Die Zutaten zusammen auf etwa 30 °C temperieren und anschließend schaumig schlagen.

***Karamelisierte Joconde-Dekorkapsel***

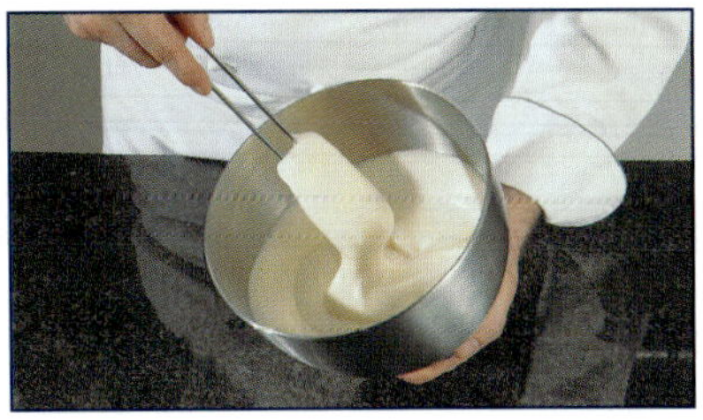

***Zuerst nach Rezeptur die „Pâte à bombe" herstellen.***

***Die Pâte à bombe dünn auf die Joconde-Kapsel streichen.***

***Die Oberfläche mit etwas Kristallzucker bestreuen...***

***...und mit dem Flämmeisen karamelisieren.***

***Wenn nötig, den Vorgang mit dem Puderzucker wiederholen, aber immer sehr kurz mit maximal heißem Gerät karamelisieren, damit die Kapsel nicht austrocknet.***

***Die karamelisierte Kapsel dünn mit Kakaobutter besprühen und, sofern vorhanden, mit leicht geölter Schneidewalze in Streifen schneiden.***

„Carola" ist einfach zauberhaft, denn diese luftig leichte Tortenkomposition strahlt einen besonderen Liebreiz aus durch ihre gefällige Tropfenform und die charmanten Dekorationselemente wie etwa das gerollte, hauchdünne Arrangement aus weißer Schokolade und dunkler Kuvertüre sowie dazu, geschmackvoll kontrastierend, die frischen Himbeeren als heitere Farbtupfer.

Carola

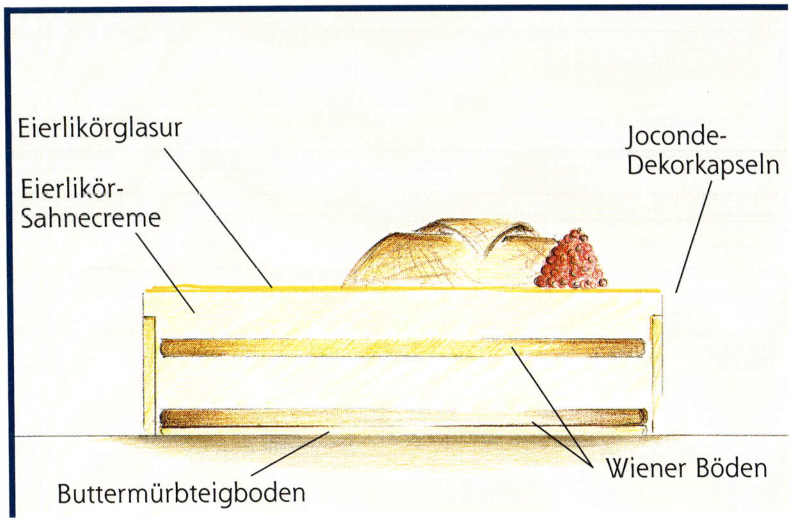


***Prozentuale Zusammensetzung Eierlikör-Sahnecreme***

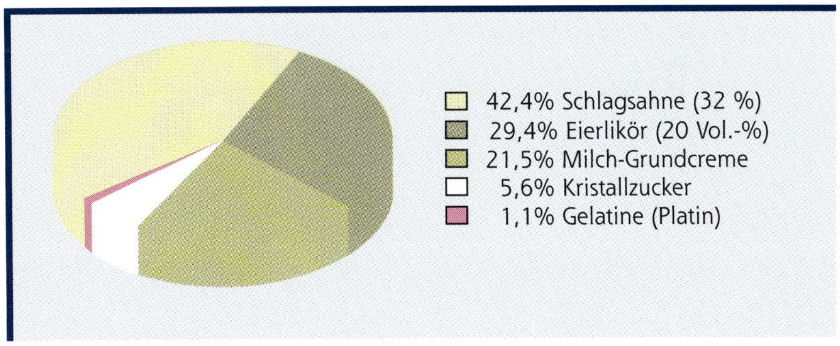

**Zutaten für 3 Kleintorten, 18er-Größe, 5 cm hoch, „Tropfenform"**

**Eierlikör-Sahnecreme**

90 g Kristallzucker
380 g Milch-Grundcreme
520 g Eierlikör (20 Vol.-% )
11½ Bl. Gelatine (Platin = 22,10 g)
750 g Schlagsahne (32 %)

**Eierlikörtränke**

180 g Läuterzucker
180 g Eierlikör (20 Vol.-%)

**Eierlikörglasur**

360 g Eierlikör (20 Vol.-%)
2½ Bl. Gelatine (Platin = 4,4 g)

**Kakao-Strukturmasse**

300 g Butter
300 g Puderzucker
220 g Eiklar
170 g Weizenmehl (Type 405)
75 g Kakaopulver

**Joconde-Dekorkapsel**

Seite 262

**Läuterzucker**

Seite 264

**Buttermürbteig**

Seite 220

**Wiener Boden**

Seite 271

**Milch-Grundcreme**

Seite 265

**Glasurcanache**

Seite 261

Zutaten

**Herstellungsaufwand:**

**Spezielle Rohstoffe/Arbeitsgeräte**

- Möglichst dickflüssiger Eierlikör
- Dunkler Haselnuß- oder Mandelnugat
- Himbeerkonfitüre- bzw. -gelee
- Silikonbackmatte (54 cm x 36 cm)
- 3 Tortenringe „Tropfenform" (18er-Größe)

**Herstellung:**

Zum Einsetzen der Torte die Ringe mit der Joconde-Dekorkapsel auslegen und einen dünn mit dunklem Nugat bestrichenen Mürbteigboden einlegen. Auf diesen folgt ein etwa 5 mm starker Wiener Boden, der nur spärlich getränkt und danach mit säuerlicher Himbeerkonfitüre dünn bestrichen wird. Darauf folgen die Eierlikör-Sahnecreme und 1 bis 2 (nach Belieben) etwa 5 mm starke Wiener Böden, die gut getränkt sein dürfen.
Für die Eierlikör-Sahnecreme die Milch-Grundcreme mit dem Zucker glatt rühren, etwas erwärmen und dann die vorgequollene Blattgelatine darin auflösen. Den Eierlikör nach und nach zugeben und den Fond dabei nochmals temperieren, so daß die Schlagsahne untermeliert werden kann. Nach dem Einfüllen die Tortenoberflächen glatt streichen und die Torten sofort kühl stellen oder einfrieren.

**Fertigstellung:**

An der kühlen bzw. angetauten Torte den Ring einige Millimeter anheben und die etwa 35 °C warme Eierlikörglasur auf der Oberfläche verteilen. Dann sofort mit der Spritztüte und einem Schaschlikspießchen den Dekor mit dem dickflüssig erwärmten Glasurcanache aufbringen. Die Glasur im Kühlschrank fest werden lassen, bevor der Ring ganz abgezogen wird. Abschließend nur noch einen beliebigen Schokoladendekor aufsetzen, und die Torte ist fertig zum Verkauf.

**Herstellung der Kakao-Strukturmasse:**
Die Butter mit dem Puderzucker schaumig schlagen. Im Wechsel dann Eiklar und das Mehl-Kakao-Gemisch zugeben (Herstellung wie eine Sandmasse). Die Masse sollte zum Aufstreichen von geschmeidiger und glatter Konsistenz sein und muß deshalb entsprechend temperiert werden. Das gilt natürlich besonders für Portionen, die eingefroren wurden.

**Tip:**
Die Kakao-Strukturmasse kann sehr gut auf Vorrat hergestellt werden! Einfach die gewünschten Portionen einfrieren und nach Bedarf verarbeiten.

## *Joconde-Dekorkapsel strukturieren*

*Eine Silikonbackmatte sehr dünn mit der Kakao-Strukturmasse bestreichen.*

*Einfach mit den Fingerspitzen nach Phantasie strukturieren.*

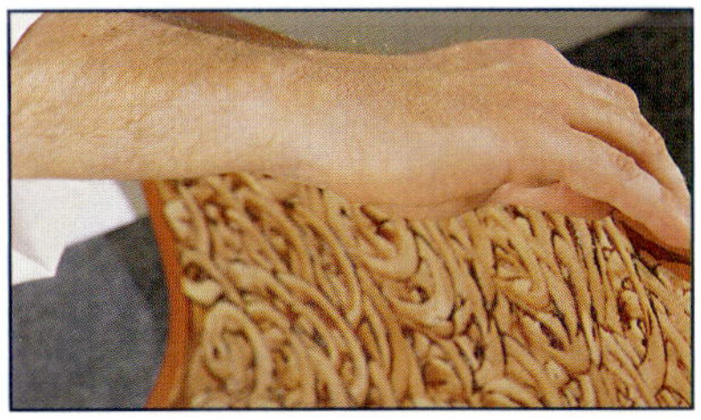

*Die Backmatte auf eine stellenweise zu dick aufgetragene Strukturmasse hin überprüfen (Gegenlicht).*

*Die Backmatte vor dem Auftragen der Joconde-Masse tiefkühlen und erst dann unter Zuhilfenahme eines 4 mm hohen Aufstreichrahmens die Joconde-Masse darauf verteilen.*

*Nach dem Backen die Joconde-Dekorkapsel auf Silikonbackpapier stürzen und die Silikonbackmatte abziehen. Abschließend einen Hauch heiße Kakaobutter mit dem Pinsel auftragen.*

## Casablanca

Ausgesprochen exquisit ist hier das Zusammenspiel von Mürbteig und Haselnußbaiser, von Mokkakrem und Mandelboden. Die Schokorumsahne aus feinsten Zutaten stellt die krönende Haube dar. Locker bestreut mit Milchkuvertürespänen und versehen mit einem Hauch Kakaopulver, stellt „Casablanca" ein verlockendes Tortenensemble dar.

# Casablanca

Andreas
Konditor
Jahres

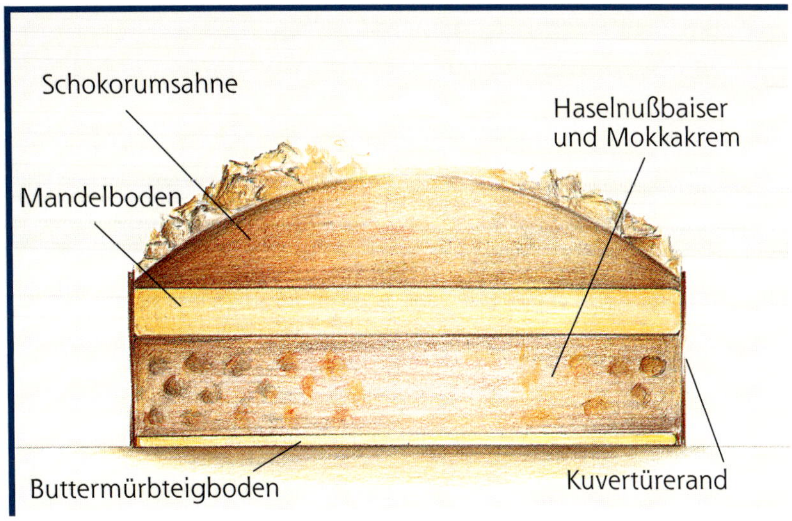


***Prozentuale Zusammensetzung Schokorumsahne***

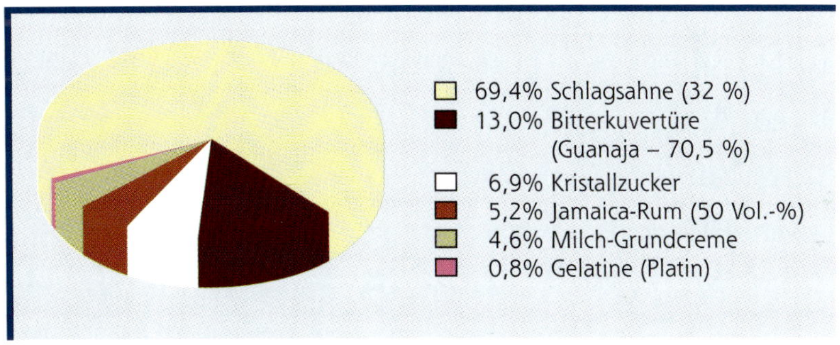

**Zutaten für 4 Kleintorten, 18 cm Durchmesser, 5 cm hoch, rund**

**Schokorumsahne**

| | |
|---|---|
| 120 g | Kristallzucker |
| 80 g | Milch-Grundcreme |
| 90 g | Jamaica-Rum (50 Vol.-%) |
| 8 Bl. | Gelatine (Platin = 22 g) |
| 225 g | Bitterkuvertüre (Guanaja – 70,5 % Kakao) |
| 1200 g | Schlagsahne (32 %) |

**Jamaica-Rum-Tränke 1**

| | |
|---|---|
| 100 g | Jamaica-Rum (50 Vol.-%) |
| 350 g | Läuterzucker |

**Läuterzucker**
Seite 264

**Buttermürbteig**
Seite 220

**Haselnußbaisermasse**
Seite 262

**Mokkakrem**
Seite 259

**Mandelboden**
Seite 264

**Milch-Grundcreme**
Seite 265

Zutaten

**Herstellungsaufwand:**

**Spezielle Rohstoffe/Arbeitsgeräte**

- 4 Tortenrandfolien mit Goldflecken (5 cm breit, 58 cm lang)

**Herstellung:**

**Herstellung der Nußbaiserfüllung:**
Für eine Torte 180 g grob gehackte Haselnußbaiserwürfel mit 240 g Mokkakrem vorsichtig und nicht zu intensiv vermischen.

Die Tortenringe mit dem Schokoladendekorrand auslegen und einen dünn mit Mokkakrem bestrichenen Buttermürbteigboden einlegen. Für 4 Torten nun 960 g Mokkakrem und 720 g Haselnußbaiserwürfel gefühlvoll bis zum Erreichen einer mäßigen Bindung zusammenmischen. Diese Krem-Baiserfüllung in die vorbereiteten Tortenringe portionieren und zu einer gleichmäßigen, etwa 2,5 cm starken Schicht glatt streichen. Anschließend einen gut 1 cm starken Mandelboden einlegen, andrücken und leicht tränken.
Für die Schokorumsahne die Milch-Grundcreme mit dem Zucker glatt rühren, etwas erwärmen und die aufgelöste, mit dem Rum vermischte Gelatine unterrühren. Nun die bei 54 °C aufgelöste Bitterkuvertüre zugeben und alles zusammen temperieren. Durch Beimengen von kleinen Mengen Schlagsahne unter gleichzeitigem Nachtemperieren eine homogene Masse mit elastischer Konsistenz herstellen. Vor dem Einrühren der restlichen Schlagsahne muß darauf geachtet werden, daß die Schokomasse und der Rührkessel so temperiert sind, daß die übrige Schlagsahne untermeliert werden kann, ohne daß die Schokorumsahne zu schnell erstarrt und dabei stumpf und matt wird oder zu warm ist und dabei „grießelig" wird. Die Schokorumsahne wird anschließend kuppelförmig aufgestrichen. Hierzu ist eine gewisse Standfestigkeit (Temperatur)

der Schokosahne vonnöten. Anschließend die Torten sofort einfrieren oder kühl stellen.

***Fertigstellung:***

Die Oberfläche der gekühlten oder der entsprechend weit aufgetauten gefrorenen Torte mit den Milchkuvertürespänen locker bestreuen, diese eventuell leicht andrücken und dann zum Abschluß einen Hauch Kakaopulver darüberstäuben. Jetzt nur noch den Tortenring und abschließend die Tortenrandfolie abziehen, fertig.

***Tip:***

Auch diese Torte ist zum Einfrieren problemlos geeignet, wenn wie bei allen anderen Tiefkühlprodukten beachtet wird, das Produkt vorzugsweise langsam im Kühlschrank aufzutauen, um somit eine zu starke Kondenswasserentwicklung von vornherein auszuschließen. Deshalb am besten den kalkulierten Tagesbedarf schon am Vorabend in den Kühlschrank umlagern.

***Tortenrand aus Schokolade mit Goldflocken***

*Die Tortenrandfolie auf die richtige Länge (58 cm) zuschneiden.*

*Etwa 1 bis 1,5 mm stark die Kuvertüre auf die Folie auftragen.*

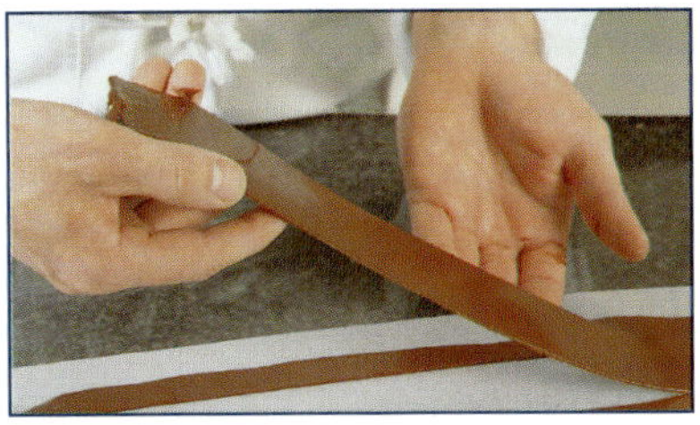

*Den Folienstreifen aus der Kuvertüre entnehmen und dabei die Kanten glätten.*

*Vor dem Einlegen in den Tortenring die Kuvertüre auf dem Streifen „wachsweich" festwerden lassen.*

*Die Tortenrandfolie in den Tortenring einlegen.*

## Duett Chocolat

Wie zwei frisch Verliebte – so subtil kontrastiert auch hier die dunkle mit der weißen Schokomousse.
Dennoch bilden beide Moussevarianten unter der Canacheglasur eine harmonische Einheit. Grazile weiße und dunkle Schokoladengitter veredeln zusätzlich das „Duett Chocolat".

# Duett Chocolat

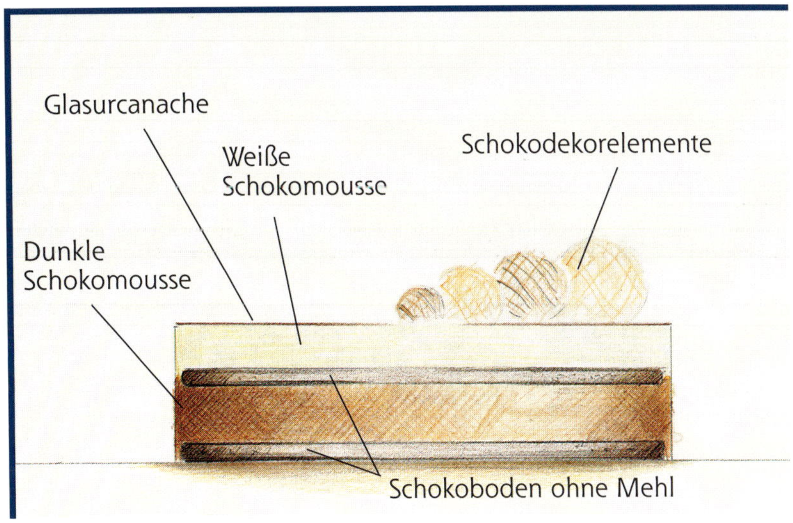


**Prozentuale Zusammensetzung Weiße Schokomousse**

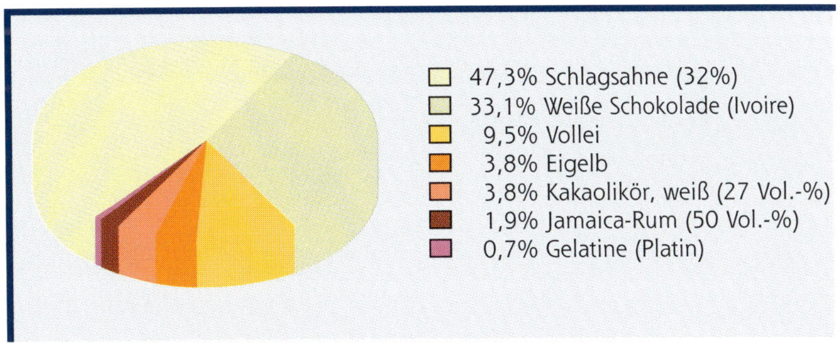


**Prozentuale Zusammensetzung**
**Dunkle Schokomousse mit Kakaolikör**

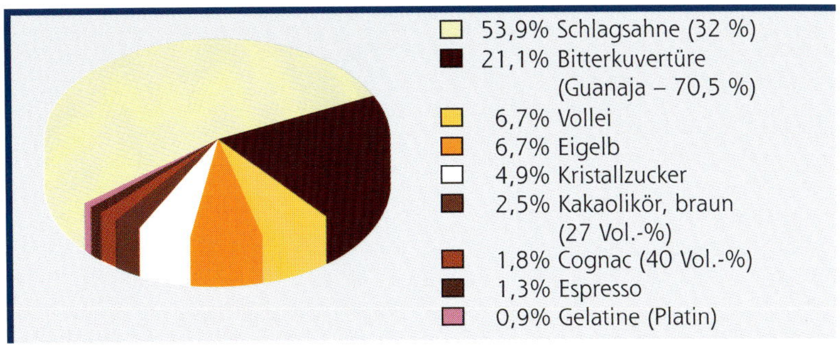

***Zutaten für 6 Kleintorten, Quadrat, 18 cm Kantenlänge, 5 cm hoch***

***Dunkle Schokomousse mit Kakaolikör***

| | |
|---|---|
| 110 g | Kristallzucker |
| 150 g | Vollei |
| 150 g | Eigelb |
| 470 g | Bitterkuvertüre (Guanaja – 70,5 % Kakao) |
| 30 g | Espresso, frisch gebrüht |
| 55 g | Kakaolikör (Crème de Cacao braun – 27 Vol.-%) |
| 40 g | Cognac (40 Vol.-%) |
| 12 Bl. | Gelatine (Platin = 21 g) |
| 1200 g | Schlagsahne (32 %) |

***Weiße Schokomousse***

| | |
|---|---|
| 200 g | Vollei |
| 80 g | Eigelb |
| 700 g | weiße Schokolade (Ivoire) |
| 80 g | Kakaolikör (Crème de Cacao weiß – 27 Vol.-%) |
| 40 g | Jamaica-Rum (50 Vol.-%) |
| 1000 g | Schlagsahne (32 %) |
| 9 Bl. | Gelatine (Platin = 15,75 g) |

***Schokoboden ohne Mehl***

Seite 269

***Glasurcanache***

Seite 261

Zutaten

***Herstellungsaufwand:***

***Spezielle Rohstoffe/Arbeitsgeräte***

- Kakaolikör, weiß und braun (27 Vol.-%)
- 6 quadratische Tortenringe (18 cm Kantenlänge)
- Runde Ausstecher (mit 3, 4, 5 und 6 cm Durchmesser)

***Herstellung:***

In jeden Tortenring einen Schokoboden ohne Mehl, der etwas kleiner als der Tortenring sein sollte, einlegen. Für die dunkle Schokomousse die Eier mit dem Zucker bis auf 86 °C erhitzen (Thermometer), passieren und dann kalt schlagen. Die aufgelöste Gelatine mit dem Espresso, dem Kakaolikör sowie dem Cognac vermischen und mit wenig Schlagsahne nach und nach unter die bei 54 °C aufgelöste Bitterkuvertüre rühren und so eine elastische Masse herstellen (nachwärmen). Eventuell noch etwas Schlagsahne unterrühren, um einen homogenen Canache zu erhalten. Anschließend die Pâte à bombe zusammen mit der übrigen Schlagsahne unter die elastische Masse (Canache) melieren und eine homogene voluminöse Mousse herstellen. Mit der dunklen Schokomousse die Ringe bis zur Hälfte füllen und die Oberfläche am besten mit einer kantigen Metallspachtel glatt streichen. Anschließend einen zweiten Schokoboden ohne Mehl einlegen.

Die weiße Schokomousse nach dem gleichen Prinzip herstellen, mit dieser die Tortenringe auffüllen und abschließend die Oberfläche glatt abstreichen. Die eingesetzten Torten sofort kalt stellen oder einfrieren.

***Hinweis:***

Etwa 30 Minuten nach dem Kühlstellen bzw. Einfrieren sollte die meist in der Mitte leicht eingesunkene Tortenoberfläche durch Aufstreichen von etwas übrig gebliebener Mousse ausgeglichen werden. So läßt sich später bei der Fertigstellung der Glasurcanache in gleichmäßiger Stärke auf die Tortenoberfläche aufbringen.

***Tip:***

Als Boden für dieses Produkt steht der besonders zarte „Schokoboden ohne Mehl" oder als Alternative die stabilere Schoko-Joconde-Kapsel zur Auswahl!
Es wäre auch möglich, dieses Produkt bei genau gleicher Rezeptur in einen Rahmen mit den Maßen 54 x 36 cm einzusetzen und die Torten dann herauszuschneiden (keine so schöne Optik) oder im selben Fall, aber besser geeignet, das Produkt als „Schnitte" (9 x 4 cm) anzubieten.

***Fertigstellung:***

Den gefrorenen bzw. kurz angefrosteten Tortenkörper im Ring mit dem auf etwa 40 °C temperierten Glasurcanache hauchdünn glasieren und sofort danach den schwach erwärmten Tortenring abziehen. Mit Dekorelementen aus weißer Schokolade und bitterer Kuvertüre die Torte ansprechend dekorieren und fertigstellen.

***Tips:***

- Nach dem Einfüllen der dunklen Mousse sollten die Torten für die Dauer der Herstellung der weißen Mousse in einen Froster bzw. Schockfroster gestellt werden, um ein Vermischen der beiden Füllungen auszuschließen!
- Da die Tortenoberfläche der gefrorenen oder kurz angefrosteten Torte noch mit Ring glasiert wird, erhält man nach dem Abziehen des Tortenringes einen besonders schönen Übergang (Kante) zwischen Tortenrand und Oberfläche.

***Gitter aus Schokolade***

***Mit temperierter Kuvertüre in mehreren Lagen ein Gitter aufspritzen.***

***Die wachsweiche Kuvertüre mit dem entsprechenden, schwach erwärmten Ausstecher ausstechen.***

***Vor dem vollständigem Erstarren der Kuvertüre die Dekorteile mit einem dünnen Messer vom Papier lösen, um ein Aufwölben zu vermeiden.***

***Der fertige Schokoladendekor.***

**Efendi**

Die Güte und der feine Duft eines kräftigen italienischen Espressos prägen das hervorragende Aroma dieser außergewöhnlichen Kaffeespezialität. Sogar im Dekor tauchen diese ganz besonderen Kaffeebohnen auf, aber erst im Zusammenspiel von Sahne, weißer Schokolade und Kaffee entsteht eine äußerst harmonische Verbindung.

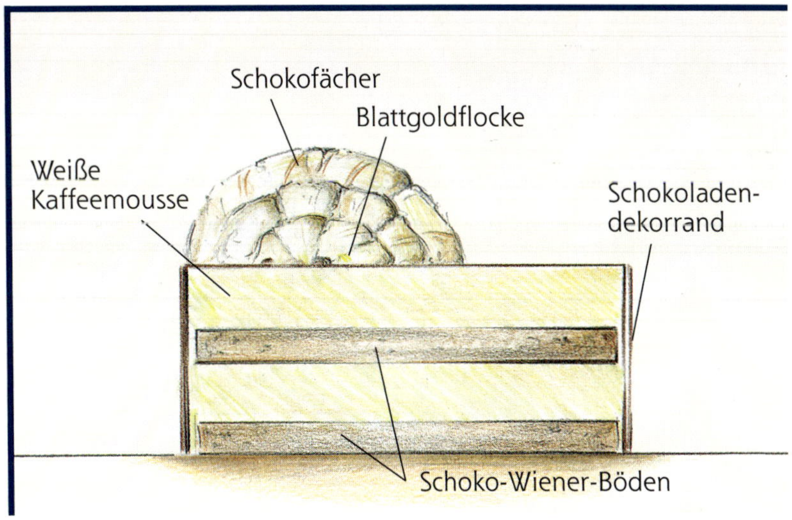


***Prozentuale Zusammensetzung Weiße Kaffeemousse***

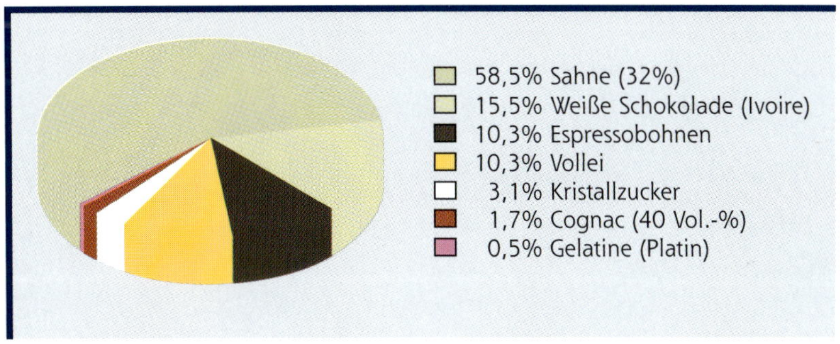

### *Zutaten für 4 Kleintorten, 18 cm Durchmesser, 5 cm hoch, rund*

**Weiße Kaffeemousse**

| | |
|---|---|
| 300 g | Espressobohnen |
| 1700 g | Sahne (32 %) |
| 300 g | Vollei |
| 90 g | Kristallzucker |
| | Salz |
| 8 Bl. | Gelatine (Platin = 14 g) |
| 50 g | Cognac (40 Vol.-%) |
| 450 g | weiße Schokolade (Ivoire) |

**Kaffeelikörtränke**

| | |
|---|---|
| 200 g | Kaffeelikör „Kahlúa" (26,5 Vol.-%) |
| 200 g | Wasser |
| 100 g | Invertzuckersirup |
| 10 g | Kaffee, dehydriert |

**Schoko-Wiener-Boden**

Seite 271

**Canache zum Spritzen**

Seite 261

**Bitterkuvertüre zum Sprühen**

Seite 260

**Schokofächer**

Seite 274

**Herstellungsaufwand:**

### *Spezielle Rohstoffe/Arbeitsgeräte*

- 4 runde Tortenringe (Durchmesser 18 cm, 5 cm hoch)
- 4 Streifen Tortenrandfolie (5 cm breit – 58 cm lang)
- Holzdekorkamm (Maserierwerkzeug)
- Sprühpistole (elektrisch)

**Herstellung:**

Zuerst die Tortenringe wie in den „Steps" Nr. 1 bis 6 dargestellt mit einem Schokoladendekorrand präparieren. Dann je Torte 2 knapp 1 cm starke Schoko-Wiener-Böden als unteren Boden und Zwischenboden vorbereiten. Den unteren Boden gleich leicht getränkt in die vorbereiteten Tortenringe einlegen.
Für die Mousse zuerst die Sahne zusammen mit den Espressobohnen aufkochen und anschließend abgedeckt 10 Minuten ziehen lassen. Dann den Kaffee-Sahne-Sud durch ein feines Sieb abgießen, auf 4 °C herabkühlen und jetzt daraus eine lockere Schlagsahne herstellen. Für die Pâte à bombe die Eier mit dem Zucker bis 86 °C erhitzen (Thermometer) und anschließend kalt schlagen. Zum Schluß die aufgelöste Gelatine mit dem Cognac vermischt kurz unter die fertige Pâte à bombe laufen lassen. Zur Fertigstellung der Mousse etwa ein Drittel der Kaffeeschlagsahne unter die bei 38 °C geschmolzene weiße Schokolade rühren, eventuell nachtemperieren und einen homogenen Canache herstellen. Dann die Pâte à bombe gleichzeitig mit der restlichen Sahne untermelieren. Beim Zusammensetzen der Torte den Zwischenboden mit der Kaffeetränke saftig tränken. Die Mousse zügig verfüllen und die Torten sofort kalt stellen oder einfrieren.

***Hinweis:***
Selbstverständlich kann für dieses Rezept pasteurisiertes Ei verwendet werden. Dieses ist dann zusammen mit dem Zucker nur bis auf 30 °C zu erwärmen, so daß sich der Zucker vollständig auflösen kann. Durch die höhere Viskosität (gelöster Zucker) ist es leichter, eine stabile Schaummasse (Pâte à bombe) mit dem größtmöglichen Volumen zu erhalten.

***Fertigstellung:***
Den Schriftzug „Caffee" mit Canache aufdressieren. Anschließend die Oberfläche der angefrosteten Torten mit bitterer Kuvertüre dünn absprühen und die Schlaufen des Schriftzuges mit wenig Glasurcanache auslassen. Nach dem Abziehen der Tortenrandfolie vervollständigen Fächer aus weißer Schokolade, ein Blattgoldflöckchen und einige Kaffeebohnen die „Efendi".

***Tip:***
Der eingesetzte Tortenkörper läßt sich sehr gut im Froster lagern, so daß immer eine größere Stückzahl eingesetzt werden kann. Je nach Bedarf werden Torten entnommen und fertig ausgarniert. Zu beachten ist hierbei nur, daß die Torten vor dem Ablösen der Tortenrandfolie ausreichende Zeit, am besten im Kühlschrank, temperieren können, um ein Beschlagen des Schokoladendekorrandes mit Kondenswasser zu vermeiden.

***Schokoladendekorrand mit Holzmaserung***

***Dunkle Kuvertüre dünn auf die Tortenrandfolie aufstreichen.***

***Das Maserierwerkzeug mit Kippbewegungen über die Folie ziehen.***

***Die weiße Schokolade dünn über die erste Schicht streichen.***

***Den Folienstreifen aus der Kuvertüre entnehmen und evtl. dabei die Kanten glätten. Anschließend das Band wieder ablegen.***

***Die weiße Schokolade auf dem Streifen wachsweich fest werden lassen.***

***Den Schokoladendekorrand in den Tortenring einlegen.***

## Erdbeermousse

Eine leckere Kostprobe auf den Geschmack des Sommers: Mit etwas Zitronensaft abgerundetes Erdbeerpüree verbindet sich mit französischer Schaummasse und frischer Schlagsahne. Erdbeerscheiben am Tortenrand und ein Erdbeerbukett als Dekoration vermitteln zu Recht ein erfrischend-fruchtiges Bild.

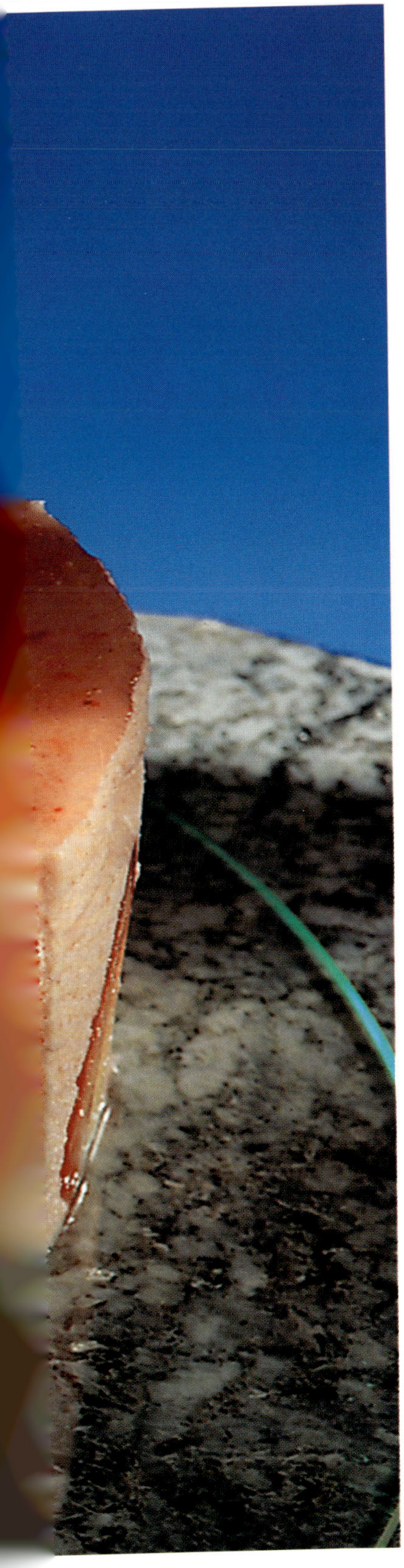

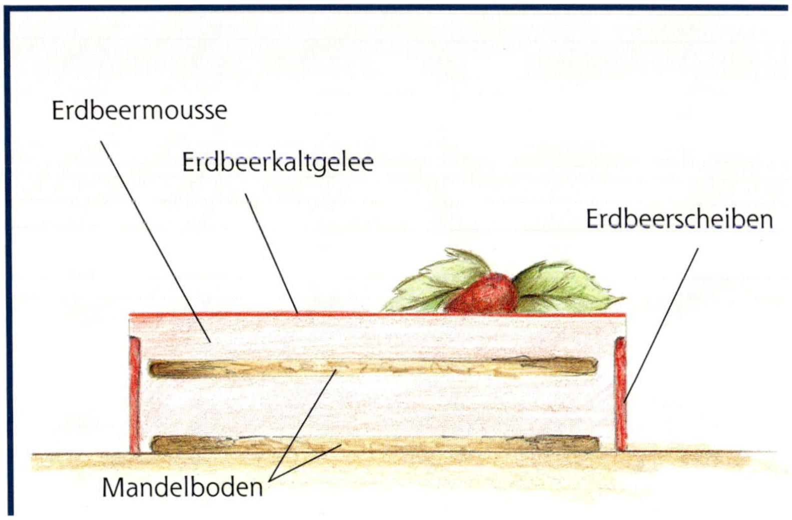


***Prozentuale Zusammensetzung Erdbeermousse***

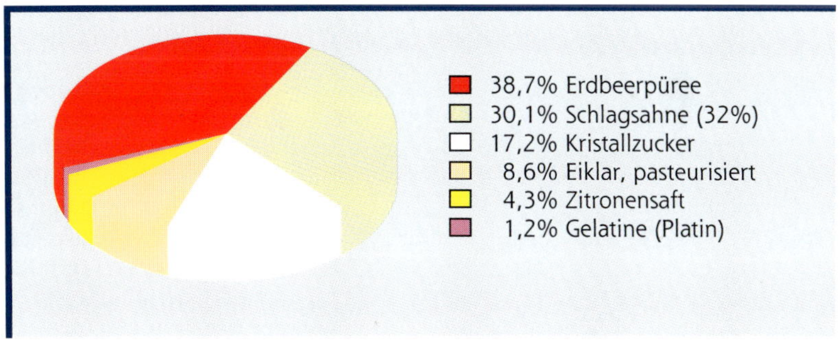

**Zutaten für 5 Kleintorten, 18 cm Durchmesser, 5 cm hoch, rund**

**Erdbeermousse**

900 g Erdbeerpüree
100 g Kristallzucker
100 g Zitronensaft (etwa)
16 Bl. Gelatine (Platin = 28 g)
700 g Schlagsahne (32 %)
500 g französische Schaummasse 1

**Französische Schaummasse 1**
(kalt aufgeschlagen)

200 g Eiklar, pasteurisiert
300 g Kristallzucker

**Erdbeer-Orange-Tränke**

200 g Läuterzucker
210 g Erdbeerpüree
45 g Orangendestillat, z. B. Grand Marnier (50 Vol.-%)

**Mandelboden/-kapsel**

Seite 264

**Läuterzucker**

Seite 264

Zutaten

**Herstellungsaufwand:** 

**Spezielle Rohstoffe/Arbeitsgeräte**

- Orangendestillat, z. B. Grand Marnier mit 50 Vol.-%
- Kaltgelee (Nappage)
- 4 Streifen Tortenrandfolie – 5 cm breit und je 58 cm lang

**Herstellung:**

Die Tortenringe mit der neutralen Tortenrandfolie auslegen und dann sehr schöne und stabile Erdbeerscheiben (aus der Mitte der Frucht) an der Innenseite anlegen. Die unmittelbar nach dem Schneiden noch feuchten Erdbeeren haften sehr gut an der Folie. Nun einen etwa 1 cm starken Mandelboden mit etwa 17 cm Durchmesser (einen 18er entsprechend zuschneiden) einlegen und leicht tränken. (Die Zutaten der Tränke können nach Belieben variiert werden.)
Für die Erdbeermousse zuerst die französische Schaummasse anschlagen, dann das Erdbeerpüree mit dem Zitronensaft abschmecken. Einen kleinen Teil des Pürees anschließend erwärmen und die aufgelöste Gelatine darin unterrühren. Jetzt noch das übrige Erdbeerpüree zusetzen, diese Mischung ggf. nachtemperieren und dann die französische Schaummasse gleichzeitig mit der Schlagsahne untermelieren. Die vorbereiteten Tortenringe bis zur Hälfte füllen, darauf einen zweiten Mandelboden setzen und diesen saftig tränken. Jetzt die Tortenringe nur noch eben auffüllen und glatt abziehen. Die Torten anschließend sofort kühl stellen.

**Fertigstellung:**

Kaltgelee mit etwas Erdbeerpüree versetzen und die Erdbeermoussetorte noch im Ring dünn damit glasieren. Nun den Tortenring abziehen und mit passendem Dekor, z. B. frischen Erdbeeren, die Torte ansprechend dekorieren.

***Hinweis:***

Der jeweilige Fruchtzuckergehalt der für das Erdbeerpüree verwendeten Früchte ist zu berücksichtigen. Hier läßt sich über den zusätzlichen Anteil Kristallzucker der Geschmack entsprechend einstellen. Zucker und Fruchtsäure (Zitronensaft) können die Aromaintensität von Fruchtpürees, speziell von Erdbeeren, sehr stark heben. Deshalb immer unter Berücksichtigung der jeweiligen Intensität des Fruchtpürees mit Zucker und Fruchtsäure arbeiten bzw. abschmecken. Es ist jedoch zu berücksichtigen, daß insbesondere bei hoher Säurezugabe die Bindekraft von Gelatine herabgesetzt wird.

***Tip:***

Speziell mit den frischen Erdbeeren im Rand eignet sich dieser Artikel nicht zum Einfrosten. Arbeitet man dieses Produkt über den Tiefkühler, so ist es besser, die Früchte im Rand wegzulassen bzw. auf einen einfachen Rand z. B. aus einer Joconde-Dekorkapsel auszuweichen.

### *Einsetzen der Erdbeermousse-Torte*

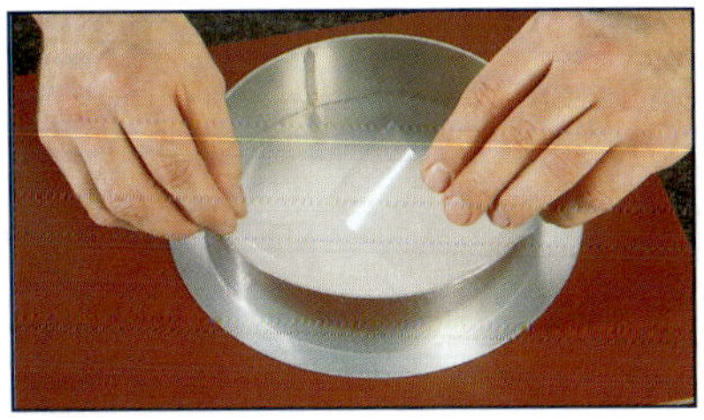

*Einen Tortenring mit der zugeschnittenen Tortenrandfolie auslegen.*

*Aus den Erdbeeren stabile, größere Scheiben herausschneiden und diese Erdbeerscheiben an der Innenseite der Folie anlegen.*

*Den ersten Mandelboden einlegen und leicht tränken.*

*Mit der Erdbeermousse die Torte zur Hälfte füllen.*

*Nach dem Einlegen des zweiten Bodens den Ring mit der Mousse eben auffüllen und glatt abstreichen.*

Andreas
Heil
Konditor
des Jahres

Zugegeben – hier „sprühten" die Ideen: Samtiger Gewürztraminer verleiht der Sabayon, mit wenig Himbeergeist parfümiert, einen ungewöhnlich runden Geschmack. Das aromatische Gewürztraminer-Gelee der Tortenoberfläche läßt die darunter liegenden bunten, frischen Früchte zart durchschimmern. Feine Bitterkuvertürelinien im Dekorrand heben die außergewöhnliche „Esprit" besonders hervor.

Esprit

Andreas
Heil
Konditor
des Jahres

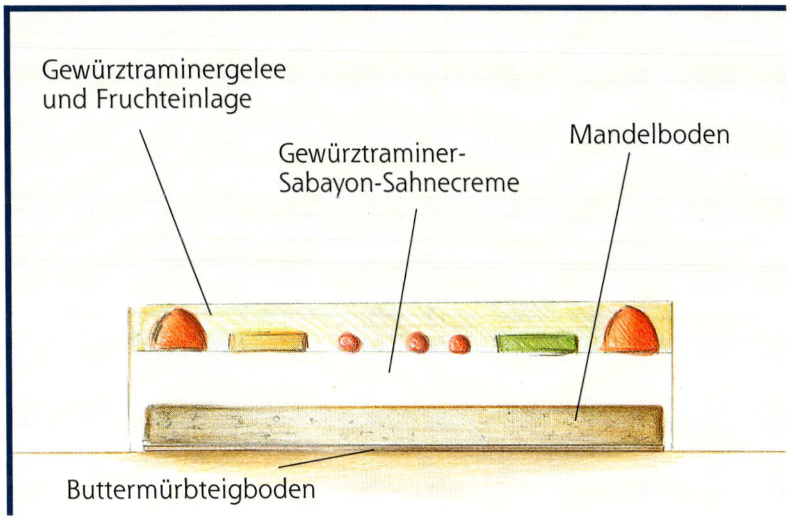


***Prozentuale Zusammensetzung***
***Gewürztraminer-Sabayon-Sahnecreme***

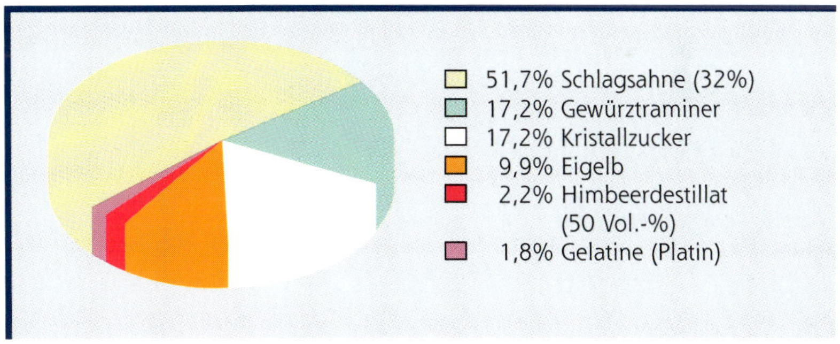

### Zutaten für 3 Kleintorten, 18er-Größe, 5 cm hoch, oval

**Gewürztraminer-Sabayon-Sahnecreme**

| | |
|---|---|
| 200 g | Gewürztraminer |
| 200 g | Kristallzucker |
| 115 g | Eigelb |
| 12 Bl. | Gelatine (Platin = 21 g) |
| 25 g | Himbeerdestillat (50 Vol.-%) |
| 600 g | Schlagsahne (32 %) |

**Gewürztraminergelee**

| | |
|---|---|
| 1175 g | Gewürztraminer |
| 425 g | Kristallzucker |
| 260 g | Wasser |
| 21 Bl. | Gelatine (Platin = 36,75 g) (im Sommer 2 Blatt mehr) |

**Buttermürbteig**

Seite 220

**Mandelboden**

Seite 264

Zutaten

**Herstellungsaufwand:**

### Spezielle Rohstoffe/Arbeitsgeräte

- Guter, aromatischer Gewürztraminer
- 3 ovale Tortenringe – 18er-Größe, 5 cm hoch
- 3 Tortenrandfolien, 5 cm breit, 62 cm lang

**Herstellung:**

Wie in den Steps Nr. 1 bis 5 dargestellt, die Tortenringe mit der Tortenrandfolie präparieren und anschließend einen mit Himbeerkonfitüre dünn bestrichenen Mürbteigboden einlegen. Dieser sollte etwa 17er-Ringgröße (oval) nicht überschreiten, um ein Durchschimmern des Mürbteigbodens und Mandelbodens am Tortenrand zu vermeiden. Auf den Mürbteigboden folgt in exakt der gleichen Größe ein etwa 1 cm starker Mandelboden.

Für das Sabayon das Eigelb mit dem Zucker und dem Gewürztraminer im Wasserbad unter ständigem Schlagen bis auf 86 °C erhitzen. Dann die gequollene und gut ausgedrückte Gelatine in dem noch heißen Sabayon auflösen. Danach das Sabayon durch ein feines Sieb in einen Edelstahlkessel passieren und im Eiswasserbad kühl schlagen. Vor dem vollständigen Erkalten des Sabayons den hochprozentigen Himbeergeist hinzufügen und danach die locker geschlagene Sahne unterheben. Die Gewürztraminer-Sabayon-Sahnecreme verfüllen und entsprechend unter der Ringoberkante bzw. auf Höhe des Schokoladendekors glatt streichen. Die Torten kühl stellen und nach entsprechender Zeit in die noch nicht vollkommen ausgelierte Tortenoberfläche die bunte Fruchteinlage leicht eindrücken. Anschließend die Torten zum vollständigen „Anziehen" in den Kühlschrank stellen.

### *Fertigstellung:*

Für das Gewürztraminergelee die gequollene und gut ausgedrückte Gelatine mit dem Wasser und dem Zucker auflösen. Anschließend den Gewürztraminer in dünnem Strahl unter Rühren zugießen und das fertige Gelee sodann abgekühlt über die Früchte auf der Tortenoberfläche gießen. Wenn das Gewürztraminergelee im Kühlschrank ausreichend anziehen konnte, kann der Tortenring abgezogen und die Torte zum Verkauf gebracht werden.

### *Tip:*

Wenn dieses Produkt für 2 Tage vorproduziert werden soll, können gedünstete Früchte wie z. B. Pfirsiche als Fruchteinlage verwendet werden. Hierdurch wird ein mögliches Färben des Sabayons, wie eventuell durch den Fruchtsaft frischer Früchte, weitgehend ausgeschlossen. Eine andere Möglichkeit besteht darin, die mit dem Sabayon auf Vorrat eingesetzten Torten täglich mit frischen Früchten fertigzustellen.

### *Tortenrand mit Schokoladengitter*

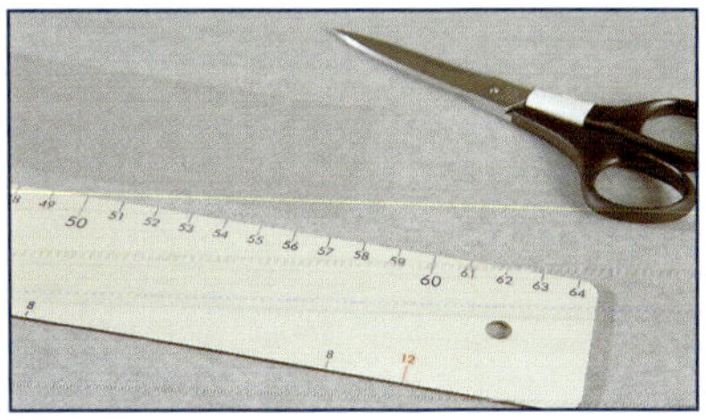

***Die 5 cm breite Tortenrandfolie auf die richtige Länge (62 cm) zuschneiden. Die Folie sollte etwa 1 cm überlappen.***

***Mit einem Backstubenlineal etwa 45 % der Breite des Folienstreifens abdecken.***

***Mit temperierter Bitterkuvertüre ein Dekormuster aufbringen.***

***Wenn die Kuvertüre etwa „wachsweich" angezogen hat, das Band vom Tisch nehmen...***

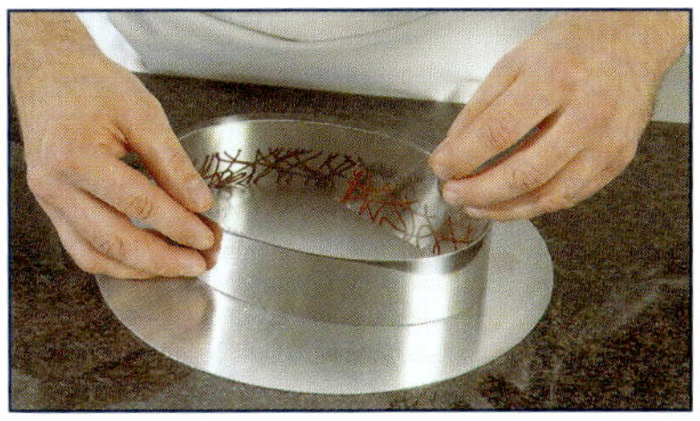

***...und in den Tortenring einlegen.***

## Jamaica

Eine sensible und gefühlvolle Verbindung von Haselnußbaiser, Jamaica-Rum-Chantilly und flaumigem Biskuit. Die Kugeln aus weißer Schokolade, geschminkt mit dunkler Kuvertüre, sind markante Dekorelemente, die diese besondere Torte wirklich verdient hat.

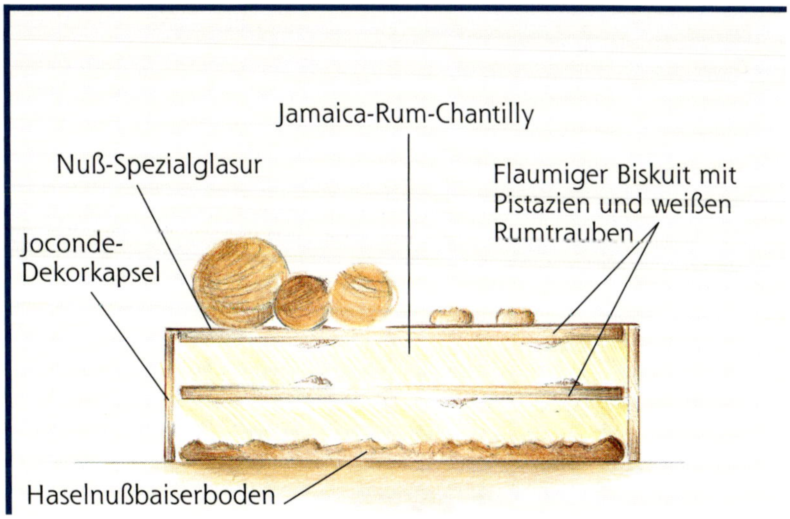


***Prozentuale Zusammensetzung Jamaica-Rum-Chantilly***

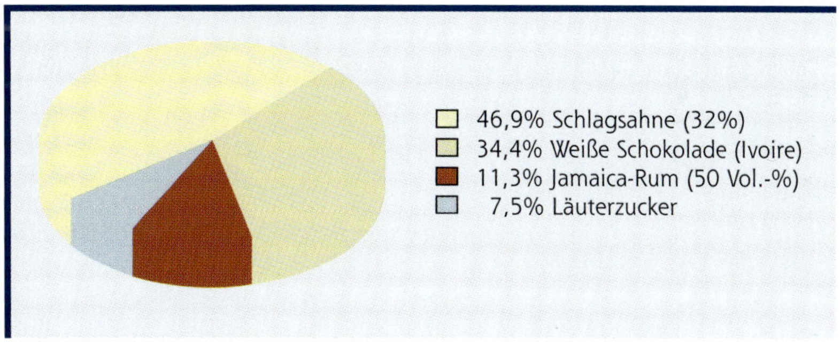

**Zutaten für 4 Kleintorten, 18 cm Durchmesser, 5 cm hoch, rund**

**Jamaica-Rum-Chantilly**

550 g weiße Schokolade (Ivoire)
180 g Jamaica-Rum (50 Vol.-%)
120 g Läuterzucker
750 g Schlagsahne (32 %)

**Joconde-Dekorkapsel**

Seite 262

**Haselnußbaisermasse**

(4 Böden [Spiralen] mit 16 cm Durchmesser)
Seite 262

**Flaumiger Biskuit**

Mit Pistazien und weißen Rumtrauben.
(Das einfache Rezept ergibt 8 Böden à 16 cm Durchmesser)
Seite 246

**Basiskrem**

Seite 259

**Nuß-Spezialglasur**

Seite 267

**Weiße Rumtrauben**

Seite 270

Zutaten

**Herstellungsaufwand:**

**Spezielle Rohstoffe/Arbeitsgeräte**

- Echter Jamaica-Rum mit 50 Vol.-% (keinesfalls ein Rum-Verschnitt)
- Weiße Trauben, getrocknet – „5-Crown-Sultaninen" für die Rezeptur „Weiße Rumtrauben"
- Haselnußmandelmasse (60 % Frucht)
- Schablone für die Joconde-Dekorkapsel
- 4 Tortenringe, 18 cm Durchmesser, 5 cm hoch, rund
- Kugelformen für den Schokoladendekor

**Herstellung:**

Zuerst die Basiskomponenten wie z. B. die mit Bitterkuvertüre hauchdünn abgesprühten (oder abgepinselten) Haselnußbaiserspiralen (16 cm Durchmesser) herstellen bzw. vorbereiten!

Zum Einsetzen der „Jamaica" vorab die Tortenringe jeweils mit einem ringhohen Streifen der Joconde-Dekorkapsel auslegen und je Torte einen flaumigen Biskuit (glatte Seite nach unten) in die vorbereiteten Tortenringe einlegen. Für die Jamaica-Rum-Chantilly den mit dem Rum vermischten Läuterzucker auf einmal unter die bei 40 °C aufgelöste weiße Schokolade rühren und die Masse anschließend entsprechend nachtemperieren. Nun durch die Zugabe einer kleinen Menge Schlagsahne einen homogenen Canache als Grundmasse herstellen.

Diese Grundmasse muß nun wieder optimal temperiert sein, bevor die übrige Schlagsahne (Temperatur mit berücksichtigen!) untermeliert werden kann. Nur so bleibt das Volumen erhalten, die Chantilly ist dabei jedoch von glatter Konsistenz und geschmeidig zu verarbeiten. Bis zum sicheren Beherrschen dieses Vorganges bedarf es einer gewissen Erfahrung im Umgang mit einer Chantilly auf Basis von weißer Schokolade.

Im folgenden Verlauf jetzt die Chantilly zusammen mit einem weiteren flaumigen Biskuitboden je Torte in die vorbereiteten Tortenringe einfüllen. Den Abschluß bildet der mit Bitterkuvertüre isolierte Baiserboden (Spirale), der verkehrt herum eingelegt wird (siehe grafische Darstellung). Zuletzt die Torten abgedeckt (Baiser) bis zum vollständigen Kristallisieren der Chantilly für einige Stunden kühl stellen.

***Fertigstellung:***

Eine „Jamaica" auf den Haselnußbaiserboden stürzen, dann die Tortenoberfäche eventuell mit wenig Basiskrem glätten und in diesem Fall nochmals für einen kurzen Moment kühl stellen. Sobald der Basiskrem fest geworden ist, kann die Tortenoberfläche mit der Nußspezialglasur dünn glasiert werden. Nach kurzer Zeit – sobald die Glasur fest zu werden beginnt – kann der Tortenring abgezogen werden. Abschließend die Torte auf einen Goldkarton absetzen und mit einem ansprechenden Dekor z. B. aus den enthaltenen Rohstoffen und etwas Schokolade zum Verkauf fertigstellen.

***Tip:***

Um Fingerabdrücke auf stark glänzenden Schokoladeformteilen zu vermeiden, am besten beim Arbeiten mit den Teilen dünne Baumwollhandschuhe tragen. Sie behindern durch ein minimales Luftpolster die direkte Übertragung der Handwärme.

***Herstellung der Schokoladenkugeln***

***Die Halbkugelformen sehr gut mit Watte polieren.***

***Zuerst mit wenig Bitterkuvertüre und in spiralförmiger Bewegung „ausschminken".***

***Den gleichen Vorgang mit der Milchkuvertüre wiederholen, wobei darauf zu achten ist, daß auch noch etwas von der Fläche der Gießform frei bleibt.***

***Die Halbkugeln mit weißer Schokolade 2x dünn ausgießen.***

***Wenn die weiße Schokolade „wachsweich" angezogen hat, das Überstehende mit einer dünnen Metallspachtel nach außen abschaben und die Formen danach kühl stellen.***

***Sobald die Hälften aus der Form genommen werden können, setzt man sie mit Hilfe eines Blechdeckels, der von unten durch eine Schüssel mit warmem Wasser leicht temperiert worden ist, zusammen.***

## Kir Royal

„Wo Schicksal goldene Fäden webt, der Gast wie Gott in Frankreich lebt." Kir Royal – eine exzellente Cassismousse, hergestellt mit Champagner und französischer Meringe, wird auf zarte Wiener Böden gefüllt. Die mit dunkelviolettem Cassisgelee glasierte Torte erhält durch einige Johannisbeeren und die materialgerecht zur Blüte geformten weißen Schokoladenblätter ihre erhabene Erscheinung.

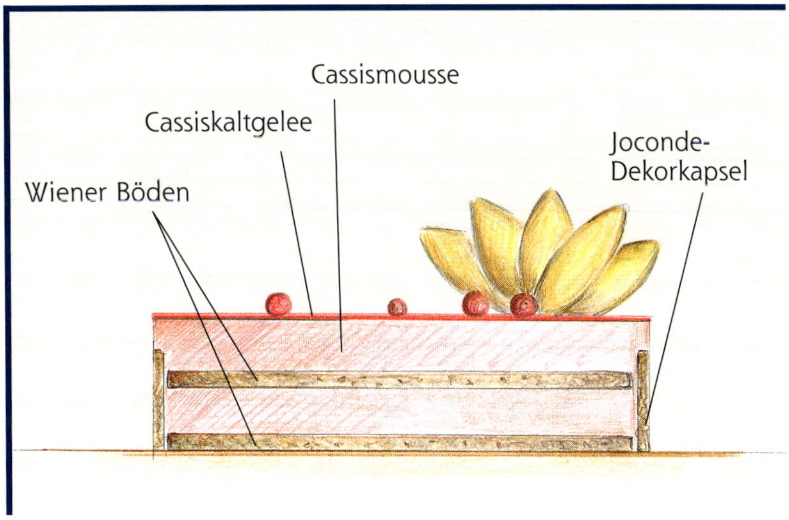


***Prozentuale Zusammensetzung Cassismousse***

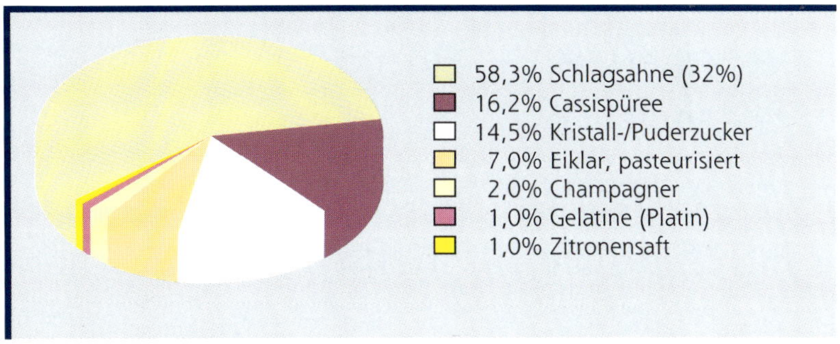

**Zutaten für 4 Kleintorten, 18 cm Durchmesser, 5 cm hoch, rund**

***Cassismousse***

270 g Cassispüree (10 % Zucker)
30 g Champagner (12 Vol.-%)
$8\frac{1}{2}$ Bl. Gelatine (Platin = 15 g)
875 g Schlagsahne (32 %)
310 g französische Schaummasse 2

***Französische Schaummasse 2***
(kalt aufgeschlagen)

105 g Eiklar, pasteurisiert
135 g Kristallzucker
55 g Puderzucker
15 g Zitronensaft

***Kir-Royal-Tränke***

140 g Cassispüree (10 % Zucker)
50 g Cassislikör (20 Vol.-%)
100 g Champagner (12 Vol.-%)
60 g Läuterzucker

***Läuterzucker***

Seite 264

***Wiener Boden/Kapsel***

(16er-Böden herstellen)
Seite 271

***Joconde-Dekorkapsel***

Seite 262

***Kakao-Strukturmasse***

Seite 76

**Herstellungsaufwand:**

***Spezielle Rohstoffe/Arbeitsgeräte***

- Neutrales Kaltgelee (Nappage)
- Cassispüree (10 % Zucker) (Schwarze Johannisbeere)
- 4 runde Tortenringe, 5 cm hoch, 18 cm Durchmesser

***Herstellung:***

Die 5 cm hohen Tortenringe jeweils innen mit einem 3,5 cm breiten und 57 cm langen Streifen von der mit Kakao-Strukturmasse fein filierten Joconde-Dekorkapsel (siehe Seite 273) auslegen. Dann einen etwa $\frac{3}{4}$ cm starken 16er-Wiener-Boden einlegen und diesen leicht tränken.
Für die Cassismousse zuerst die französische Schaummasse im kalten Verfahren anschlagen. Zeitgleich einen kleinen Teil des Cassispürees erwärmen und die aufgelöste Gelatine darin unterrühren. Anschließend das übrige Fruchtpüree zusammen mit dem Champagner zusetzen und etwa $\frac{1}{4}$ der Schlagsahne unter den entsprechend temperierten Cassisfond rühren. Im Anschluß hieran gleichzeitig die übrige Schlagsahne zusammen mit der französischen Schaummasse untermelieren.
Die vorbereiteten Tortenringe zur Hälfte mit der Cassismousse füllen und darauffolgend den zweiten, gut 5 mm starken Wiener Boden einlegen. Dieser kann saftig getränkt werden. Zum Schluß die Tortenringe nur noch eben auffüllen und die Oberfläche dabei glatt abziehen. Die Torten anschließend sofort kühl stellen oder einfrieren.

***Tip:***

Das beim Tiefgefrieren übliche Absinken der Tortenoberfläche, speziell in der Mitte, kann durch Aufstreichen von ein wenig übrig gebliebener Cassismousse, etwa 20 Minuten nach dem Einfrosten, ausgeglichen werden. (Dieses Vorgehen empfiehlt sich auch für weitere, gleichartige Produkte.)

***Fertigstellung:***

Kaltgelee mit etwas Cassispüree versetzen und die gekühlte oder gefrorene Torte dünn damit glasieren. Nach dem Glasieren den Tortenring ganz schwach anwärmen, abziehen und mit einem Dekor (Blüte) aus weißer Schokolade und einigen Johannisbeeren die Torte für den Verkauf fertigstellen.

***Tip:***

Durch das Einlegen einer Tortenrandfolie (58 cm) vor dem Einsetzen der Torte oder Umlegen der Torte mit einer Tortenrandfolie nach dem Abziehen des Ringes ist die Torte stabiler zu transportieren und behält so auch länger ihr frisches Aussehen. In jedem Fall läßt sich die Tortenrandfolie am Übergang mit einem Siegel des Hauses effektvoll zusammenheften.

***Blüte mit Blättern aus weißer Schokolade***

***Das spitze Küchenmesser (Officemesser) auf etwa 5 cm Länge in die weiße Schokolade eintauchen.***

***Die Klinge mit der Schokolade auf einen etwa 6 cm breiten Streifen der Klarsichtfolie aufsetzen…***

***…und zur Tischkante hin abziehen.***

***Die Streifen mit den Schokoladenblättern in einer Vorratsbox aufbewahren.***

***Tip: Die einzelnen Blätter ergeben für sich bereits einen ansprechenden Dekor.***

***Sie können aber auch zu einer äußerst ausdrucksstarken Blütenform zusammengesetzt werden.***

Chinesische Stachelbeere wird sie genannt, die Kiwi, deren Geschmack einer erfrischenden Mischung aus Stachelbeere, Melone und Erdbeere ähnelt. Hier wird sie nicht nur zu Kiwi-Jus verarbeitet, sondern auch zu Kiwi-Gelee, das die Tortenoberfläche in zartem Grün erscheinen läßt. Dekoriert mit Kiwischeiben und weißer, abstrakt geformter Schokolade, bildet sie eine harmonische Einheit.

**Kiwi**

Andreas
Heil
Konditor
des Jahres

Andreas
Heil
Konditor
des Jahres

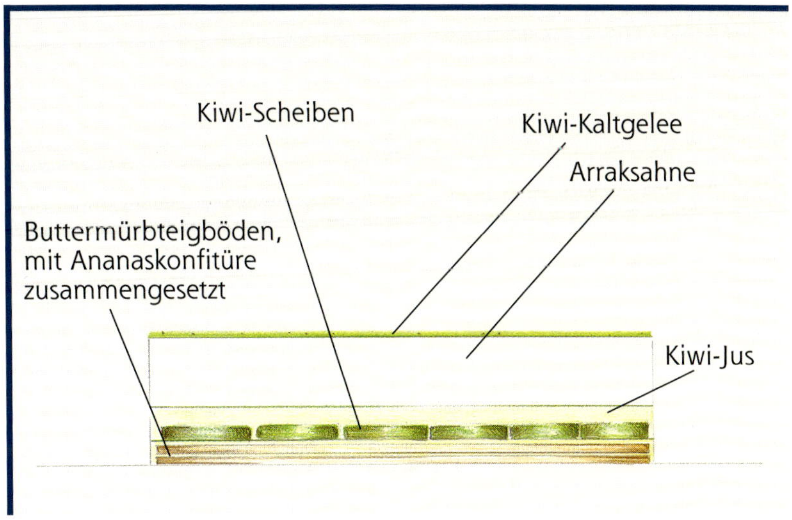


***Prozentuale Zusammensetzung Arraksahne***

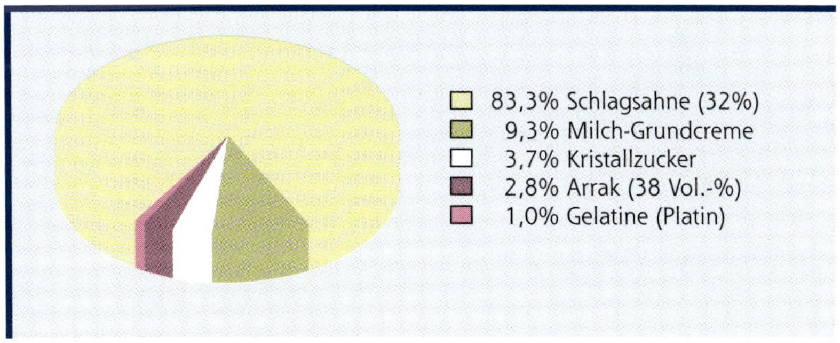

**Zutaten für 3 Kleintorten, 18 cm Durchmesser, 5 cm hoch, rund**

***Kiwi-Jus***

170 g Kristallzucker
55 g Weizenpuder
200 g Wasser
200 g Kiwi-Püree
120 g Zitronensaft

320 g Agargelee
20 g Arrak (38 Vol.-%)

***Arraksahne***

100 g Milch-Grundcreme
40 g Kristallzucker
30 g Arrak (38 Vol.-%)
6 Bl. Gelatine (Platin = 10,5 g)
900 g Schlagsahne (32 %)

***Agar-Gelee***

24 g Agar-Agar-Fäden
1,5 l Wasser
600 g Kristallzucker

***Buttermürbteig***

Seite 220

***Milch-Grundcreme***

Seite 265

**Zutaten**

***Herstellungsaufwand:***

**Spezielle Rohstoffe/Arbeitsgeräte**

- Ananaskonfitüre
- Arrak (38 Vol.-%)
- Agar-Agar-Fäden
- $7\frac{1}{2}$ Kiwis für die Fruchteinlage
- Kaltgelee (Nappage)

- 3 Tortenringe, 5 cm hoch, Durchmesser 18 cm, rund
- 3 Streifen Tortenrandfolie, 5 cm breit, 58 cm lang
- Gezahnte Spachtel für den Dekor aus weißer Schokolade

***Herstellung:***

Die runden Tortenringe innen mit den Streifen der Tortenrandfolie auslegen und 2 mit Ananaskonfitüre zusammengesetzte Mürbteigböden einlegen. Den oberen Boden nach dem Einlegen ebenfalls dünn mit Ananaskonfitüre bestreichen, wobei man darauf achten sollte, daß der Freiraum zwischen den Mürbteigböden und dem Tortenring bzw. der Tortenrandfolie mit der Konfitüre gut verschlossen wird. Sodann die Kiwis schälen, in etwa 1 cm starke Scheiben schneiden und auf den Mürbteigböden verteilen. Anschließend aus allen Zutaten bis auf den Arrak und das heiße Agargelee, diese beiden Zutaten werden zur gekochten Grundmasse gegeben, den Kiwi-Jus kochen. Der heiße Jus wird über die Kiwi-Scheiben gegossen und glatt verstrichen. Hiernach müssen die Torten für ausreichende Zeit kühl gestellt werden.

Für die Arraksahne die Milch-Grundcreme mit dem Zucker vermischen und dann die mit dem Arrak versetzte aufgelöste Gelatine unterrühren. Unter diesen entsprechend temperierten Milch-Grundcreme-Arrakfond ist nur noch die Schlagsahne unterzuheben. Die Arraksahne dann flott in die gut gekühlten Tortenringe portionieren und zum Schluß die Oberflächen der Torten glatt abstreichen. Die eingesetzten Torten für ausreichende Zeit zum Ausgelieren der Arraksahne kühl stellen.

### *Herstellung des Agar-Gelees:*

Die Agar-Agar-Fäden über Nacht in kaltem Wasser einweichen und quellen lassen. Danach gut abseihen, ausdrücken und zusammen mit dem Wasseranteil aus der Rezeptur auf-kochen. Nach dem Aufkochen den Sud bei geschlossenem Deckel etwa 15 Minuten ziehen lassen. Anschließend den Zucker zusetzen und das Ganze nochmals aufkochen. Jetzt ist das Gelee gebrauchsfertig.

### *Fertigstellung:*

Nach dem Anziehen der Arraksahne kann die Tortenoberfläche mit einem mit etwas frischem Kiwi-Püree versetzten Kaltgelee glasiert werden. Anschließend nur noch den Tortenring abziehen und mit ein paar Kiwi-Scheiben und wenig weißem Schokoladendekor das Werk vollenden.

### *Schlaufen aus weißer Schokolade*

***Die weiße Schokolade etwa 2 bis 3 mm stark auf Kunststoffolie aufstreichen.***

***„Kämmen" der Schokolade mit einer gezahnten Spachtel.***

***Wenn die Schokolade anzuziehen beginnt, wird die Folie übergeschlagen.***

***Die Enden etwas zusammendrücken und anschließend die Teile zum vollständigen Auskristallisieren der Schokolade für kurze Zeit kühl stellen.***

***Die fertigen Schlaufen liegen auf der Folie – fertig zum Dekorieren.***

Eine wahre Chance für Genießerfreunde: Die Mandarinensahne, aus fein abgestimmten Zutaten und mit Spezial-Schokoböden unterlegt, wird zusätzlich unterstützt durch eine Einlage sublim mit Mandarinenpüree und Läuterzucker getränkten Mandelbodenwürfeln. Die Tortenoberfläche ist mit Gelee dünn überzogen. Schokoladenmikados und Mandarinenfilets dekorieren die Kuppeltorte besonders auffällig, insbesondere in Verbindung mit den Bruchstücken des Schokoladengitters am Tortenrand.

Mandarin

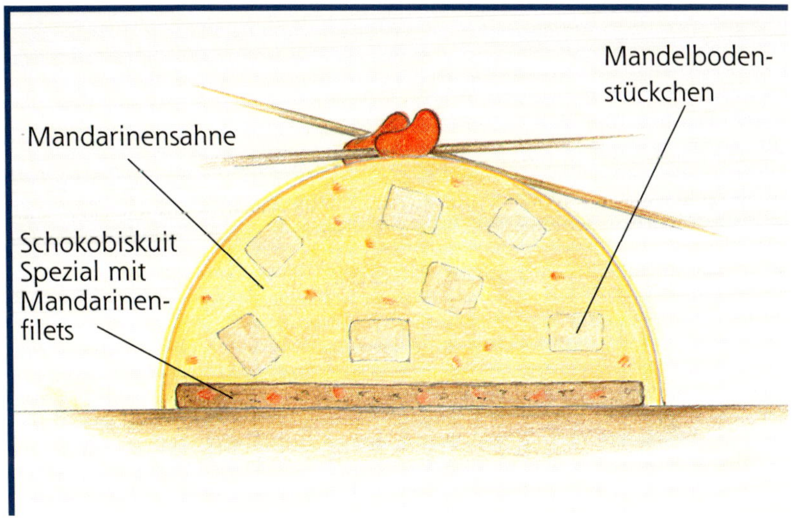


***Prozentuale Zusammensetzung Mandarinensahne***

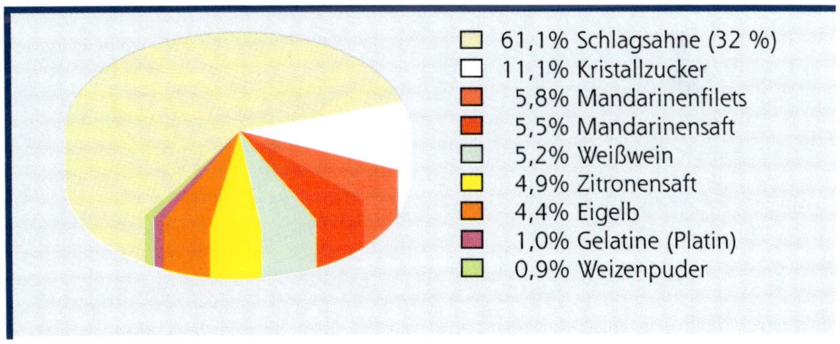

**Zutaten für 3 Kleintorten, 18 cm Durchmesser, Halbkugel**

**Mandarinensahne**

75 g Eigelb
90 g Weißwein, trocken
95 g Mandarinensaft (z. B. Püree und Wasser 2:1)
85 g Zitronensaft
15 g Weizenpuder
190 g Kristallzucker
100 g Mandarinenfilets (Dosenware)
10–12 Bl. Gelatine (Platin – Winter = 17,5 / Sommer = 21 g)
1050 g Schlagsahne (32 %)

**Mandarinentränke**

150 g Mandarinenpüree (10 % Zucker)
300 g Läuterzucker
30 g Orangendestillat (50 Vol.-%)

**Mandelboden/-kapsel**

Seite 264

**Schokobiskuit Spezial**
(mit Mandarinenfilets)

Seite 268

**Läuterzucker**

Seite 264

**Herstellungsaufwand:**

**Spezielle Rohstoffe/Arbeitsgeräte**

- Kaltgelee (Nappage)
- Mandarinenpüree (10 % Zucker)
- Orangendestillat, z. B. „Grand Marnier" mit 50 Vol.-%
- 3 Halbkugelformen mit 18 cm Durchmesser
- Klarsichtband/-folie für den Randdekor

**Herstellung:**

Von den Zutaten des Rezeptes „Mandarinensahne" ohne die Gelatine und die Schlagsahne eine Creme kochen und diese Mandarinencreme möglichst in eine Edelstahlschüssel passieren sowie anschließend mit Frischhaltefolie gut abgedeckt kühl stellen. Aus der Mandelkapsel für die Torten in ausreichender Menge Würfel herausschneiden, diese saftig tränken und beiseite stellen. Um die Mandarinensahne herzustellen, verflüssigt man etwas von der gekochten Creme und löst durch weiteres Erhitzen die gequollene, gut ausgepreßte Blattgelatine darin auf. Sodann werden unter gleichzeitigem Nachwärmen die übrige Creme und die enthäuteten, sehr gut abgetropften Mandarinenfilets (Dosenware ist hierfür gut geeignet) eingerührt. Zum Schluß die Schlagsahne in den entsprechend temperierten Vorkrem einmelieren. Die Mandarinensahne jetzt unverzüglich mit den getränkten Mandelkapsel-Würfeln in die Formen einfüllen. Hierbei sollte darauf geachtet werden, daß kein Mandelkapsel-Würfel bis an den Rand der Form gedrückt wird, um später eine schöne, gleichmäßige Oberfläche der Kuppeltorte zu erhalten! Mit einem Schokobiskuit Spezial, in den Mandarinenfilets eingebacken sind, wird die Kuppeltorte auf dem Niveau der Oberkante abgedeckt. Dieser Schokobiskuit sollte auf etwa 16,5 cm Durchmesser zugeschnitten werden und an der Unterseite dünn mit Bitterkuvertüre abgestrichen sein, um ein Ankleben des saftigen Schokobiskuits (durch die eingebackenen Mandarinen) an den Tortenteller zu verhindern. Die Kuppeltorten anschließend kühl stellen oder einfrieren.

***Tip:***

Wird die gekochte Mandarinencreme anschließend nicht direkt mit der Gelatine versetzt, lassen sich Grundcremes, die auf solche Weise hergestellt werden, schon einen Tag vorher zubereiten. Das ist besonders von Nutzen, wenn nur an bestimmten Wochentagen die Sahne- bzw. Moussetortenproduktion stattfindet und hierfür möglichst viel vorgearbeitet werden muß. In diesem Fall erfolgt zuerst das Auflösen einer kleinen Menge Creme mit der Gelatine, dann wird unter gleichzeitigem Nachtemperieren die übrige Creme untergerührt, und es kann dann in die entsprechend temperierte Vorcreme die zugehörige Menge Schlagsahne einmeliert werden. Die Sahne bzw. Sahnecreme ist somit fertig zum Verfüllen.

***Fertigstellung:***

Die „Mandarin" gefroren oder nur leicht angefrostet nach kurzem Eintauchen der Form in lauwarmes Wasser aus der Form stürzen bzw. drehen und danach dünn mit klarem Kaltgelee bestreichen oder besprühen. Abschließend die Torte auf einen Goldkarton setzen und mit einigen Schokoladenmikados und Schokoladengitter-Bruchstücken ausgarnieren.

***Hinweis:***

Bruchstücke des im Herstellungsablauf auf Seite 89 dargestellten Schokoladengitters werden hier als Randdekor der „Mandarin" verwendet.

***Schokoladenmikados***

*Die Bitterkuvertüre mit etwa 7 bis 8 % hochwertigem Speiseöl versetzen.*

*Die Schokolade sehr dünn auf ein warmes (etwa 50 °C) Blech streichen.*

*Das Blech wird für einige Minuten gefrostet und erst herausgenommen, wenn die Kuvertüre vollkommen erhärtet ist.*

*Sobald die sehr harte Kuvertüre auf dem Blech wieder etwas elastisch zu werden beginnt, kann mit der Herstellung der Mikados begonnen werden.*

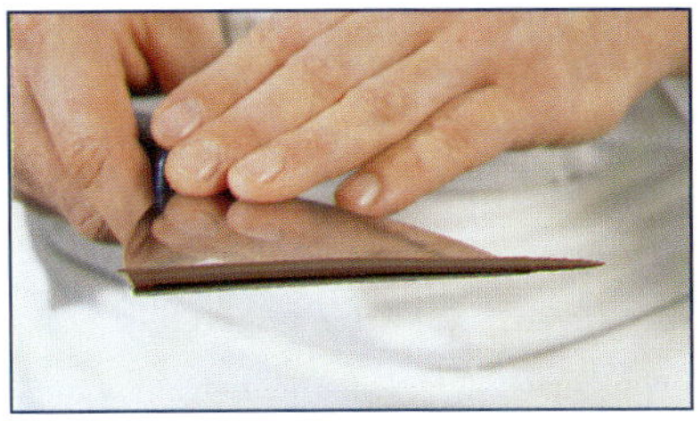

*Durch eine ruckartige Aufwärtsbewegung am Griffende der Spachtel die Röllchen von der übrigen Schokolade auf dem Blech lösen.*

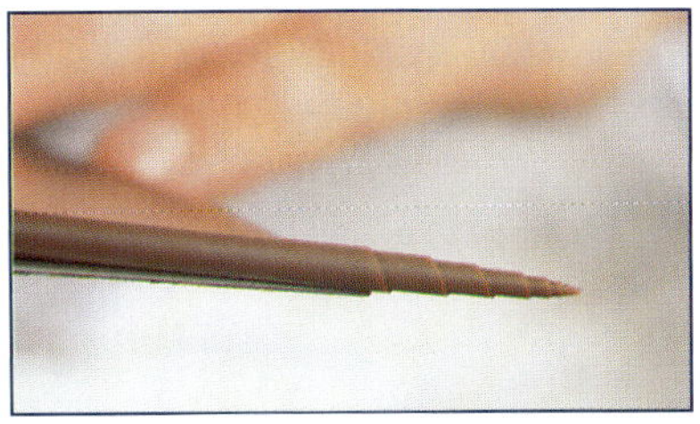

*Fertiges Mikadostäbchen.*

## Marron glacé

Hier wird eine ausgewogene Komposition aus so edlen Rohstoffen wie der Marone mit Nußbaiser und Schlagsahne geschaffen. Die Hell-Dunkel-Effekte bilden gefällige Kontraste. Phantasie sind die weißen Schokoladentaler als Tortenranddekor und die „Marron glacé" im Bett aus weißen Schokospaghetti.

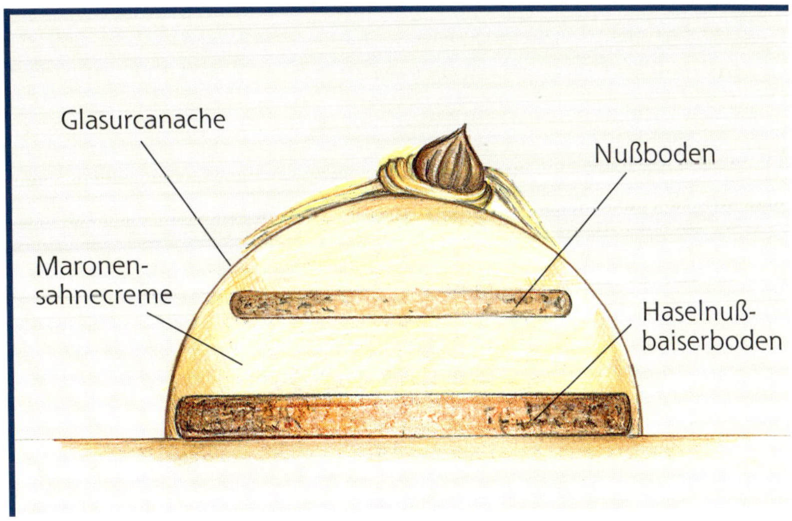


***Prozentuale Zusammensetzung Maronensahnecreme***

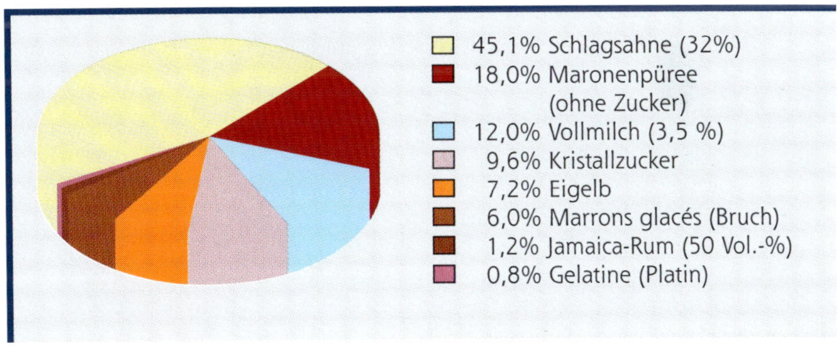

**Zutaten für 2 Kleintorten, 18 cm Durchmesser, Halbkugel**

**Maronensahnecreme**

120 g Eigelb
160 g Kristallzucker
200 g Vollmilch (3,5 %)
Mark von 1/2 Bourbon-Vanillestange
Salz
8 bis 10 Bl. Gelatine
(Platin – Winter = 14 g / Sommer = 17,5 g)
300 g Maronenpüree (ohne Zucker)
100 g Marrons glacés (Bruch)
750 g Schlagsahne (32 %)
20 g Jamaica-Rum (50 Vol.-%)

**Jamaica-Rum-Tränke 2**

150 g Läuterzucker
50 g Jamaica-Rum (50 Vol.-%)

**Nußboden**

Seite 266

**Haselnußbaiser**

Seite 262

**Glasurcanache**

Seite 261

**Schokoladenspaghetti**

Seite 275

**Herstellungsaufwand:**

**Spezielle Rohstoffe/Arbeitsgeräte**

- Marrons glacés
- 2 Halbkugelformen mit 18 cm Durchmesser
- Kunststoffolie für die Schokoladentaler
- Schaumstoffroller

**Herstellung:**

Für die Maronensahnecreme das Eigelb mit dem Zucker, der Milch, dem Mark der Vanillestange und einer kleinen Prise Salz zur Rose abziehen (Crème anglaise). In die noch heiße Crème anglaise die gequollene Gelatine einrühren. Hierbei ist darauf zu achten, daß sich die Gelatine auch vollständig auflösen kann, d. h. die Crème anglaise darf noch nicht zu weit abgekühlt sein! Anschließend das kühle und mit etwas Jamaica-Rum abgerundete Maronenpüree unterrühren und hierdurch den Maronenfond so weit herabtemperieren, daß die Schlagsahne untergehoben werden kann (gegebenenfalls nachtemperieren).
Zum Einsetzen unter die Halbkugelformen zur Fixierung einen kleinen Ring setzen, etwas von der Maronensahne einfüllen und einen etwa handtellergroßen, saftig getränkten Nußboden einlegen. Anschließend die übrige Maronensahne einfüllen und einen mit Bitterkuvertüre abgesprühten Haselnußbaiserboden auflegen (Kuvertüreseite zur Sahne). Der Baiserboden sollte knapp bis an den Rand der Form reichen und sich mit der darin befindlichen Maronensahne auf einem Niveau befinden. Nach dem Einsetzen die Torten sofort kühl stellen oder einfrieren.

**Fertigstellung:**

Die Form mit der gefrorenen oder leicht angefrorenen „Marron glacé“ einen kurzen Moment bis knapp unter den Rand in warmes Wasser halten und sogleich darauf aus der Form drehen bzw. auf einen kleinen (16er-)Tortenring stürzen. Diesen Tortenring mitsamt der darauf befindlichen Torte auf ein Karree stellen und die Torte hier anschließend mit dem Glasurcanache übergießen bzw. glasieren. Sobald die Glasur nicht mehr tropft, die Kante mit einer Palette sauber abkanten und die Torte auf einen Goldkarton absetzen. Einige Taler aus weißer Schokolade und eine „Marron glacé" auf den Schokospaghetti vervollständigen das Werk.

***Tips:***

- Das Maronenpüree erhält durch Kakaozugabe einen kräftigeren, dunkleren Farbton.
- Die gefrorenen Torten am besten im Kühlschrank langsam auftauen. Somit kann eine allzustarke Kondenswasser-Entwicklung (Baiser) vermieden werden.

***Hinweis:***

Wird nach dem gleichen Prinzip Kuvertüre sehr dünn auf Kunststoffolie aufgestrichen, lassen sich so auf rationelle Weise, durch einfaches Zerbrechen dieser Platten, dekorative Splitter herstellen.
Dabei kann auch mit interessanten Mustern bedruckte Folie zum Einsatz gebracht werden (Banana).

***Weiße Schokoladentaler***

*Auf eine Kunststoffolie mit dem Schaumstoffroller und Milchkuvertüre ein gesprenkeltes Muster auftragen.*

*Anschließend weiße Schokolade dünn aufstreichen.*

*Wenn die weiße Schokolade wachsweich angezogen hat, die Taler vom Rand beginnend ausstechen.*

*Um ein Aufbiegen zu verhindern, die Schokoladenplatte mitsamt Folie stürzen und so aushärten lassen.*

*Die Folie abziehen und anschließend...*

*...die fertigen Taler auslösen und in einer Vorratsbox aufbewahren.*

## Melange

Mandelbaiser, Mokkakrem und Feuilletine-Nugat gehen hier eine harmonisch-paritätische Verbindung ein. Ausdrucksvoll wie die „Melange" selber verleihen einige Kaffeebohnen und goldfarben aufgeschmolzene Karamelperlen der Kleintorte ihren stimmigen Dekor.

Andreas
Heil
Konditor
des Jahres

Andreas
Heil
Konditor
des Jahres

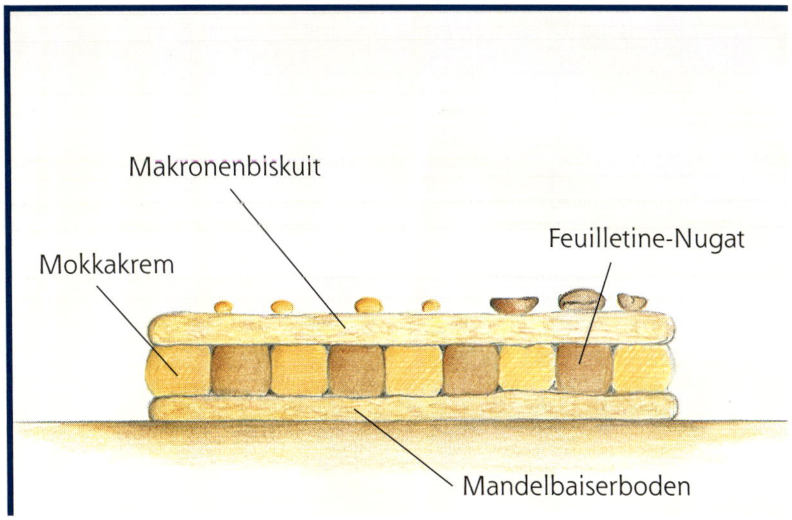


***Prozentuale Zusammensetzung Feuilletine-Nugat***

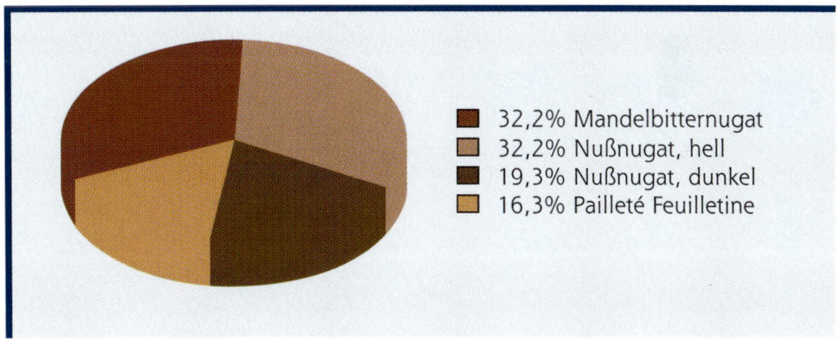

**Zutaten für 4 Kleintorten, etwa 18 bis 20 cm Durchmesser, rund**

**Mandelbaiserböden (4 Stück)**

200 g Eiklar
185 g Kristallzucker
110 g Kristallzucker
50 g Mandeln, gerieben (mit Schale)
100 g Mandeln, gerieben (geschält)
40 g Weizenpuder
10 g Kaffee, gefriergetrocknet
Zimt

**Feuilletine-Nugat**

375 g Mandelbitternugat
375 g Nußnugat, hell
225 g Nußnugat, dunkel
190 g Pailleté Feuilletine

**Mokkakrem (Basiskrem)**

Seite 259

**Makronenbiskuit (4 Biskuitmakronen herstellen)**

Seite 242

**Herstellungsaufwand:**

**Spezielle Rohstoffe/Arbeitsgeräte**

- Pailleté Feuilletine
- Kaffee, dehydriert
- Lochtülle Nr. 12 und Nr. 10
- Bunsenbrenner

**Herstellung:**

***Herstellung der Mandelbaiserböden:***
Das Eiklar mit der größeren Zuckermenge beginnend aufschlagen und den übrigen Zucker nach und nach zugeben. Die Mandeln mit dem Weizenpuder, Kaffeepulver sowie dem Zimt mischen und in den stabil ausgeschlagenen Eischnee einmelieren. Mit einer Lochtülle Nr. 12 die Baiserspiralen mit 18 cm Durchmesser auf Backtrennpapier (Silikonpapier) oder Silikonbackmatten aufdressieren. Die Böden anschließend bei 150 ° C backen und während der Backzeit einmal sehr leicht zusammendrücken, damit sie nicht zu porös und damit zu empfindlich werden.

***Herstellung der Biskuitmakronen:***
Die Herstellung orientiert sich an der beim Rezept „Makrönchen" beschriebenen Art und Weise zur „Herstellung der Makronen". Es werden jedoch für die „Melange" 4 Makronen mit etwa 18 cm Durchmesser benötigt. Hierzu wird die Makronenbiskuitmasse mittels Lochtülle Nr. 10 auf Silikonbackmatten spiralförmig aufdressiert.

***Zusammensetzen der „Melange":***
Auf die Mandelbaiserböden mit 2 Zentimeter Abstand zum äußeren Rand des Baiserbodens Ringe aus Mokkakrem und Feuilletine-Nugat dressieren. Dann auf den freien äußeren Rand schöne Mokkakremtupfen dressieren und jeweils eine Biskuitmakrone als Deckel aufsetzen. Die Torten dann anschließend kühl stellen oder einfrieren.

***Tip:***

Die gefrorenen Torten am besten im Kühlschrank langsam auftauen. Somit kann eine allzu starke Kondenswasserentwicklung (Baiser) vermieden werden.

***Fertigstellung:***

Gemäß der Darstellung in den „Steps“ die in jedem Fall gut gekühlte „Melange“ mit aufgeschmolzenen Karamelperlen versehen. Ein paar Kaffeebohnen und vielleicht ein Schokoladensiegel vervollständigen den Dekor.

***Aufschmelzen von Karamelperlen***

*Die Biskuitmakrone relativ kräftig mit Puderzucker abstauben.*

*Den Bunsenbrenner aus entsprechendem Abstand auf die Oberfläche der Makrone richten...*

*...bis sich auf der Oberfläche kleine Karamelperlen bilden.*

## Passionsfrucht-Charlotte

Erfrischend-säuerliche Passionsfrüchte, beheimatet in tropischen und subtropischen Regionen Südamerikas, Schlagsahne und mit duftendem „Grand Passion-Likör" parfümierte Mandelböden – das sind die edlen Zutaten für diese fein-elegante Sommercharlotte. Löffelbiskuits als stabilisierende Elemente und ein leuchtend bunt gemischtes Obstarrangement setzen den krönenden Abschluß.

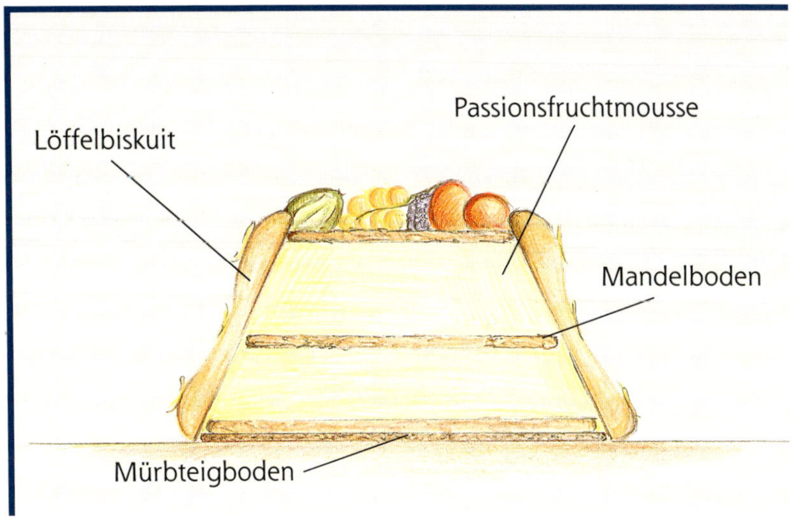


***Prozentuale Zusammensetzung Passionsfruchtmousse***

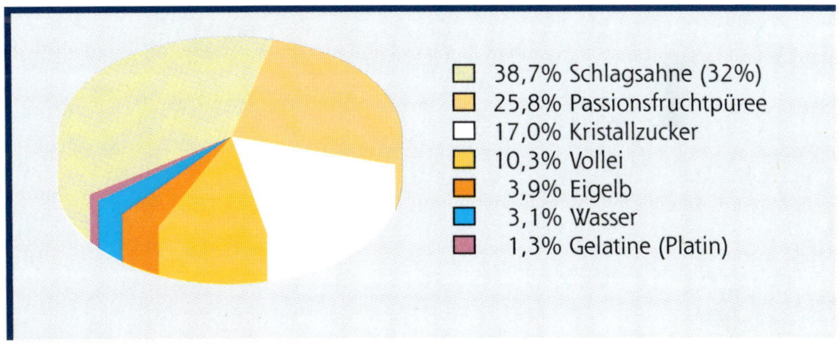

**Zutaten für 4 Kleintorten, 18 zu 10 cm Durchmesser, 9 cm hoch, konisch**

**Passionsfruchtmousse**

200 g Vollei
75 g Eigelb
330 g Kristallzucker
60 g Wasser
14 Bl. Gelatine (Platin = 24,5 g)
500 g Passionsfruchtpüree
750 g Schlagsahne (32 %)

**Grand Passion-Tränke**

300 g Läuterzucker
150 g Grand Passion-Likör (24 Vol.-%)

**Mandelboden/-kapsel**

Seite 264

**Löffelbiskuit & Mohrenkopfmasse**

24 Eiklar
Salz
325 g Kristallzucker
250 g Weizenpuder
24 Eigelb
325 g Weizenmehl (Type 405)
Mark von 1 Bourbon-Vanillestange

**Mürbteig für Böden**

Seite 30

Zutaten

**Herstellungsaufwand:**

**Spezielle Rohstoffe/Arbeitsgeräte**

- Grand Passion-Likör (24 Vol.-%)
- 4 konische Formen für die Charlotten, Höhe 9 cm, Durchmesser von 10 cm auf 18 cm

**Herstellung:**

Für die Mousse die Eier mit den Eigelben, dem Wasser und dem Zucker bis auf 86 °C erhitzen und dann den Kesselboden kurz in kaltem Wasser abschrecken. Die erhitzte Eimasse fein abseihen und anschließend kalt schlagen (Pâte à bombe). Etwas von dem Passionsfruchtmark erwärmen und die aufgelöste Gelatine unterrühren. Danach das restliche Fruchtmark hinzugeben und nach diesem Schritt gegebenenfalls die Püree-Gelatine-Mischung wieder nachtemperieren! Als nächsten Schritt etwa 1/4 der Schlagsahne locker unterrühren, um die intensive Wirkung der im Passionsfruchtmark enthaltenen Säure zu vermindern (Säure zerstört die Standfestigkeit bzw. das Volumen der Pâte à bombe). Nachfolgend die Pâte à bombe mit der übrigen Schlagsahne gleichzeitig untermelieren. Die Masse darf hier noch nicht zu gelieren beginnen, sondern sollte zum Füllen von standfester, aber cremiger Konsistenz sein. Etwas von der Mousse in die mit einem ausgestochenen und getränkten Mandelboden präparierten Formen einfüllen. Dann die Reste vom Ausstechen des Mandelbodens einlegen und diese ebenfalls leicht tränken. Die übrige Mousse einfüllen und die Oberfläche mit einem Mandelboden in entsprechender Größe abdecken. Diesen letzten Boden schwach tränken und auf die Mousse stürzen. Anschließend die Charlotten sofort kühl stellen oder einfrieren.

**Tips:**

- Ein in die Form eingelegtes Blättchen Trennpapier bewirkt ein leichteres Herausstürzen der Charlotte.

- Gegebenenfalls eine vorhandene Edelstahlschüssel in entsprechender Größe als Form benutzen.

***Fertigstellung:***

Zum Fertigstellen der Charlotte bestreicht man einen dünnen Mürbteigboden (etwa 17 cm Durchmesser) mit leicht überwärmter Bitterkuvertüre und legt diesen Boden dann auf den großen Mandelboden der noch in der Form befindlichen Charlotte. Diese Form anschließend bis zum Rand für einen kurzen Moment in warmes Wasser halten und dann die Charlotte auf einen „Goldkarton" stürzen. Mit einigen Mandellöffelbiskuits am Rand und leuchtend-buntem Frischobst auf der Oberfläche die Charlotte ansprechend dekorieren.

***Herstellung der Löffelbiskuitmasse:***

Das Eiklar mit dem Zucker und einer Prise Salz leicht anschlagen. Dann den Weizenpuder zugeben und einen stabilen, aber cremigen Eischnee herstellen. Gleichzeitig die Eigelbe mit etwas Mehl zu einer dickflüssigen, aber keinesfalls zähen Konsistenz bringen und in der Rührmaschine etwas schlagen. Das Zusammenmelieren mit einer kleinen Menge Eischnee beginnen, dann wird der restliche Eischnee locker untergehoben, und zum Schluß folgt das übrige Mehl, welches kurz und kräftig einmeliert wird. Die Masse sofort auf etwas stärkeres Papier oder Silikonbackmatten aufdressieren und bei 170 °C und geöffnetem Zug abbacken. Die Löffelbiskuits trocken ausbacken (Dauergebäck).

***Tip:***

Die Löffelbiskuits lassen sich sehr gut auf Vorrat herstellen und behalten bei Lagerung im Froster für längere Zeit ihren ausgezeichneten Geschmack.

***Herstellen der Mandellöffelbiskuits***

*Die Löffelbiskuitmasse mit einer Lochtülle leicht konisch auf festes Papier dressieren.*

*Einige gehackte Mandeln aufstreuen.*

*Mit Puderzucker leicht abzuckern und dann sofort bei 170 °C und offenem Zug abbacken.*

## Pesca bianca

Pesca bianca hat ihren ganz individuellen Charme. Der hocharomatische weiße Pfirsich sowie der kapriziöse Dialog des zarten Mandelbodens mit den eher knusprigen Brandmasseböden macht diese verführerisch leichte Kleintorten-kreation zu einem lukullischen Genuß für heiße Sommertage.

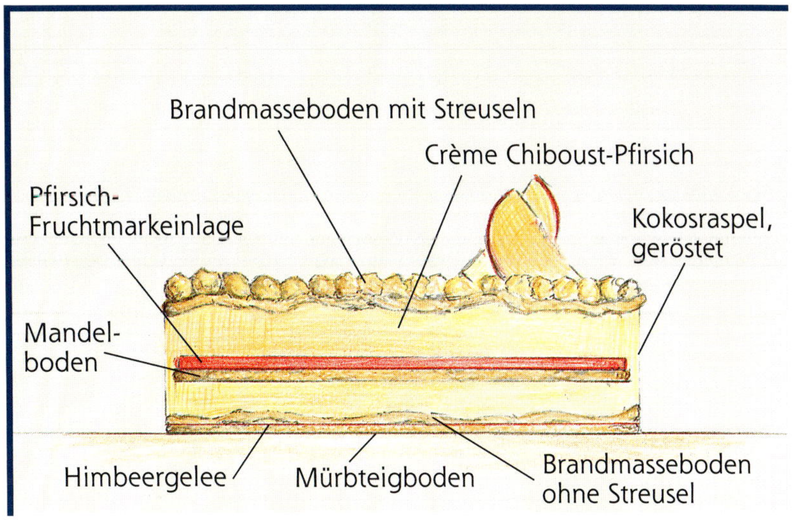


***Prozentuale Zusammensetzung Crème Chiboust-Pfirsich***

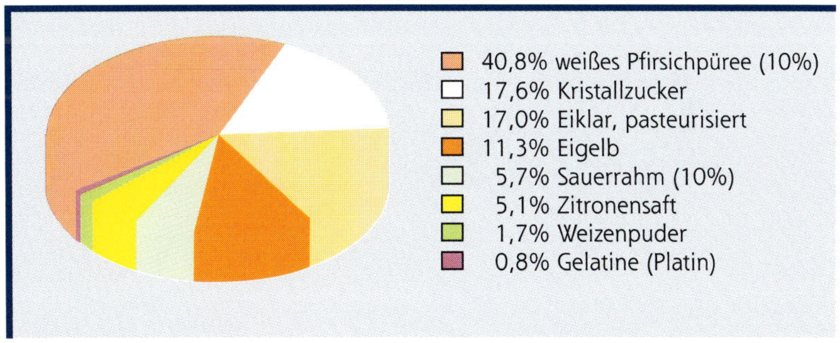

### Zutaten für 4 Kleintorten, 18 cm Durchmesser, 5 cm hoch, rund

**Crème Chiboust-Pfirsich**

| | |
|---|---|
| 800 g | weißes Pfirsichpüree (10 % Zucker) |
| 90 g | Zitronensaft |
| 200 g | Eigelb |
| 50 g | Kristallzucker |
| 100 g | Sauerrahm (10 %) |
| 30 g | Weizenpuder |
| 8 Bl. | Gelatine (Platin = 14 g) |
| 300 g | Eiklar, pasteurisiert |
| 180 g | Kristallzucker |

**Pfirsichfruchtmarkeinlage**

*(4 x 15 cm Durchmesser)*

| | |
|---|---|
| 440 g | weißes Pfirsichpüree (10 % Zucker) |
| 70 g | Kristallzucker |
| 60 g | Zitronensaft |
| 4 Bl. | Gelatine (Platin = 7 g) |

**Pfirsichtränke**

| | |
|---|---|
| 180 g | Läuterzucker |
| 90 g | weißes Pfirsichpüree (10 % Zucker) |
| 90 g | Pfirsichlikör Pêcher Mignon (18 Vol.-%) |

**Brandmasseböden (8 Böden)**

| | |
|---|---|
| 210 g | Vollmilch (3,5 %) |
| 210 g | Wasser |
| 100 g | Butterfett |
| 270 g | Weizenmehl (Type 405) |
| 400 g | Vollei |
| 4 g | Salz |

**Mandelboden**

Seite 264

**Butterstreusel**

Seite 260

**Läuterzucker**

Seite 264

**Buttermürbteig**

Seite 220

Zutaten

**Herstellungsaufwand:**

### Spezielle Rohstoffe/Arbeitsgeräte

- Himbeergelee
- Pfirsichlikör Pêcher Mignon (18 Vol.-%)
- Kokosraspel

- 4 Silikonformen mit Durchmesser 15 cm, Höhe 1,5 cm
- 8 Tortenringe mit 18 cm Durchmesser, 5 cm hoch

### Herstellung:

**Herstellung der Brandmasseböden:**

Zuerst in die zusammen mit dem Wasser, dem Butterfett sowie dem Salz kochende Milch in einem Schwung das gesiebte Mehl einrühren und dann die Masse so weit abrösten, bis sie sich zusammenballt und im Kessel eine weiße Schicht entsteht. Die somit ausreichend abgeröstete Masse sofort in einen Edelstahlkessel umfüllen (Grünspan) und mit Frischhaltefolie abgedeckt weitgehend abkühlen lassen. Dann nach und nach in der Rührmaschine bei niedriger Geschwindigkeit das Vollei unter die Masse rühren, aber diese hierbei keinesfalls schaumig schlagen. Ziel ist, eine gleichmäßig glatte Brandmasse von zäher Konsistenz herzustellen. (Nach sehr bzw. zu starkem Abrösten muß gegebenenfalls der Eianteil erhöht werden.) Zur Herstellung der Böden die Brandmasse auf leicht gefettete sowie gekühlte Bleche aufstreichen und mit 18er-Tortenringen umstellen. Anschließend die Hälfte der Böden dünn mit Streuseln bestreuen. Die Böden bei 210 °C, etwas Dampfzugabe und geschlossenem Zug goldbraun abbacken. Zum Schluß wird der Zug geöffnet, um die Böden außen kroß zu bekommen.

**Herstellung der „Pesca bianca":**

Zunächst die Pfirsichfruchtmarkeinlage gemäß der Darstellung in den „Steps" herstellen. Zum Einsetzen der „Pesca bianca" als zweiten Arbeitsschritt die Brandteigböden mit den Streuseln aus dem Ring lösen und zur Seite legen bzw. einfrieren. Die jeweils zweiten Böden im Ring belassen und hier allzu hohe Blasen etwas niederdrücken. Die Böden im Tortenring dann bis knapp an den Rand dünn mit Himbeergelee bestreichen. Anschließend aus einem 16er-Mandelboden 4 etwa 1 cm starke Böden herausschneiden und saftig getränkt bereitstellen.

Die Herstellung der Crème Chiboust-Pfirsich zuerst mit der Herstellung eines Eischnees aus dem Eiklar und dem größeren Zuckeranteil im Rezept beginnen. Gleichzeitig aus den übrigen Zutaten außer der Gelatine eine gekochte Creme herstellen. In diese heiße Creme die ausreichend gequollene und gut ausgedrückte Gelatine einrühren. Dann sofort den stabilen, aber noch geschmeidigen Eischnee kurz und kräftig von Hand unter die heiße Pfirsichcreme schlagen. Die Hälfte dieser Crème Chiboust dann sofort sehr flott auf die mit dem Himbeergelee bestrichenen Brandteigböden verteilen. Jetzt zuerst die vorbereiteten Mandelböden und darauffolgend das gefrorene Pfirsichfruchtmark einlegen. Abschließend die übrige Pfirsich-Chiboust im Ring verteilen und glatt streichen. Zuletzt die (eventuell vorgeschnittenen) Böden mit den Streuseln oben aufsetzen und die Torten kühl stellen oder einfrieren.

***Fertigstellung:***

Einen 18er-Buttermürbteigboden mit Himbeergelee bestreichen und die schwach angetaute Torte daraufsetzen. Danach den Ring abziehen und die Torte am Rand mit goldbraun gerösteter Kokosraspel einstreuen. Etwas Puderzucker auf der Oberfläche und abgeflämmte Pfirsichstücke vervollständigen das Werk.

***Hinweis:***

Für den Kunden kann der Brandteigboden mit den Streuseln zur leichteren Portionierung vorgeschnitten werden. Dies geschieht am besten mit einem sehr guten Sägemesser (bzw. Elektrosägemesser) nach der Entnahme aus dem Froster zu dem Zeitpunkt, an dem die Oberfläche angetaut, aber die Torte im Kern noch sehr stabil ist.

***Herstellen der Pfirsichfruchtmarkeinlage***

*Die Blattgelatine (Platin) in ausreichender Menge kaltem Wasser einweichen und für etwa 6 bis 8 Minuten quellen lassen.*

*Die gequollene Gelatine gut auspressen und in einer Kasserolle verflüssigen, jedoch hierbei nicht überhitzen!*

*Das Pfirsichfruchtpüree zusammen mit dem Kristallzucker und dem Zitronensaft zusetzen und dabei die Mischung entsprechend nachtemperieren, so daß die Gelatine in keinem Moment zu gelieren beginnen kann.*

*Das Pfirsichfruchtmark in die Silikonformen einfüllen und anschließend tiefgefrieren.*

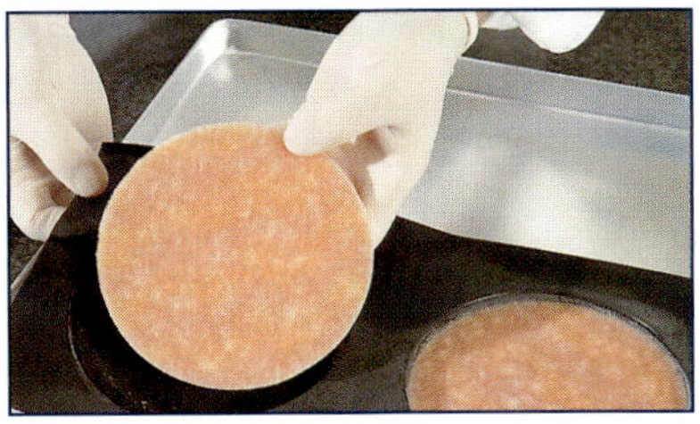

*Die hartgefrorene Pfirsichfruchtmarkeinlage kann leicht aus der Form entnommen und weiterverarbeitet werden.*

## Piña Colada

Impressionen aus der Karibik, verbunden mit exotischer Ästhetik – „Piña Colada" überzeugt durch die gelungene Adaption von Crème Chiboust-Ananas und Kokosschokomousse. Der flaumige Biskuit der Oberfläche läßt eingebackene Ananasstückchen sichtbar werden. Nicht zuletzt das Ensemble aus Ananasrad, Kokosbögen und Ananasblättern unterstreicht den Anspruch dieser außergewöhnlichen Kleintorte.

Andreas
Heil
Konditor
des Jahres

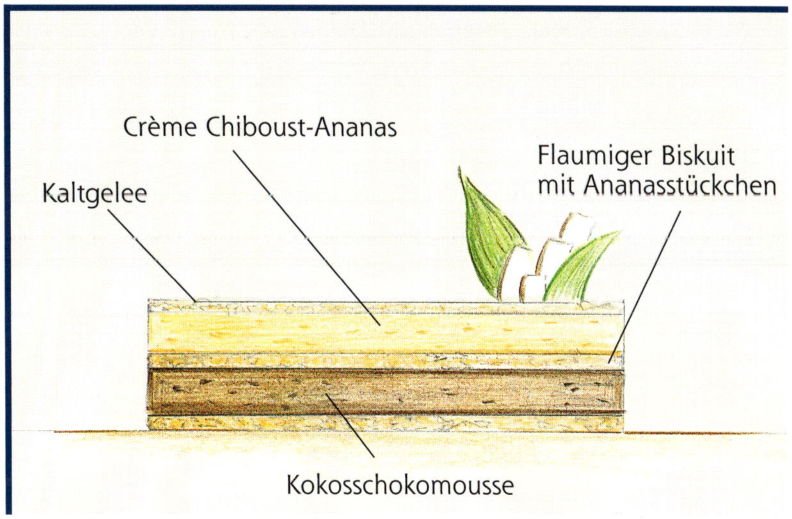


***Prozentuale Zusammensetzung Kokosschokomousse***

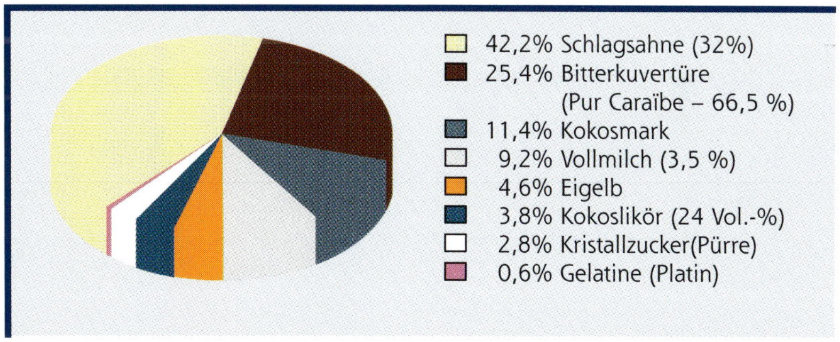


***Prozentuale Zusammensetzung Crème Chiboust-Ananas***

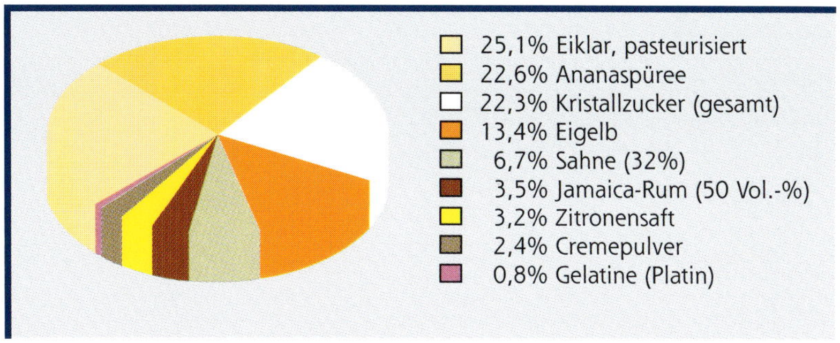

**Zutaten für 6 Kleintorten, 1 Rahmen 57 x 36 cm, 5 cm hoch = 6 Torten 19 x 18 cm**

***Crème Chiboust-Ananas***

470 g Ananaspüree (10 % Zucker)
60 g Zitronensaft
90 g Kristallzucker
125 g Sahne (32 %)
250 g Eigelb
45 g Cremepulver
8,5 Bl. Gelatine (Platin = 14,8 g)
65 g Jamaica-Rum (50 Vol.-%)
470 g Eiklar, pasteurisiert
280 g Kristallzucker

***Kokosschokomousse***

180 g Vollmilch (3,5 %)
280 g Kokospüree (20 % Zucker)
90 g Eigelb
7 Bl. Gelatine (Platin = 12,25 g)
75 g Kokoslikör Malibu (24 Vol.-%)
500 g Bitterkuvertüre (Pur Caraïbe – 66,5 %)
830 g Schlagsahne (32 %)

***Flaumiger Biskuit***

3faches Rezept (= 3 Kapseln mit gehackter frischer Ananas und gerösteter Kokosraspel) Seite 246

***Ananasräder***

Seite 258

**Zutaten**

***Herstellungsaufwand:***

***Spezielle Rohstoffe/Arbeitsgeräte***

- Kokospüree (20 % Zucker)
- Kokoslikör Malibu (24 Vol.-%)
- Kaltgelee (Nappage)
- 1 Rahmen (57 x 36 cm), 5 cm hoch

***Herstellung:***

Zuerst die drei Kapseln des flaumigen Biskuits mit gerösteter Kokosraspel und aufgestreuter frischer, gehackter Ananas herstellen. Dann die schönste Biskuitkapsel auf ein mit Silikonpapier belegtes Blech stürzen und einen Rahmen der Größe 57 x 36 cm darübersetzen. (Torten verkehrt herum einsetzen.)

Die Herstellung der Crème Chiboust-Ananas mit der Zubereitung eines cremigen, aber stabilen Eischnees aus dem Eiklar und dem größeren Zuckeranteil im Rezept beginnen. Gleichzeitig aus den übrigen Zutaten des Rezeptes, außer der Gelatine und dem Rum, eine gekochte Creme herstellen. Nach dem Kochen die Creme in eine kalte Edelstahlschüssel umfüllen und die ausreichend gequollene und gut ausgedrückte Gelatine, mit dem Rum vermischt, in die noch heiße Creme einrühren und darin auflösen. Sofort danach den zeitgleich fertiggestellten, cremigen Eischnee kurz und kräftig von Hand unter die heiße Ananascreme schlagen. Dann die Ananas-Chiboust in den Rahmen füllen und eben verstreichen. Anschließend die zweite Biskuitkapsel in den Rahmen stürzen, leicht andrücken und dann den Rahmen zum Abkühlen der Ananas-Chiboust kalt stellen.
Während des Auskühlens der ersten Füllung kann die Kokosschokomousse zubereitet werden. Hierfür aus der Vollmilch, dem Kokospüree und dem Eigelb eine Crème anglaise herstellen. (Erhitzen der Zutaten un-

ter Rühren mit einem Gummispatel bis auf 86 °C.) In der Folge aus der bei 54 °C aufgelösten Bitterkuvertüre, der Crème anglaise sowie der aufgelösten und mit dem Kokoslikör vermischten Gelatine einen elastischen, glänzenden Canache als Grundmasse verfertigen. In den entsprechend temperierten Canache die Schlagsahne mit anfänglich kleinen Portionen einmelieren und dann die Kokosschokomousse ebenfalls in den bereits abgekühlten Rahmen füllen und glatt streichen. Die dritte Biskuitkapsel in den Rahmen auf die Mousse stürzen und dann den Rahmen kalt stellen oder einfrieren.

**Fertigstellung:**

Zuerst den leicht angefrosteten bzw. gefrorenen Rahmen mit der darin eingesetzten „Piña Colada" wenden, dann den Rahmen am besten mit einem Bunsenbrenner kurz erwärmen und anschließend abziehen. Mit einem in heißes Wasser getauchten, sehr scharfen Sägemesser (Wellenschliff) die im Kühlschrank etwas temperierte Piña Colada in 6 Torten der Größe 19 x 18 cm portionieren. Unter Verwendung von einem Ananasrad, Kokosspiralen und einigen Ananasblättern die „Piña Colada" ansprechend dekorieren und zum Verkaufen fertigstellen.

***Herstellung der Kokosschokomousse***

*Im ersten Schritt die Crème anglaise bis auf 86 °C abziehen.*

*Durch Einrühren der Crème anglaise in anfangs kleinen Portionen sowie der aufgelösten und mit dem Kokoslikör vermischten Gelatine in die aufgelöste Bitterkuvertüre einen elastischen, glänzenden Canache als Grundmasse herstellen.*

*Um eine schöne Struktur der Schokomousse zu erhalten, ist besonders darauf zu achten, daß die Bindung des Canaches nicht verlorengeht.*

*In den entsprechend temperierten Canache kann die Schlagsahne behutsam, mit einer kleinen Menge beginnend, untermeliert werden.*

**Plissee**

Prachtvoll kreativ – so präsentiert sich die kunstvolle Inszenierung beider „Plissee"varianten, die sich im wesentlichen nur durch ihre dekorative Poesie sichtbar voneinander unterscheiden.

Konditor des Jahres

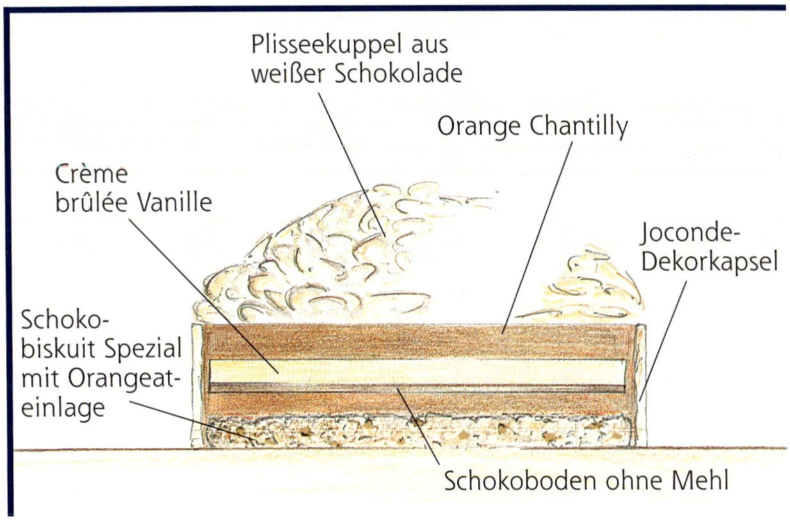


***Prozentuale Zusammensetzung Orange Chantilly***

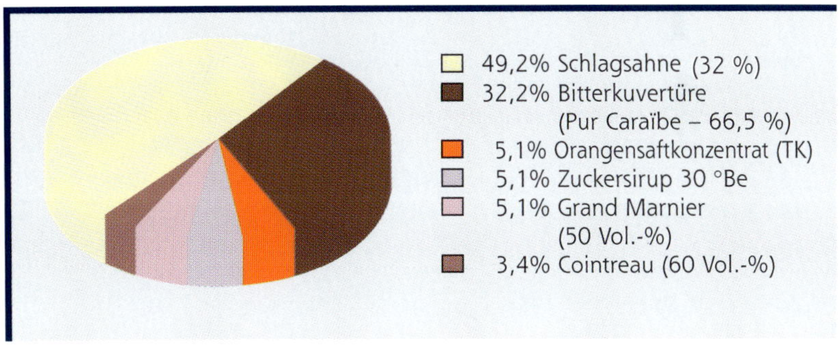

***Zutaten für 4 Kleintorten, 18 cm Durchmesser, 5 cm hoch, rund***

***Orange Chantllly I***

60 g Orangensaftkonzentrat (TK)
60 g Zuckersirup 30 °Bé
60 g Orangendestillat Grand Marnier (50 Vol.-%)
40 g Cointreau (60 Vol.-%)
380 g Bitterkuvertüre (Pur Caraïbe – 66,5 % Kakao)
580 g Schlagsahne (32 %)

***Crème brûlée Vanille***
(4 x 15 cm Durchmesser)

680 g Sahne (32 %)
170 g Vollmilch (3,5 %)
220 g Eigelb
130 g Kristallzucker
Mark von 1 Bourbon-Vanillestange

***Schokobiskuit Spezial***
(Mit Orangeat bzw. Arancini)
Seite 268

***Schokoboden ohne Mehl***
Seite 269

***Joconde-Dekorkapsel***
Seite 262

***Zuckersirup mit 30 °Bé***
Seite 271

Zutaten

***Herstellungsaufwand:***

***Spezielle Rohstoffe/Arbeitsgeräte***

- Sehr saftige, milde Orangeatstreifen bzw. Arancini
- 4 Silikonbackformen für die Brûlée, Durchmesser 15 cm, Höhe 1,5 cm
- Lochtülle Nr. 3 zum Aufdressieren der Schokobiskuitspiralen (Biskuit ohne Mehl)
- 4 runde Tortenringe, 18 cm Durchmesser, 5 cm hoch,
- 1 etwa 8 cm breite Metallspachtel
- Ggf. ein Siebdruckmotiv für den Dekorrand

***Herstellung:***

***Herstellung der Crème brûlée:***
Für die Crème brûlée zuerst die Sahne mit der Milch und dem Vanillemark aufkochen. Das Eigelb mit dem Zucker verrühren und dann die kochend heiße Flüssigkeit unter schnellem Rühren zur Eigelbmasse gießen. Die Mischung durch ein feines Sieb in eine Edelstahlschüssel schütten und abgedeckt eine Nacht im Kühlschrank stehen (reifen) lassen. Nach leichtem Aufrühren am nächsten Tag die Mischung in die Silikonformen gießen und bei 150 °C etwa 60 Minuten garen. Die fertige Crème brûlée kühl stellen oder gleich anfrosten.

***Tip:***

Zur leichteren Handhabung beim Einsetzen der Torten sollte die Crème brûlée hier immer leicht angefrostet bzw. gefroren sein.

***Herstellung der „Orange Chantilly" und Einsetzen der „Plissee":***
Die Tortenringe innen mit einem ringhohen Streifen der eventuell mittels Serigraphie (Siebdruck) strukturierten Joconde-Dekorkapsel auslegen. Dann jeweils einen 16er-Spezial-Schokoboden mit eingebackenen Orangeatwürfeln einlegen. Dieser Boden sollte an der Unterseite hauchdünn mit

Bitterkuvertüre abgestrichen sein. Für die Orange Chantilly den Zuckersirup mit dem Orangensaft und -konzentrat verrühren sowie leicht erwärmen. Diese Mischung dann auf einmal unter die bei 54 °C aufgelöste Bitterkuvertüre rühren und die Masse entsprechend temperieren. Anschließend etwas Schlagsahne untermischen und einen glänzenden, elastischen Canache als Grundmasse herstellen. (Der „Glanz" ist nur vorhanden, wenn dieser Canache die richtige Temperatur besitzt – sprich die Kakaobutter nicht zu kristallisieren begonnen hat.) Unter den Canache wird nun die übrige Schlagsahne, wenn nötig unter gleichzeitigem Nachtemperieren, behutsam untermeliert. Die Chantilly darf jetzt keinesfalls sofort zu kristallisieren beginnen, sondern sollte bis zum Glattstreichen der Tortenoberflächen von cremiger Konsistenz sein! Im weiteren Verlauf jetzt gut die Hälfte der Orange Chantilly in die vorbereiteten Tortenringe einfüllen und dann die mit den „Schokoboden-ohne-Mehl"-Böden unterlegten Crème brûlée-Kerne einsetzen. Die übrige Chantilly daraufhin verteilen und die Tortenoberflächen glatt streichen. Anschließend die Torten sofort kühl stellen oder einfrieren.

### Fertigstellung:

Zum Fertigstellen der Torte den Tortenring nötigenfalls schwach anwärmen und abziehen, dann eine Plisseekuppel von der Schablone auf die Torte abschieben. Ein Hauch Kakaostaub und ein Kuvertüresiegel vervollständigen das Werk.

### Tip:

Anstatt der aufwendigen Plisseekuppel die Oberfläche der angefrosteten oder sogar noch tiefgefrorenen Torten mit Kuvertüre absprühen (siehe Basisrezept „Bitterkuvertüre zum Sprühen", Seite 260). Als Blickfang ein kleines Schokogitter mit einigen Orangeatstreifen und z. B. einer Blattgoldflocke aufsetzen – fertig.

### *Herstellung der Plisseekuppel*

*Die bei etwa 40 °C aufgelöste weiße Schokolade (Ivoire) mit 4 % hochwertigem Speiseöl versetzen und dann die Schokolade sehr dünn auf ein warmes (40 °C) Blech streichen.*

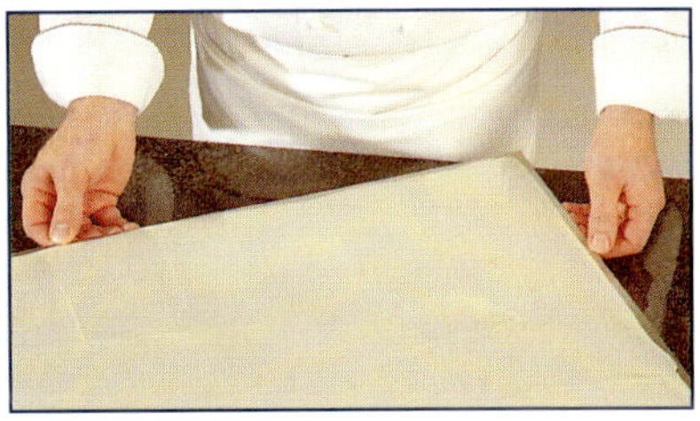

*Das Blech wird für einige Minuten gefrostet und erst herausgenommen, wenn die Schokolade vollkommen erhärtet ist.*

*Nachdem die Schokolade auf dem Blech einen kurzen Moment temperieren konnte, um wieder etwas Elastizität zu erlangen, lassen sich mit einer Spachtel durch kurze Schübe die gewünschten Dekorteile herstellen.*

*Leichtes Auflegen des linken Zeigefingers und Daumens beim Schieben bewirkt, daß sich die Schokolade einseitig vor den Fingern staut und in Falten legt.*

*Auf einer dem Durchmesser der jeweiligen Torte angepaßten Schablone werden die Einzelteile zur Kuppel zusammengefügt.*

## Sorrentino

„Der Geschmack, so wie ihn die Natur uns verliehen hat, ist derjenige unserer Sinne, der uns, genaugenommen, die meisten Genüsse verschafft.“ *(Brillat-Savarin)*

Die wunderbar aromatische „Sorrentino“ wird mit einer unvergleichlichen Gewürzzubereitung gefertigt. Besonderes Kennzeichen ist ihr feiner Duft. Eine wohlproportionierte Gewürzmischung ergänzt zart, aber dennoch betont den harmonischen Geschmack einer besonders charaktervollen Milchkuvertüre.

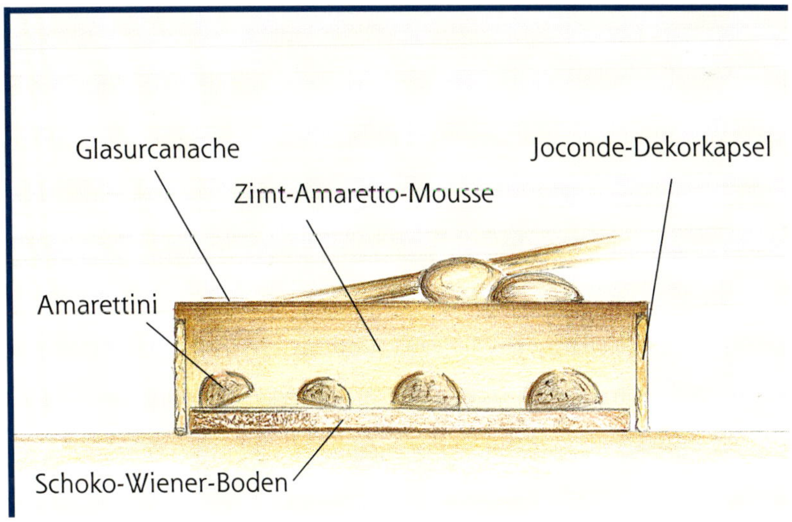


***Prozentuale Zusammensetzung Zimt-Amaretto-Mousse***

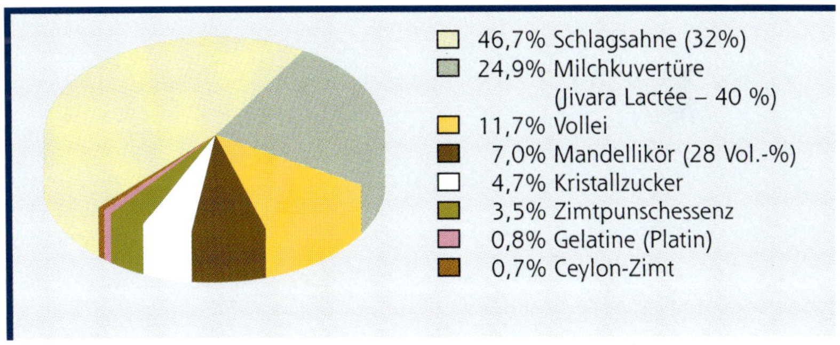

**Zutaten für 3 Kleintorten, 18 cm Durchmesser, 5 cm hoch, rund**

**Zimt-Amaretto-Mousse**

| | |
|---|---|
| 60 g | Kristallzucker |
| 150 g | Vollei |
| 320 g | Milchkuvertüre (Jivara Lactée – 40 % Kakao) |
| 6 Bl. | Gelatine (Platin = 10,5 g) |
| 9 g | Ceylon-Zimt, fein gemahlen |
| 90 g | Mandellikör Amaretto (28 Vol.-%) |
| 45 g | Zimtpunschessenz |
| 600 g | Schlagsahne (32 %) |

**Zimtpunschessenz**

| | |
|---|---|
| 6 | Ceylon-Zimtstangen, gebrochen |
| 65 | Korianderkörner, zerstoßen |
| 18 | Nelken, zerstoßen |
| | Mark und Schale von 3/4 Bourbon-Vanillestange |
| | Orangenzesten von 3/4 Orange |
| 110 g | Rotwein (13 Vol.-%) |
| 150 g | Weingeist (96 Vol.-%) |

**Zimtpunschtränke**

| | |
|---|---|
| 20 g | Zimtpunschessenz |
| 180 g | Läuterzucker |

**Läuterzucker**

Seite 264

**Schoko-Wiener-Boden**

Seite 271

**Joconde-Dekorkapsel**

Seite 262

**Amarettini**

Seite 258

**Glasurcanache**

Seite 261

Zutaten

**Herstellungsaufwand:**

**Spezielle Rohstoffe/Arbeitsgeräte**

- Gewürze zur Zimtpunschessenz
- Weingeist (96 Vol.-%)
- Mandellikör Amaretto (28 Vol.-%)
- Eventuell Blattgoldflocken

- 3 Tortenringe, 18 cm Durchmesser, 5 cm hoch, rund
- 1 etwa 10 bis 12 cm breite Metallspachtel für die Schokoladenzimtstangen

**Herstellung:**

Die Tortenringe innen mit 3,5 cm breiten Streifen der Joconde-Dekorkapsel nahtlos auslegen und danach einen etwa 1 cm starken Schoko-Wiener-Boden einlegen. Diesen Boden mit Läuterzucker, abgeschmeckt mit Zimtpunschessenz, tränken.
Für die Mousse die Eier mit dem Zucker bis 86 °C erhitzen, passieren und anschließend kalt schlagen (Pâte à bombe). Die aufgelöste Gelatine zusammen mit dem Ceylon-Zimt, dem Amaretto und der Zimtpunschessenz sowie mit einer kleinen Menge Schlagsahne unter die aufgelöste Kuvertüre rühren und eine elastische Grundmasse herstellen (nachwärmen). Dann die Pâte à bombe gleichzeitig mit der übrigen Schlagsahne unter die elastische Grundmasse melieren. Etwas von der Mousse in die Ringe einfüllen und einige mit Mandellikör leicht befeuchtete Amarettini locker auf der ersten Mousseschicht verteilen. Danach mit der restlichen Mousse die Tortenringe eben auffüllen und glatt abstreichen. Die Torten sofort kalt stellen oder einfrieren. Dieser Artikel eignet sich hervorragend zum Einfrieren und wird dann je nach Bedarf fertiggestellt.

**Hinweis:**

Selbstverständlich kann anstatt des frischen Volleis auch pasteurisiertes Vollei zum Einsatz gebracht werden. Dieses ist dann zusammen mit dem Zucker bis auf etwa 30 °C zu erwärmen, so daß sich der Zucker vollständig auflöst und durch die somit entstandene zähere Viskosität eine standfeste Pâte à bombe mit größtmöglichem Volumen hergestellt werden kann.

### *Fertigstellung:*

Die Oberfläche der angefrosteten bzw. gefrorenen Torte im Ring dünn mit dem Glasurcanache glasieren und danach den Tortenring abziehen. Die „Sorrentino" mit einigen Amarettini und den „Schokoladenzimtstangen" ansprechend dekorieren.

### *Hinweis:*

Schokoladenzimtstangen sind ein sehr schöner und verzehrfähiger Dekor. Bei der Herstellung gilt es, die unterschiedlichen Härtegrade der verschiedenen Milchkuvertüren wie auch die Raumtemperatur und den richtigen Zeitpunkt beim Arbeiten mit der Spachtel zu berücksichtigen. Dieser liegt in dem Bereich, in welchem die Kuvertüre auf dem Blech wieder etwas Elastizität angenommen hat.

### *Herstellung der Zimtpunschessenz:*

Alle Zutaten zusammen für 24 Stunden ansetzen. Danach die Orangenzesten entfernen und die Essenz für weitere 4 Tage in einem gut verschlossenen Behältnis aufbewahren. Die Essenz sollte nach etwa 5 Tagen sehr fein passiert werden. Sie steht danach zum Einsatz bereit und ist bei kühler, dunkler Lagerung sehr lange haltbar.

### *Herstellung der Schokoladenzimtstangen*

*Die Milchkuvertüre mit etwa 6 bis 7 % hochwertigem Speiseöl versetzen.*

*Die Kuvertüre sehr dünn auf ein etwa 45 °C warmes Blech streichen. Das Blech anschließend für einige Minuten frosten. Es wird erst wieder herausgenommen, wenn die Kuvertüre vollkommen erhärtet ist.*

*Die Kuvertüre einen Moment temperieren lassen und dann mit einer breiten Metallspachtel durch Schieben kleine Röllchen herstellen – diese aber auf dem Blech anhaftend belassen.*

*Von der Gegenseite den Vorgang wiederholen, aber jetzt die Spachtel ganz durchschieben. So erhält man die „Schokozimtstange".*

*Die Schokoladenzimtstangen auf Vorrat herstellen und in einem geeigneten Behälter lagern.*

## Whiskey & Cream

Ein zartherber Genuß: „Whiskey & Cream" – schon wegen der markanten Optik eine imposante Erscheinung – kann mit dem Duo aus Tortenboden mit Schokosplittern und Whiskey-Cream-Likör-Sahnecreme, aber auch geschmacklich bestens argumentieren. Die samtige Oberfläche aus Kuvertüre läßt sich sehr rationell herstellen.

Andreas
Heit
Konditor
des Jahres

Andreas
Heil
Konditor
des Jahres

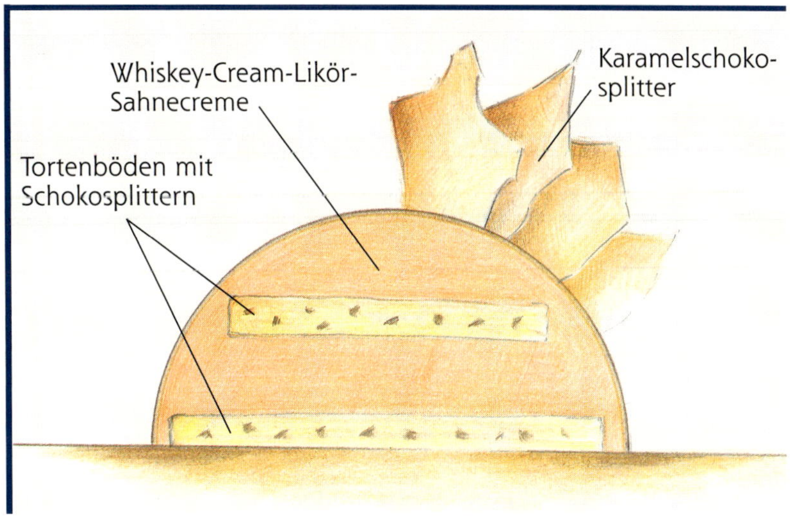


***Prozentuale Zusammensetzung***
***Whiskey-Cream-Likör-Sahnecreme***

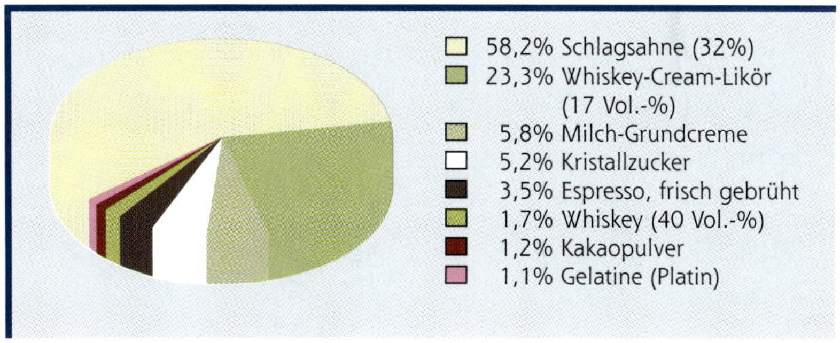

***Zutaten für 2 Kleintorten, 18 cm Durchmesser, Halbkugel***

***Whiskey-Cream-Likör-Sahnecreme***

| | |
|---|---|
| 400 g | Whiskey-Cream-Likör (17 Vol. %) |
| 100 g | Milch-Grundcreme |
| 90 g | Kristallzucker |
| 60 g | Espresso, frisch gebrüht |
| 30 g | Whiskey (40 Vol.-%) |
| 20 g | Kakaopulver |
| 11 Bl. | Gelatine (Platin = 19,25 g) |
| 1000 g | Schlagsahne (32 %) |

***Whiskey-Cream-Likörtränke***

| | |
|---|---|
| 225 g | Läuterzucker |
| 125 g | Whiskey-Cream-Likör (17 Vol.-%) |
| 25 g | Irish Whiskey (40 Vol.-%) |

***Karamelschokosplitter***

| | |
|---|---|
| 180 g | Kristallzucker |
| 100 g | Wasser |
| 60 g | Glucose |
| 55 g | Bitterkuvertüre (Equatoriale – 55 % Kakao) |

***Läuterzucker***

Seite 264

***Tortenboden mit Schokosplittern***

Seite 270

***Milch-Grundcreme***

Seite 265

***Milchkuvertüre zum Sprühen***

Seite 265

***Herstellungsaufwand:***

***Spezielle Rohstoffe/Arbeitsgeräte***

- Whiskey-Cream-Likör (17 Vol.-%)
- Irish Whiskey (40 Vol.-%)

- 2 Halbkugelformen, 18 cm Durchmesser
- Sprühpistole, elektrisch

***Herstellung:***

Für die Whiskey-Cream-Likör-Sahnecreme zuerst den Zucker mit dem Kakao mischen und zusammen mit dem Espresso unter die Milch-Grundcreme rühren. Diese Mischung leicht anwärmen und dann die aufgelöste, mit dem Whiskey vermischte Gelatine unterrühren. Anschließend den Whiskey-Cream-Likör zugeben, den Fond entsprechend temperieren und die Schlagsahne einmelieren.
Beim Einsetzen unter die Halbkugelformen zur Fixierung einen kleinen Ring setzen, etwas von der Whiskey-Cream-Likör-Sahnecreme einfüllen und einen etwa handtellergroßen gut 1,5 cm starken getränkten Tortenboden mit Schokosplittern einlegen. Anschließend die übrige Sahnecreme einfüllen und danach einen zweiten getränkten Tortenboden in die Formen stürzen. Dieser Boden sollte knapp bis an den Rand der jeweiligen Form reichen und sich mit der darum befindlichen Whiskey-Cream-Likör-Sahnecreme zum Schluß auf einem Niveau befinden. Nach dem Einsetzen die Torten sofort kühl stellen oder einfrieren.

***Fertigstellung:***

Die „Whiskey & Cream" mit einem samtartigen Überzug aus Milchkuvertüre bedecken. Hierzu die gefrorene Torte aus der Form nehmen und die möglicherweise nur gekühlte Torte vor dem Absprühen mit der Milchkuvertüre etwas anfrosten. Dann mit der Sprühpistole eine dünne Schicht „Milchkuvertüre zum Sprühen" auftragen. Abschließend mit einigen Karamelschokosplittern die Torte etwas skurril ausgarnieren.

### Hinweis:

Beim Auftreffen der gesprühten Kuvertüre auf ein tiefgekühltes Objekt verläuft die Kuvertüre nicht gleichmäßig, sondern zieht sich schlagartig zusammen. So entsteht die rauhe, samtartige Struktur der Oberfläche. Die mit Kakaobutter verdünnte Kuvertüre muß zum Sprühen nicht temperiert sein. Die Temperatur sollte bei etwa 38 °C liegen.

### Tip:

Besonders attraktiv wirken die Schokoladentorten, wenn sie auf sogenannten „Goldkartons" dem Kunden präsentiert werden. Der goldfarbene Untergrund harmoniert immer sehr gut mit den dunklen Farbtönen der Kuvertüren.

### Herstellung der Karamelschokosplitter

*Zucker, Glucose und Wasser miteinander bis 158 °C kochen.*

*Die Kasserolle mit dem Zuckersud kurz in lauwarmem Wasser abschrecken.*

*Unverzüglich die flüssige Bitterkuvertüre zum gekochten Zucker geben...*

*...und die Masse sofort hauchdünn auf Silikonmatten aufstreichen.*

*Nach dem Erkalten die Splitter brechen.*

# Eistorten

***Die Harmonie von Farben und Form bei dieser Eisbombe ist hier sicherlich einmalig. Unter der bestechend schönen Oberfläche von weißer Schokolade mit Schattierungen aus dunkler Kuvertüre befindet sich das Duo von feinem Schokoladeneis und köstlichem Marc-de-Champagne-Parfait. Festlich dekoriert mit Splittern aus weißer Schokolade mit einer zarten Struktur aus bitterer Kuvertüre, stimmt diese Eistorte auf weitere Genüsse ein.***

**Zutaten**

***Zutaten für 4 Eistorten***
***18 cm Durchmesser, Halbkugel***

***Champagne-Vanille-Parfait***

| | |
|---|---|
| 35 g | Marc de Champagne (50 Vol.-%) |
| 145 g | weiße Marc-de-Champagne-Trauben |
| 300 g | Pâte à bombe |
| 570 g | Schlagsahne (32 %) |
| | Mark von 1 Bourbon-Vanillestange |

***Pâte à bombe für Eisparfait***

| | |
|---|---|
| 30 g | Wasser |
| 115 g | Eigelb (pasteurisiert) |
| 195 g | Kristallzucker |

***Weiße Schokolade zum Sprühen***

| | |
|---|---|
| 700 g | weiße Schokolade (Ivoire) |
| 300 g | Kakaobutter |

***Schokobiskuit-Spezial-Böden***

(mit weißen Marc-de-Champagne-Trauben) Seite 268

***Schokoladenspeiseeis***

Seite 192

***Weiße Marc-de-Champagne-Trauben***

Seite 270

***Bitterkuvertüre zum Sprühen***

Seite 260

***Schokoladendekor „Schokoladensplitter"***

Seite 137

**Spezielle Rohstoffe/Arbeitsgeräte**

- Dextrose
- Marc de Champagne (50 Vol.-%)
- 4 Halbkugelformen mit 12 cm Durchmesser (0,45 l Inhalt) zum Einsetzen des Parfaits
- 4 Halbkugelformen mit 18 cm Durchmesser (1,46 l Inhalt) für die Eisbombe
- Sprühpistole, elektrisch

**Herstellung:**

**Herstellung des Champagne-Vanille-Parfaits und Einsetzen der Eisbombe:**
Für das Champagne-Vanille-Parfait zunächst die Pâte à bombe herstellen. Hierzu die Zutaten zusammen bis 45 °C erhitzen und anschließend stabil schaumig schlagen. Im weiteren Verlauf das mit dem Marc de Champagne vermischte Mark der Bourbon-Vanillestange gefühlvoll von Hand unter die abgewogene Pâte a bombe ziehen und dann die Schlagsahne und die weißen Marc-de-Champagne-Trauben einmelieren. Die tiefgekühlten kleineren Halbkugelformen (12 cm Durchmesser) zügig mit dem Parfait füllen, an der Oberfläche glatt abstreichen und dann tiefgefrieren (schockfrosten). Die hartgefrorenen Parfaitkerne der Eisbombe aus der Form drehen und dann wiederum im Froster (für kurze Zeit) für das Einsetzen der Eisbombe bereitstellen.
Für die Eistorte „Champagne" zunächst das Schokoladen-Speiseeis herstellen und dann das fertige Schokoladeneis für kurze Zeit im Froster bis zum Einsetzen der Eistorte bereitstellen.
Zum Einsetzen der Eisbombe im ersten Schritt die notwendige Anzahl Schokobiskuit-Spezial-Böden bereithalten. Anschließend sehr flott mit dem frischen, vorbereiteten Schokoladenspeiseeis die größeren Halbkugelformen (18 cm Durchmesser) gut 3 cm stark chemisieren. Sogleich danach die durchgefrorenen Parfaitkerne auf die vorbereiteten Böden setzen und dann den Parfaitkern in die mit dem Schokoladeneis chemisierten Formen hineindrücken. Am Rand eventuell übertretendes Eis abstreichen und dann die Eisbomben sofort schockfrosten bzw. tiefgefrieren.

**Tip:**
Das Anfertigen der Parfaitkerne bietet eine relativ hohe Zeitersparnis, da, um im Anschnitt der Eisbombe einen schönen sowie gleichmäßigen Übergang zu erhalten, ein besonders exaktes und dementsprechend zeitraubendes Chemisieren nicht notwendig ist.

**Fertigstellung:**
Die Form einer Eisbombe Champagne für einen kurzen Moment in warmes Wasser tauchen und dann die Eisbombe aus der Form drehen. Anschließend die Oberfläche zuerst mit weißer Schokolade absprühen und gleich darauf noch zusätzlich mit bitterer Kuvertüre leicht schattieren. Einige Schokoladensplitter stellen einen rationellen, aber gleichwohl interessanten Dekor dar.

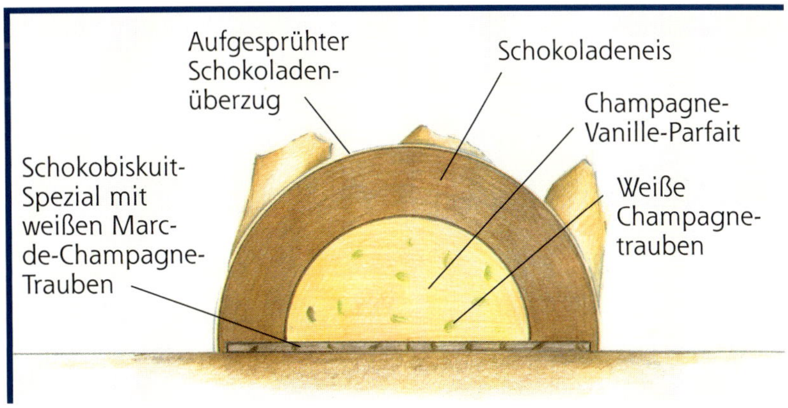


**Prozentuale Zusammensetzung Champagne-Vanille-Parfait**

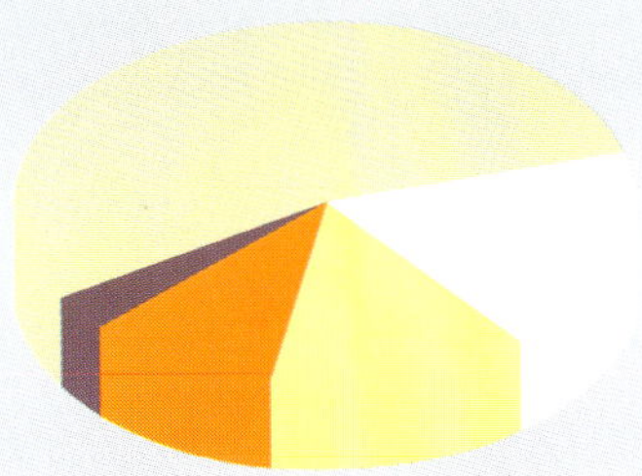


**Herstellungsaufwand:**

***Ein traumhaftes Variationsbeispiel für Eistorten zu besonderen Anlässen: Ausgesucht feines Nußeis wird mit zartschmelzendem Schokoladeneis und goldbraunem Biskuit bedeckt. Die eingebackenen Walnüsse und Pistazien bilden zarte Farbtupfer, die im reizvollen Gegensatz zum eher schlichten Rand der Eistorte stehen. Der feine, glänzende Überzug kontrastiert zur relativ strengen rechteckigen Tortenform.***

## Zutaten

**Zutaten für 6 Eistorten, 18 cm Durchmesser, 5 cm hoch, Quadrat**

**Nuß-Spezial-Speiseeis**

| | |
|---|---|
| 4000 g | Speiseeis-Grundmix auf Milchbasis (ohne Ei) |
| 800 g | Nuß-Basiszubereitung |
| 400 g | H-Vollmilch (3,5 %) |

**Speiseeis-Grundmix auf Milchbasis (ohne Ei)**
Seite 193

**Schokoladenspeiseeis**
Seite 192

**Schokoboden ohne Mehl**
Seite 269

**Nuß-Basiszubereitung**
Seite 266

**Haselnußbaisermasse**
Seite 262

**Flaumiger Biskuit mit Walnüssen und Pistazien**
Seite 246

**Spezielle Rohstoffe/Arbeitsgeräte**

- Kaltgelee (Nappage)
- 6 quadratische Tortenringe mit 18 cm Kantenlänge, 5 cm hoch

**Herstellung:**

***Herstellung des Nuß-Spezial-Speiseeises und Einsetzen der Eistorte:***
Für das Nuß-Spezial-Speiseeis zunächst die Nuß-Basiszubereitung herstellen. Im zweiten Schritt alle 3 Zutaten zusammen verrühren und anschließend ohne weitere Standzeit in der Eismaschine ausgefrieren. Das fertige Nuß-Spezial-Eis für kurze Zeit im Froster bis zum Einsetzen der Eistorte bereitstellen.
Für die Eistorte „Choconut" im weiteren Verlauf das Schokoladen-Speiseeis herstellen

und dann das fertige Schokoladeneis ebenso für kurze Zeit im Froster bis zum Einsetzen der Eistorte bereitstellen.
Zum Einsetzen der Eisbombe im ersten Schritt aus einer Kapsel vom „Schokoboden ohne Mehl" die notwendige Anzahl quadratischer Böden (etwa 17 cm Kantenmaß) ausschneiden, in die Tortenringe einlegen und diese samt Böden im Froster bereitstellen. Ferner sind aus einer Platte vom Haselnußbaiser Bruchstücke in geeigneter Größe herzustellen. Der Anteil vom Haselnußbaiser in der Eistorte „Choconut" kann variiert werden.
Im weiteren Verlauf sehr flott etwas vom Nuß-Spezial-Eis auf den Boden der vorbereiteten Tortenringe streichen und gleich darauf einige Baiserbruchstücke in die erste Eisschicht hineindrücken. Diesen Vorgang wiederholen und die Tortenringe dabei etwa insgesamt zu drei Vierteln füllen. Diese erste Füllschicht glatt streichen und anschließend die Torten für einige Zeit in den Froster stellen. Sobald die Füllschicht aus Nuß-Spezial-Eis und Haselnußbaiser ausreichend hart gefroren ist, können die Tortenringe mit dem vorgefertigten Schokoladeneis aufgefüllt und glatt gestrichen werden. Anschließend die Eisbomben sofort schockfrosten bzw. tiefgefrieren.

***Hinweis:***
Es empfiehlt sich generell bei eingesetzten Eistorten, vor dem Einfrieren zum Lagern die Oberfläche mit Frischhaltefolie gegen Austrocknen zu isolieren.

***Fertigstellung:***
Zuerst die Oberfläche einer „Eistorte Choconut" auf die Unterseite einer Kapsel vom „Flaumigen Biskuit" mit Walnüssen und Pistazien stürzen und dann die Kapsel mit einem scharfen Messer um den Tortenring herum kantig abschneiden. Nach dem Zurückstürzen der Eistorte ist die mit Walnußbruchstücken und Pistazien durchsetzte, sehr attraktive Oberfläche der Eistorte nur noch mit Kaltgelee zu bestreichen. Durch den Blick auf die Füllschichten wirkt diese Eistorte interessant und benötigt eigentlich keinen zusätzlichen Dekor. Für die Präsentation in einer Vitrine empfiehlt es sich, den Rand mit einem Streifen Tortenrandfolie zu umlegen, auch weil durch diese Maßnahme dann nach dem Verkauf und beim weiteren Transport die Form und das gute Aussehen des Produktes längere Zeit erhalten wird.

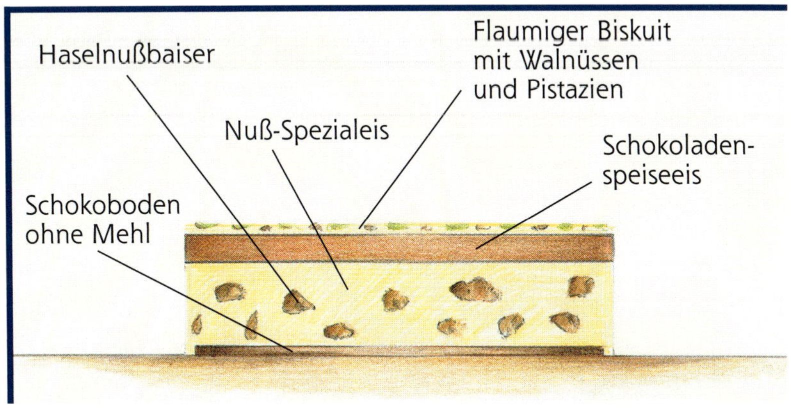


***Prozentuale Zusammensetzung Nuß-Spezial-Speiseeis***

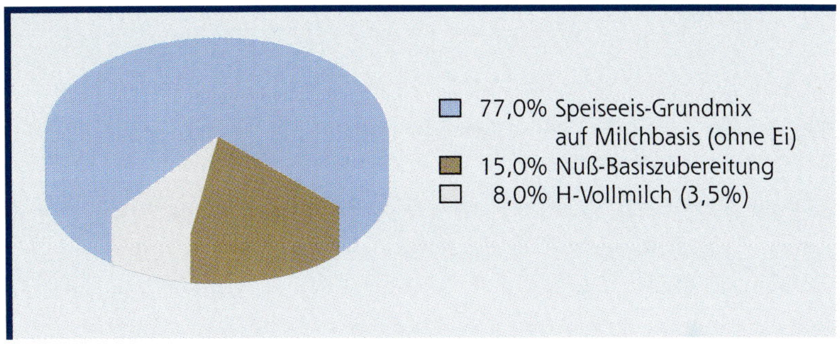


***Herstellungsaufwand:***

**Zutaten für 4 Eisbombenformen „Himbeere"**

**Himbeer-Sauerrahm-Speiseeis**

| | |
|---|---|
| 1800 g | Himbeerpüree |
| 3300 g | Sauerrahm (10 %) |
| 1000 g | H-Vollmilch (3,5 %) |
| 1200 g | Kristallzucker |
| 200 g | Dextrose (Traubenzucker) |
| 240 g | Bindemittel „Morbidex" |
| 60 g | Zitronensaft |
| 60 g | Emulgator (Mono-Diglyceride von Speisefettsäuren) |

**Bourbon-Vanille-Parfait**

| | |
|---|---|
| 300 g | Pâte à bombe |
| 570 g | Schlagsahne (32 %) |
| | Mark von 2 Bourbon-Vanillestangen |

**Pâte à bombe für Eisparfait**

| | |
|---|---|
| 30 g | Wasser |
| 115 g | Eigelb (pasteurisiert) |
| 195 g | Kristallzucker |

**Schoko-Joconde-Kapsel**

Seite 269

**Weiße Schokolade zum Sprühen**

Seite 182

Zutaten

***Hier kommen Eis- und Himbeer-Freunde voll auf ihre Geschmackskosten!***
***Diese Eistorte variiert die klassische Eisbombenform. „Framboise" mit ihrer originellen Optik, die einer prallen, vollreifen Himbeere gleicht, zeichnet sich zudem durch ihr exquisites Himbeer-Sauerrahm-Eis aus.***

***Herstellungsaufwand:***

**Spezielle Rohstoffe/Arbeitsgeräte**

- Bindemittel „Morbidex" (Fa. Pregel)
- Emulgator (Mono-Diglyceride von Speisefettsäuren)
- 4 Eisbombenformen „Himbeere" mit etwa 1,3 l Inhalt
- 4 konische Förmchen mit etwa 0,27 l Inhalt für die Parfaitkerne
- Sprühpistole, elektrisch

***Herstellung:***

***Herstellung des Bourbon-Vanilleparfaits:***
Dafür zunächst die Pâte à bombe fertigen. Hierzu die Zutaten zusammen bis 45 °C erhitzen und anschließend stabil schaumig

schlagen. Kurz vor dem Ausschalten des Rührwerks das Mark der Bourbon-Vanillestangen unter die Pâte à bombe laufen lassen. Danach die Schlagsahne in die Pâte à bombe einmelieren. Die tiefgekühlten kleinen Förmchen zügig mit dem Parfait füllen, an der Oberfläche glatt abstreichen und dann tiefgefrieren (schockfrosten). Später die hartgefrorenen Parfaitkerne aus der Form lösen und dann wiederum im Froster (für kurze Zeit) zum Einsetzen der Eisbombe bereitstellen.

***Tip:***

Das Anfertigen der Parfaitkerne ist eine gute Möglichkeit, um ein Parfait als zweite Füllung in eine zusammenklappbare Eisbombenform einzubringen.

***Herstellung des Himbeer-Sauerrahm-Speiseeises und Einsetzen der Eisbombe:***

Das angegebene Rezept für Himbeer-Sauerrahm-Speiseeis ergibt zusammen rund 7,8 kg Eismix.

Zur Zubereitung des Himbeer-Sauerrahm-Speiseeises zunächst die Vollmilch unter den Sauerrahm rühren und danach das mit dem Kristallzucker vermischte Bindemittel sowie auch den Emulgator in den Sauerrahm einrühren. Diese Mischung anschließend einen kurzen Moment mit dem Pürierstab durchmixen und für etwa 10 Minuten quellen lassen. Im weiteren Verlauf das mit dem Zitronensaft versetzte Himbeerpüree in die Sauerrahmmischung einrühren und den Eismix nochmals kurz durchmixen. Hierdurch werden auf Grund der besonders intensiven Bearbeitung die Bestandteile dieser Mischung emulgiert. Im Anschluß daran kann der Eismix sofort in der Eismaschine ausgefroren werden.

Hieran anschließend sind vorweg die Eisformen in benötigter Anzahl einzufrosten. Danach kann das frische, cremige Himbeer-Sauerrahm-Speiseeis sehr flott in beide Seiten der aufgeklappten „Himbeer"-Eisformen hineingestrichen werden. Es ist darauf zu achten, daß die Vertiefungen der Formen gleichmäßig gefüllt werden, in der Mitte der Formenhälften jedoch ein kleiner, aber ausreichender Freiraum bleibt, um sogleich darauf die durchgefrorenen Parfaitkerne in jeweils eine Seite der mit dem Himbeer-Sauerrahm-Speiseeis ausgestrichenen Formen hineinzudrücken. Sofort hierauf die Formen zusammenklappen und eventuell nach außen dringendes Eis abstreichen. Die Eisbomben dann sofort schockfrosten bzw. tiefgefrieren.

***Fertigstellung:***

Die Form einer „Eisbombe Framboise" für einen kurzen Moment in warmes Wasser tauchen, aufklappen und dann die Eisbombe aus der Form nehmen. Die Eis-Himbeere auf einen passenden Schoko-Joconde-Boden setzen und anschließend wieder tiefgefrieren. Um diese Eisbombe in einer Vitrine ansprechend darzustellen, empfiehlt es sich, die Oberfläche mit natürlich rosé gefärbter weißer Schokolade dünn abzusprühen. Roségefärbte weiße Schokolade kann relativ einfach durch Untermixen von Himbeerpulver unter die Schokolade hergestellt werden. Bei sofortigem Verzehr ist es jedoch ausreichend, die Eis-Himbeere kurz vor dem Präsentieren bzw. Servieren mit etwas Himbeerfruchtpulver zu überstäuben.

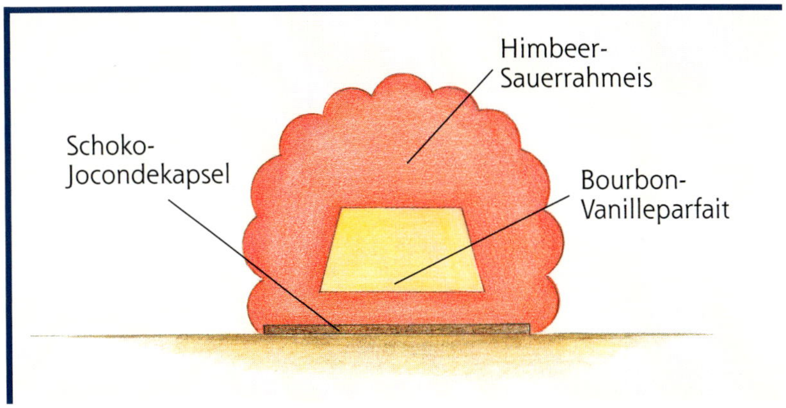


***Prozentuale Zusammensetzung Himbeer-Sauerrahmeis***

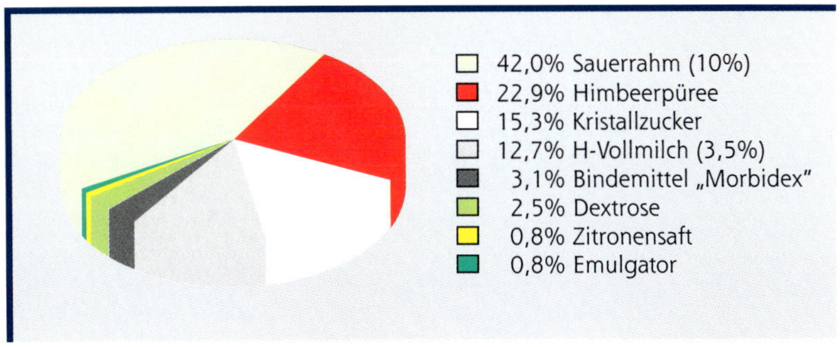

**Zutaten für 4 Eistorten, 18 cm Kantenlänge, Pyramide**

**Joghurtspeiseeis**

| | |
|---|---|
| 4300 g | Speiseeis-Grundmix auf Milchbasis (ohne Ei) |
| 300 g | H-Vollmilch (3,5 %) |
| 180 g | Joghurt-Speiseeispulver |

**Pfefferminz-Eisparfait (für 4 Stück)**

| | |
|---|---|
| 210 g | Pfefferminzlikör (30 Vol.-%) |
| 30 g | Pfefferminzsirup |
| 6 | Tropfen Minzöl |
| $1^1/_2$ Bl. | Gelatine (Platin = 2,63 g) |
| 505 g | Pâte à bombe für Pfefferminz-Eisparfait |
| 600 g | Schlagsahne (32 %) |

**Pâte à bombe für Pfefferminz-Eisparfait**

| | |
|---|---|
| 150 g | Vollei (pasteurisiert) |
| 135 g | Eigelb (pasteurisiert) |
| 160 g | Kristallzucker |
| 60 g | Bienenhonig |

**Speiseeis-Grundmix auf Milchbasis (ohne Ei)**

Seite 193

**Haselnußbaisermasse**

(6 quadratische Böden 16 x 16 cm)
Seite 262

**Schokoboden ohne Mehl**

(1 Kapsel)
Seite 269

Zutaten

***Von der Natur abgeschaut: eine Eispyramide mit einem Boden aus Haselnußbaiser. Darauf geschichtet: frühlingsgrünes Minzparfait und weißes Joghurteis – sinnbildlich für grüne Waldhänge und weiße Schneematten. Dieses Trio bietet einen außergewöhnlich erfrischenden, eiskalten Knuspergenuß!***

***Herstellungsaufwand:*** • • • • • • • •

***Hinweis:***
Joghurt-Speiseeispulver ist ein für die Joghurt-Speiseeisherstellung übliches Grundprodukt, das etwa mit den Milchpulvern oder Sahnepulvern zu vergleichen ist und häufig einen Zusatz an Dextrose, Magermilchpulver und Zitronensäure aufweist. Selbstverständlich kann Joghurtspeiseeis mit frischem Joghurt hergestellt werden; es ist jedoch dann ungleich schwerer, einen deutlichen Joghurtgeschmack herauszuarbeiten bzw. im Produkt durchzusetzen.

**Spezielle Rohstoffe/Arbeitsgeräte**

- Joghurt-Speiseeispulver
- Minzöl
- 4 Pyramidenformen mit 18 cm Kantenlänge (1,5 l Inhalt) zum Einsetzen der Eistorte

### Herstellung:

#### Herstellung des Joghurtspeiseeises:

Das angegebene Rezept vom Joghurtspeiseeis ergibt zusammen rund 4,7 kg Eismix. Im ersten Schritt den Speiseeis-Grundmix auf Milchbasis (ohne Ei) zubereiten. In diesen Grundmix die H-Vollmilch sowie danach das Joghurt-Speiseeispulver einrühren und alles zusammen für kurze Zeit durchmixen. Den Joghurt-Speiseeismix für etwa 10 Minuten abgedeckt quellen lassen und dann in der Eismaschine ausgefrieren.

#### Einsetzen der Eisbombe und Herstellung des Pfefferminzparfaits:

Zum Einsetzen der Eisbombe als ersten Schritt aus einer Kapsel vom „Schokoboden ohne Mehl" die benötigte Anzahl quadratischer Böden (etwa 17 cm Kantenlänge) herausschneiden und bereitstellen. Ferner sind die aus der Haselnuß-Baisermasse hergestellten Böden auf das Kantenmaß von etwa 16 cm zurechtzuschneiden und darüber hinaus mit etwas Milchkuvertüre an der Oberfläche abzustreichen, um die Baiserböden vor allzu schnellem Durchfeuchten zu isolieren. Die Haselnuß-Baiserböden sind dann mit wenig Kuvertüre mit den „Schokoböden ohne Mehl" zu verbinden, um beim Einsetzen der Eisbomben nur noch auf die Grundflächen der Pyramiden gestürzt zu werden.
Im weiteren Verlauf sind vorweg die Pyramidenformen in benötigter Anzahl, in einem geeigneten Rahmen mit der Spitze nach unten positioniert, einzufrosten. Daraufhin kann das cremige Joghurtspeiseeis sehr flott in die Pyramidenformen hineingestrichen werden, wobei am Anfang jeweils darauf zu achten ist, daß die Spitzen der Pyramiden ohne Luft einzuschließen gefüllt werden. Durch Nach-oben-Streichen des Eises an der Innenseite der Form sollte eine leichte Vertiefung für das Pfefferminzparfait entstehen (siehe Schema). Bis zur Fertigstellung des Pfefferminzparfaits die Eistorten frosten bzw. schockfrosten.

Für das Pfefferminzparfait zunächst die Pâte à bombe herstellen. Hierzu die Zutaten zusammen bis 45 °C erhitzen und anschließend stabil schaumig schlagen. Im weiteren Verlauf den Pfefferminzlikör, den Pfefferminzsirup und das Pfefferminzöl unter die aufgelöste Blattgelatine rühren. Diese Mischung entsprechend nachtemperieren und dann gefühlvoll von Hand unter die Pâte à bombe ziehen. Zum Schluß die Schlagsahne einmelieren und daraufhin die mit dem Joghurteis vorgefüllten Pyramidenformen zügig mit dem Parfait bis kurz unter den Rand füllen. Zum Schluß die vorbereiteten Böden auf das Pfefferminzparfait stürzen und die Pyramiden sogleich wieder schockfrosten bzw. tiefgefrieren.

### Fertigstellung:

Die Form einer Eisbombe „Piz Palü" für einen sehr kurzen Moment in warmes Wasser tauchen und dann die Eisbombe aus der Form stürzen. Anschließend können die Seiten der Pyramide noch zusätzlich mit klarem Kaltgelee abgestrichen werden. Einige Bruchstücke des Haselnußbaisers setzen den unteren Rand kontrastreich vom Pfefferminzparfait ab.

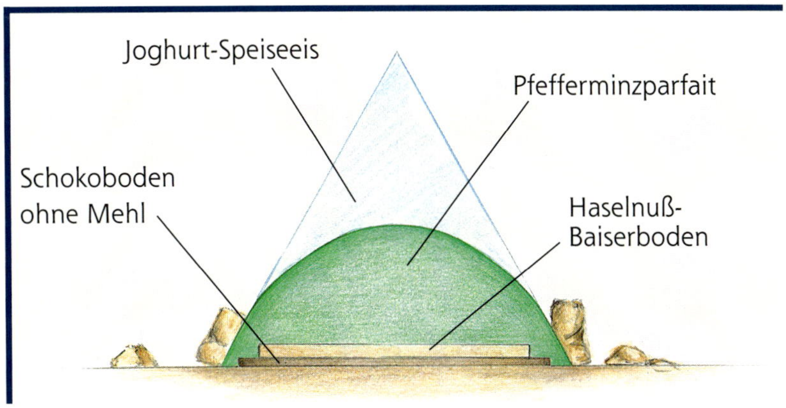


#### Prozentuale Zusammensetzung Joghurtspeiseeis

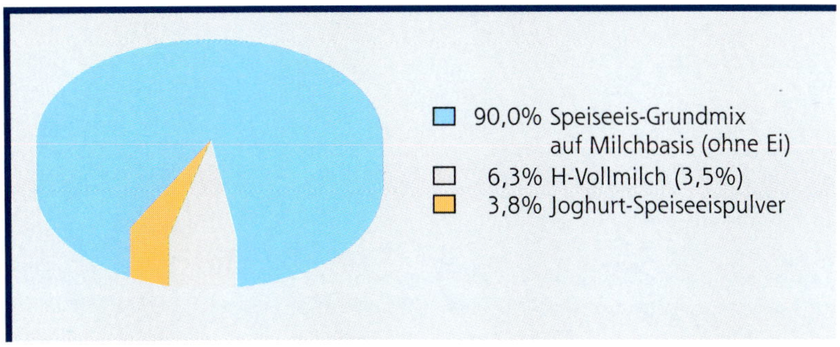

**Zutaten für 6 Eistorten, 18 cm Durchmesser, 5 cm hoch, rund**

**Himbeerparfait**

- 95 g Himbeergeist (50 Vol.-%)
- 24 g Zitronensaft
- 300 g Pâte à bombe
- 600 g Schlagsahne (32 %)
- 210 g TK-Himbeeren (zerstoßen)

**Pâte à bombe für Eisparfait**

- 30 g Wasser
- 115 g Eigelb (pasteurisiert)
- 195 g Kristallzucker

**Himbeermark**

- 400 g Himbeerpüree (10 % Zucker)
- 50 g Puderzucker
- $1\frac{1}{2}$ Bl. Gelatine (Platin = 2,63 g)

**Zitronenspeiseeis**

Seite 194

**Schoko-Jocondekapsel**

Seite 269

Zutaten

***Leicht und erfrischend-fruchtig – Zitroneneis und Himbeerparfait unter spiegelnd-rotem Himbeergelee. „Summertime“– eine Eistortenvariante, welche in der ganz heißen Jahreszeit besonders willkommen ist. Kontrastierend das schneeweiße Zitroneneis als leuchtender Randdekor und das kräftige Rot des Himbeermarks. Einige frische Himbeeren und konfierte Zitronenzesten verleihen der Eistorte ein besonders klares Finish.***

**Spezielle Rohstoffe/Arbeitsgeräte**

- Dextrose (Traubenzucker)
- Emulgator (Mono-Diglyceride von Speisefettsäuren)
- 6 Tortenringe mit 18 cm Durchmesser, 5 cm hoch, (1,25 l Inhalt) zum Einsetzen der Eistorte

**Herstellung:**

**Herstellung des Himbeerparfaits und Einsetzen der Eistorte:**

Für die Eistorte „Summertime“ zunächst das Zitronenspeiseeis herstellen und dann das fertige Zitroneneis für kurze Zeit im Froster bis zum Einsetzen der Eistorte bereitstellen. Zum Einsetzen der Eisbombe im ersten Schritt aus der Schoko-Jocondekapsel die notwendige Anzahl Böden (etwa 17 cm

Durchmesser) ausstechen, in die Tortenringe einlegen und diese bereits vorweg tiefkühlen. Anschließend sehr flott das Zitronenspeiseeis wie im Schema ersichtlich in die Tortenringe hineinstreichen und die Ringe dann möglichst schockfrosten. Als nächsten Schritt, ebenfalls wie im Schema verdeutlicht, das angemischte Himbeermark auf dem Zitroneneis verteilen. Für einen kurzen Moment die Eistorte schwenken, um zu vermeiden, daß sich alles Himbeermark in der Senke ansammeln kann. Bis zur Fertigstellung des Himbeerparfaits die Eistorten wiederholt frosten.

Für das Himbeerparfait zunächst die Pâte à bombe herstellen. Hierzu die Zutaten zusammen bis 45 °C erhitzen und anschließend stabil schaumig schlagen. Im weiteren Verlauf den mit dem Himbeergeist vermischten Zitronensaft gefühlvoll von Hand unter die abgewogene Pâte à bombe ziehen und daraufhin die Schlagsahne und die tiefgefrorenen, zerstoßenen Himbeeren einmelieren. Die tiefgekühlten vorbereiteten Tortenringe zügig mit dem Parfait füllen, an der Oberfläche glatt abstreichen und dann die Eistorten sofort schockfrosten bzw. tiefgefrieren.

***Fertigstellung:***

Die Oberfläche einer „Summertime" im Ring mit Kaltgelee (Nappage neutre), das mit etwas Himbeermark versetzt wurde, glasieren. Danach den Dekor aus einigen frischen Himbeeren und wenigen mit einer Mischung aus 1 Teil Wasser und 3 Teilen Zucker konfierten Zitronenzesten dekorieren. Zum Schluß den Tortenring sehr schwach erwärmen und abziehen. Für die Präsentation in einer Vitrine empfiehlt es sich, den Rand mit einem Streifen Tortenrandfolie zu umlegen, auch weil dadurch nach dem Verkauf und beim weiteren Transport die Form und das gute Aussehen des Produktes längere Zeit erhalten wird.

***Tip:***

Diese Eistorte bietet in der hier dargestellten Weise sowohl im Aussehen als auch im Anschnitt einen wunderbaren, kräftigen optischen Kontrast durch die Kombination von schneeweißem Zitroneneis und dem leuchtenden Rot des Himbeermarks.

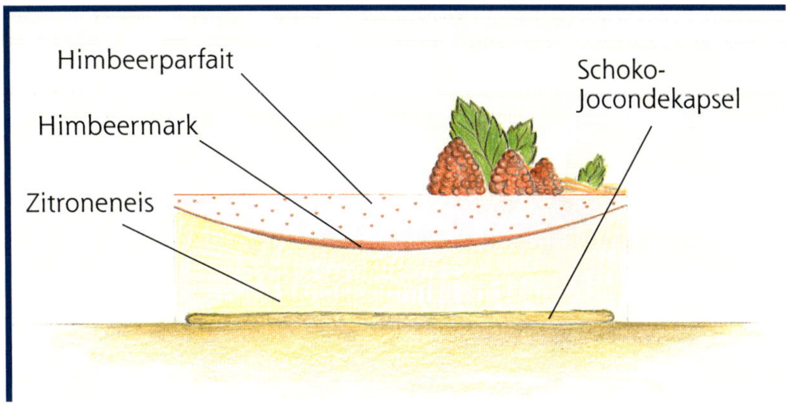


***Prozentuale Zusammensetzung Himbeerparfait***

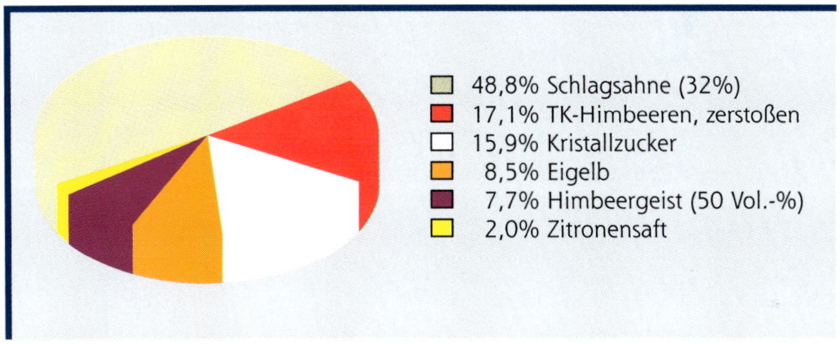


***Herstellungsaufwand:*** 

## Schokoladenspeiseeis

6600 g Vollmilch (3,5 %)
1450 g Kristallzucker
340 g Dextrose (Traubenzucker)
260 g Kakaopulver
300 g Bitterkuvertüre (Pure Caraïbe – 66,5 % Kakao)
800 g Sahne (32 %)
300 g Eigelb
32 g Bindemittelmischung für „warmen" Milcheismix
5 g Salz

## Bindemittelmischung für „warmen" Milcheismix

100 g Johannisbrotkernmehl
100 g Guarkernmehl

## Herstellung des Schokoladenspeiseeises:

**Herstellungsschema:**

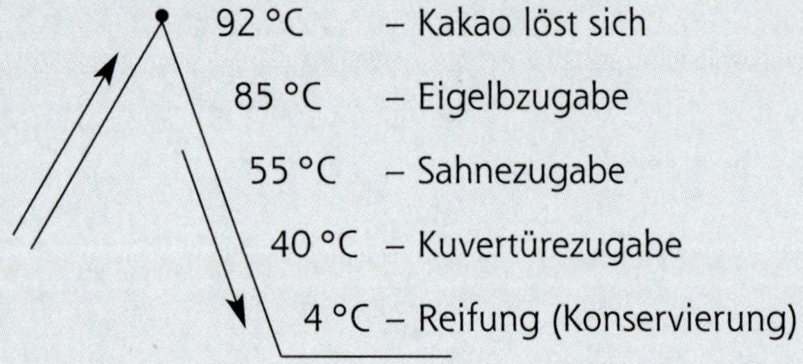


Das angegebene Rezept ergibt zusammen rund 10 kg Schokoladen-Speiseeismix und sollte möglichst maschinell pasteurisiert bzw. hergestellt werden. Je nach Minimalmenge des verwendeten Typs Pasteurisierungs-Automat sind die hier angegebenen Zutatenmengen entsprechend zu ändern.
Im ersten Schritt die Vollmilch (abzüglich 1 l zum Anrühren des Eigelbs) im (programmierbaren) Pasteurisierungs-Automaten auf 50 °C erhitzen. Bei Erreichen der 50 °C die Mischung aus Kakaopulver, Kristallzucker, Dextrose, Bindemittel sowie dem Salz zugeben und die Masse danach sehr stark rühren lassen (Stufe 1–3 des Rührwerks). Hierdurch werden wegen der besonders intensiven Bearbeitung die Bestandteile dieser Mischung emulgiert. Nach dem Erreichen der höchsten Temperaturstufe und im Verlauf des nun aktiven Abkühlprozesses wird zu den im Schema angegebenen Temperaturschritten das mit dem zurückbehaltenen Teil der Milch verdünnte Eigelb, die Sahne und die fein gehackte Kuvertüre zugegeben.
Bei Erreichen der Konservierungstemperatur kann der Eismix sofort in der Eismaschine ausgefroren werden. Es ist jedoch von großem Vorteil hinsichtlich der Volumenzunahme und dem zu erwartenden Schmelz, den Eismix vor dem Ausgefrieren bei konstant 4 °C für etwa 24 Stunden reifen (quellen) zu lassen. (Bei Schokoladeneis halte ich mehr als 48 Stunden Standzeit nicht für angebracht.)

***Prozentuale Zusammensetzung Schokoladenspeiseeis***

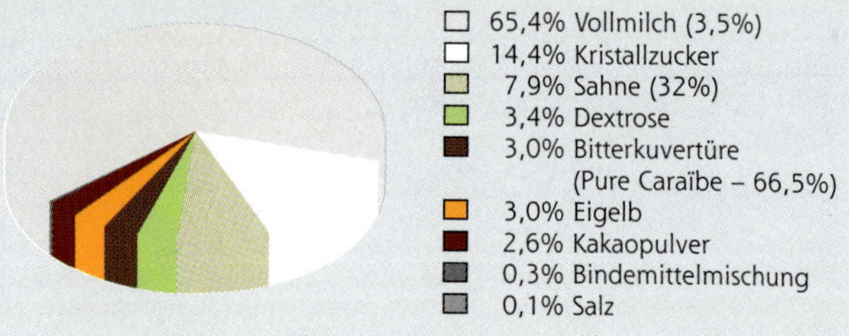

## Speiseeis-Grundmix auf Milchbasis (ohne Ei)

| | |
|---|---|
| 8000 g | Vollmilch (3,5 %) |
| 1600 g | Kristallzucker |
| 400 g | Dextrose (Traubenzucker) |
| 400 g | Magermilchpulver |
| 1200 g | Sahne (32 %) |
| 40 g | Bindemittelmischung für warmen Milcheismix |
| 6 g | Salz |

**Prozentuale Zusammensetzung Speiseeis-Grundmix auf Milchbasis (ohne Ei)**

## Herstellung des Speiseeis-Grundmixes auf Milchbasis (ohne Ei):

Das angegebene Rezept ergibt zusammen rund 11,5 kg Speiseeis-Grundmix auf Milchbasis und sollte möglichst maschinell pasteurisiert bzw. hergestellt werden. Je nach Minimalmenge des verwendeten Typs Pasteurisierungs-Automat sind die hier angegebenen Zutatenmengen entsprechend zu ändern.Da diese Rezeptur kein Ei enthält, ist das Programm „Flache Pasteurisierung" (65 °C / 30 Minuten) zu wählen.

Im ersten Schritt die Vollmilch zusammen mit der Sahne im (programmierbaren) Pasteurisierungs-Automaten auf 50 °C erhitzen. Bei Erreichen der 50 °C dann die Mischung aus Kristallzucker, Dextrose, Bindemittel sowie dem Salz zugeben und die Masse danach sehr stark rühren lassen (Stufe 1–3 des Rührwerks). Hierdurch wird die Mischung auf Grund der besonders intensiven Bearbeitung emulgiert.

Nach dem Erreichen der höchsten Temperaturstufe (65 °C) wird bei diesem Programm die Temperatur über 30 Minuten gehalten („Flache Pasteurisierung"). Unmittelbar nach Ablauf der Zeit schaltet das Gerät dann in einen aktiven Abkühlprozeß bis zum Erreichen von 4 °C.

Bei Erreichen der Konservierungstemperatur kann der Eismix nötigenfalls sofort weiterverarbeitet bzw. in der Eismaschine ausgefroren werden. Es ist jedoch von großem Vorteil hinsichtlich der Volumenzunahme und des zu erwartenden Schmelzes, den Eismix vor dem Ausgefrieren bei konstant 4 °C für etwa 24 Stunden (bis max. 72 Stunden) reifen (quellen) zu lassen.

## Zitronenspeiseeis

2600 g Wasser
750 g Kristallzucker
150 g Dextrose (Traubenzucker)
650 g Zitronensaft
30 g Emulgator (Mono-Diglyceride von Speisefettsäuren)
Schalen von 3 Zitronen (fein abgerieben oder feine Zesten)
Schale von 1 Limette (fein abgerieben oder feine Zesten)

**Hinweis:**

Wegen der intensiven Säurewirkung niemals frischen Zitronensaft verwenden! Deshalb nur gefrorenen Zitronensaft verarbeiten!

**Vorteile:**

Die starke Wirkung der Säure im Rohstoff Zitronensaft ist durch den Gefrierprozeß gemindert. Die Saison für Zitronen in den Ursprungsländern ist zwischen Dezember und Ende März. Während dieser Zeit und bei entsprechend hoher Qualität sollte der Bedarf gewonnen und auf Vorrat eingefroren werden.

## Herstellung des Zitronenspeiseeises:

Das angegebene Rezept ergibt zusammen rund 4,1 l Zitronen-Speiseeismix.
Im ersten Schritt die feinen Zesten bzw. die fein abgeriebenen Schalen der unbehandelten Zitronen und der Limette mit dem Kristallzucker sowie der Dextrose vermischen und diese Mischung dann mit dem Wasser anrühren und einmal kurz aufkochen. Den gekochten Zucker-Zitronen-Sud für etwa 15 Minuten abgedeckt ziehen lassen und dann den Sud noch warm durch ein feines Passiersieb über den gefrorenen Zitronensaft gießen. Sobald sich der gefrorene Zitronensaft aufgelöst hat, wird der Emulgator zugegeben und der Eismix dann für etwa 20 Sekunden sehr gut durchgemixt. Hierdurch werden auf Grund der besonders intensiven Bearbeitung die Bestandteile dieser Mischung besonders innig miteinander verbunden.
Der Eismix sollte zum Gefrieren und um Zitroneneis von optimaler Struktur und Konsistenz zu erhalten auf etwa 30 % Brix (Refraktometer) bzw. 17 °Bé (Zuckerwaage) eingestellt sein. Diese Werte können durch Zugabe von konzentriertem Zuckersirup oder durch Zugabe von Wasser korrigiert bzw. eingestellt werden. Den Zitronen-Eismix unmittelbar nach der Zubereitung in der Eismaschine ausgefrieren.

**Prozentuale Zusammensetzung Zitronenspeiseeis**

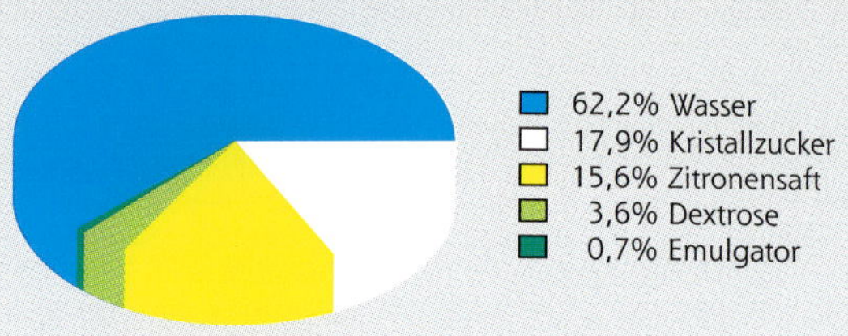

# Desserts rapid

***Zitronengras, Pflaumenwein und Ingwer zählen mit zu den wichtigsten Ingredienzen fernöstlicher Leckereien. Daß sie auch bei uns – zusammen mit heimischen Früchten – ein aufregend exzellentes Geschmackserlebnis offerieren, stellen die „Asia"-Halbkugeltörtchen, dekoriert mit einer Physalis, deutlich unter Beweis.***

**Zutaten**

***Zutaten für 20 Halbkugeldessertformen***

***Zitronengras-Gelee***

| | |
|---|---|
| 500 g | Thai-Pflaumenwein (10 Vol.-%) |
| 240 g | Wasser |
| 100 g | weißer Kandis, fein gekörnt |
| 2 | Zitronengrasstangen (etwa 40 g) |
| 1/4 | Zimtstange (Ceylon) |
| 1/4 | Orange (Saft und Schale) |
| 1/4 | Limone (Saft und Schale) |
| 10 g | Galanga-Thai-Ingwer |
| 12 Bl. | Gelatine (Platin = 21 g) |
| 1000 g | Walderdbeeren, Erdbeeren oder rote Beerenfrüchte |

***Buttermürbteig***

Seite 220
(20 Plätzchen mit 7,5 cm Durchmesser)

***Spezielle Rohstoffe/Arbeitsgeräte***

- Thai-Pflaumenwein (10 Vol.-%)
- 2 Stangen Zitronengras
- Galanga-Thai-Ingwer
- Walderdbeeren oder rote Beerenfrüchte
- 20 Stück Halbkugelformen (Edelstahl), Durchmesser 7 cm (0,08 l Inhalt)

***Herstellung:***

Das Zitronengras in dünne Scheiben schneiden und zusammen mit den anderen Zutaten bis auf 70 °C erhitzen. Den Sud bei geschlossenem Deckel 30 Minuten ziehen lassen und dann fein abseihen. Danach die gequollene, gut ausgedrückte Blattgelatine im noch mäßig heißen Sud auflösen. Abschließend die mit den Früchten gefüllten Halbkugelformen mit dem Zitronengrassud aufgießen (etwa 45 g je Form). Die Formen anschließend kühl stellen.

***Hinweis:***
Bei sehr wärmeempfindlichen Früchten wie z. B. Erdbeeren ist es sinnvoll, den Sud vor dem Aufgießen auf unter 40 °C abkühlen zu lassen.

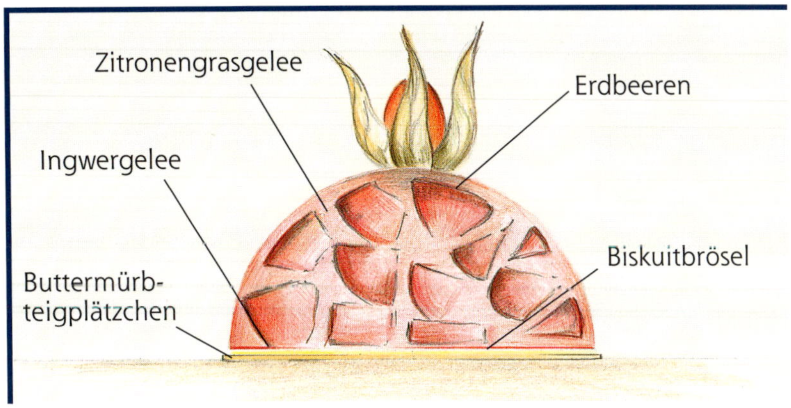


***Tips:***

- Das Zitronengrasgelee für 2 bis 3 Tage auf Vorrat herstellen, kühl lagern und täglich nur noch die frischen Früchte herrichten.
- Durch Auflegen eines „Trüffel- bzw. Kuchengitters" auf die mit den Früchten gefüllten Halbkugelförmchen wird ein Aufschwimmen der Früchte beim Aufgießen verhindert, und die Förmchen bleiben waagerecht stehen.
- Als Variante bei Verwendung zu einem Dessertteller die „Asia" in einer kleinen Terrinenform herstellen und in Tranchen schneiden. Eine Mischung roter Beerenfrüchte als Einlage ergibt ein ebenfalls geschmacklich und optisch sehr interessantes Produkt.

***Prozentuale Zusammensetzung Zitronengrasgelee***

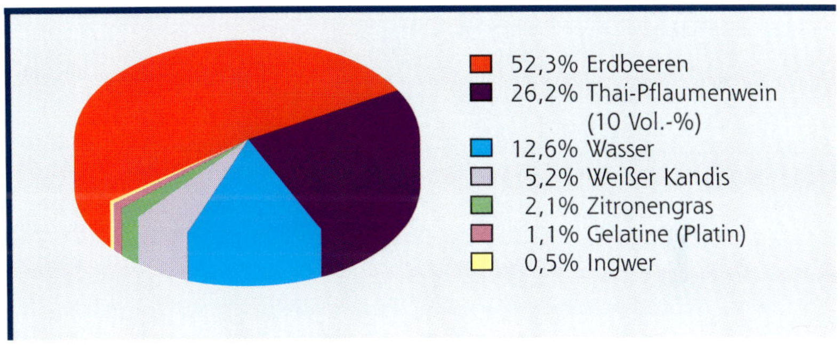


***Fertigstellung:***
Zuerst die Mürbteigplätzchen dünn mit Ingwergelee bestreichen und dann auf das Ingwergelee wenig Biskuitbrösel streuen, um ein Verrutschen der Gelee-Halbkugel zu verhindern. Nach kurzzeitigem Eintauchen der Halbkugelformen in warmes Wasser kann der Inhalt leicht aus der Form gedreht und auf das Plätzchen gesetzt werden.

***Herstellungsaufwand:***

*In Weißwein gedünstete, mit „Calvados" aromatisierte Äpfel werden hier auf Buttermürbteigböden und luftig zarte Wiener Böden aufgeschichtet. Mit einer Sahnerosette kraftvoll dekoriert, mit gehackten Pistazien und dem persönlichen Signet in dunkler Schokolade verziert, ist „Calvados" ein überzeugendes Beispiel dafür, wie facettenreich sich Äpfel zu einem herausragenden Dessert einsetzen lassen.*

**Zutaten**

***Zutaten für 20 runde Dessertformen***

***Sud zum Dünsten der Calvadosäpfel***

| | |
|---|---|
| 1100 g | Wasser |
| 750 g | Weißwein |
| 90 g | Zitronensaft |
| 450 g | Kristallzucker |
| 1 | Prise Ceylon-Zimt |
| 1250 g | Äpfel (geschält und entkernt) |

***Buttermürbteig***

Seite 220

***Wiener Boden/-kapsel***

Seite 271

***Crème pâtissière***

Seite 250

***Spezielle Rohstoffe/Arbeitsgeräte***

- Calvados (50 Vol.-%)
- Knackige, fein säuerliche Äpfel (Nicht zu reif, z. B. grüner Jonagold)
- Klarsichtband, Höhe 4 cm
- 20 Dessertformen, rund, Durchmesser 6,5 cm, Höhe 4 cm
- Runder Ausstecher, Durchmesser 6 cm
- Lochtülle Nr. 3

***Herstellung:***

***Herstellung der Calvadosäpfel:***

Für den Sud alle Zutaten zusammen bis zum Siedepunkt erhitzen und dann die etwa 3 bis 4 mm starken, geschälten und entkernten sowie gedrittelten Apfelscheiben darin weich dünsten. Die Äpfel sollten, solange sie noch etwas Biß haben, mit einem Fritierlöffel (Gitterlöffel) aus dem Sud genommen und zum schnellen Abkühlen und Abtropfen auf ein großes Sieb gelegt werden. Nach dem Auskühlen die gedünsteten Äpfel in eine Edelstahlschüssel füllen und mit Frischhaltefolie abgedeckt kalt stellen.

***Tips:***

- In dem Sud läßt sich ohne Qualitätseinbußen ein weiteres Mal die Menge von 1250 g Äpfeln dünsten.
- Die Dunstäpfel lassen sich sehr gut für 2 bis 3 Tage im voraus herstellen, vorausgesetzt die Äpfel sind gut mit Frischhaltefolie abgedeckt und werden kühl gelagert.

***Hinweis:***

Der zugegebene Zitronensaft bewirkt einen erfrischend-säuerlichen Geschmack der Dunstäpfel, und die im Zitronensaft enthaltene Säure behindert wirkungsvoll eine allzu schnelle Oxydation (Braunwerden) der Äpfel. (Siehe „L-Ascorbinsäure“ auf Seite 291.)

***Herstellen des Apfelcalvadosdesserts:***

Aus dem Mürbteig dünne Böden mit 6 cm Durchmesser herstellen, diese mit Aprikosenkonfitüre bestreichen und anschließend in die mit dem Klarsichtband ausgelegten Dessertformen einlegen. Darauf folgt ein aus der Wiener Kapsel ausgestochener Boden, auf dem mittels Dressierbeutel und Lochtülle Nr. 3 eine dünne Schicht „Crème pâtissière“ aufgetragen wird. Hierbei sollte möglichst der Abstand zwischen der Wiener Kapsel und dem Klarsichtband ausgefüllt werden. Anschließend wird mit den mit etwas Calvados aromatisierten Dunstäpfeln die Form (etwa 65 g Calvadosäpfel je Form) knapp bis unter den Rand aufgefüllt. Eine geringe Zugabe von Bindemittel kann bei einer sehr saftigen Apfelfüllung zweckmäßig sein.

***Fertigstellung:***

Auf die leicht zusammengedrückte Apfelfüllung eine große Rosette aus schwach gesüßter und leicht abgebundener Schlagsahne aufdressieren. Ein Kuvertüresplitter oder Siegel mit persönlichem Signet und einige gehackte Pistazien vervollständigen das Apfelcalvadosdessert.

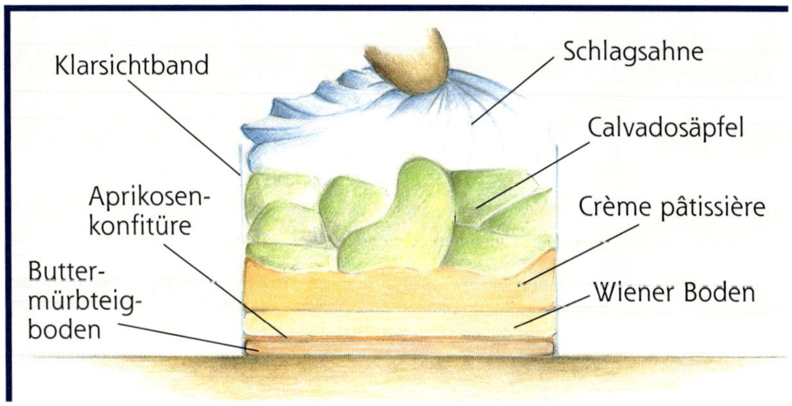


***Prozentuale Zusammensetzung Sud zum Dünsten***

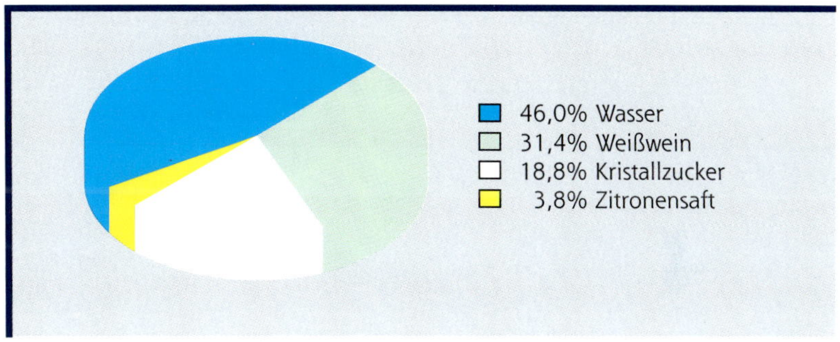


***Herstellungsaufwand:***

**Zutaten für 20 tropfenförmige Dessertformen**

**Kokossahnecreme**

840 g Kokospüree (20 % Zucker)
320 g Kristallzucker
12 Bl. Gelatine (Platin = 21 g)
1050 g Schlagsahne (32 %)

**Passionsfruchtsahnecreme**

400 g Passionsfruchtpüree
240 g Kristallzucker
10 Bl. Gelatine (Platin = 17,5 g)
1000 g Schlagsahne (32 %)
300 g rote Johannisbeeren

**Kokoslikörtränke**

200 g Kokoslikör (24 Vol.-%)
200 g Läuterzucker

**Wiener Boden/-kapsel**

Seite 271

**Läuterzucker**

Seite 264

Zutaten

***Strandgeflüster der besonderen Art: Tropfen für Tropfen ein erfrischend exotisches Dessert, das phantasievoll aus einer Melange von Kokos- mit Passionsfrucht-Sahnecreme komponiert wird. Locker verstreute rote Johannisbeeren setzen markante farbliche Akzente.***

**Spezielle Rohstoffe/Arbeitsgeräte**

- Kokoslikör (24 Vol.-%)
- Kokospüree (20 % Zucker)
- Passionsfruchtpüree
- Kaltgelee (Nappage)
- 20 Dessertformen (Tropfen), Länge 9 cm, Breite 5 cm, Höhe 4 cm
- Eventuell Klarsichtband, 4 cm breit

**Herstellung:**

Die Dessertformen mit dem Klarsichtband auslegen oder alternativ innen hauchdünn mit Speiseöl ausreiben und mit Kristallzucker sehr dünn zuckern. Aus einer etwa 1 cm starken Wiener Kapsel Böden ausstechen, leicht tränken und in die Formen einlegen.

***Hinweis:***
Die Böden sollten aus optischen Gründen etwas kleiner als die Form gehalten werden.

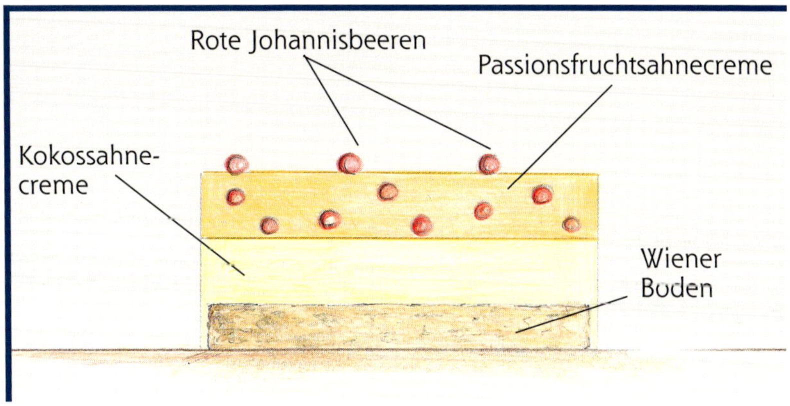


Für die Kokossahnecreme etwa 1/3 des Pürees anwärmen und die aufgelöste Blattgelatine darin unterrühren. Dann das übrige Püree und den Zucker zugeben und den Kokosfond gegebenenfalls nachtemperieren, so daß die Schlagsahne untergehoben werden kann. Mit einem Dressierbeutel die Kokossahnecreme in die entsprechende Anzahl Dessertformen einfüllen, wobei darauf geachtet werden sollte, daß die Sahnecreme zwischen Form und eingelegten Boden gelangt. Nach einem leichten Rütteln werden die mit der Kokossahnecreme gefüllten Dessertförmchen bis zur Fertigstellung der Passionsfruchtsahnecreme am geeignetsten in einen Schockfroster gestellt.
Die Passionsfruchtsahnecreme wird nach dem gleichen Prinzip wie die Kokossahnecreme hergestellt. Vor dem Verfüllen werden jedoch noch die roten Johannisbeeren untergemengt und die Formen nach dem Auffüllen glatt abgestrichen. Die Desserts anschließend kühl stellen oder einfrieren.

***Prozentuale Zusammensetzung Passionsfruchtsahnecreme***

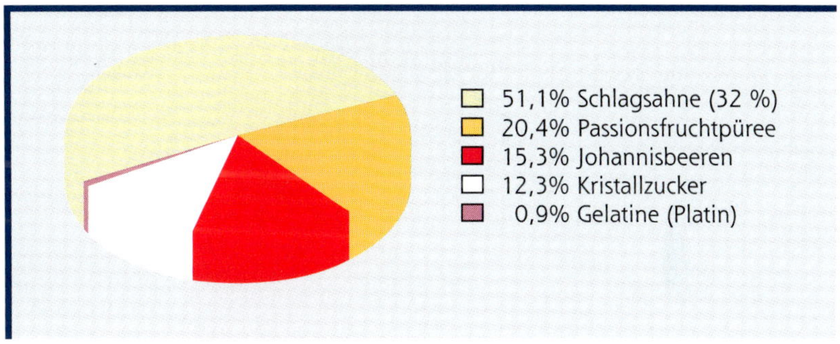


***Prozentuale Zusammensetzung Kokossahnecreme***

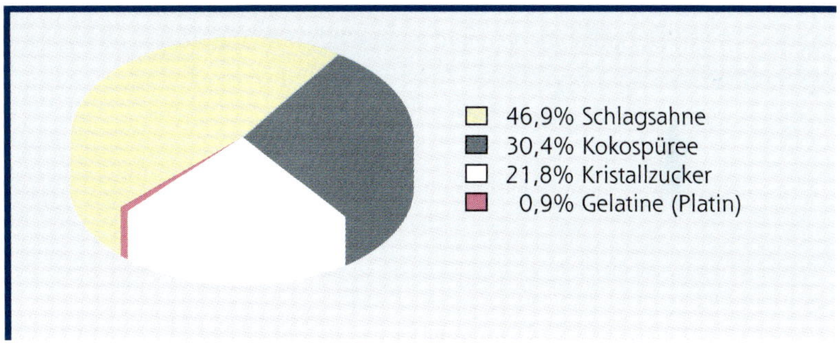


***Fertigstellung:***

Die Oberfläche der zum Ausformen, falls kein Klarsichtband eingelegt wurde, etwas angefrosteten Desserts mit dem neutralen Kaltgelee dünn bestreichen und einige rote Johannisbeeren locker aufstreuen. Die Desserts nur noch aus der Form herausdrücken oder die Form einfach anheben (Klarsichtband).

***Herstellungsaufwand:***

*Keineswegs so eisig, wie man zunächst denken mag. Vielmehr handelt es sich bei den fabelhaften „Mont-Blanc"-Halbkugeln aus Guanaja-Sahne und Baisermasse um eine konditorliche Köstlichkeit mit dem ausgeprägten Charakter einer besonders hochwertigen Kuvertüre.*

**Herstellungsaufwand:**

***Hinweis:***
Um die Gitterweite eines Siebes zu bestimmen, zählt man die Anzahl der gesamten (auch der angeschnittenen) Durchlässe, die auf einem Quadratzentimeter Fläche zu sehen sind!

**Zutaten**

***Zutaten für 20 Halbkugeldessertformen***

***Guanaja-Schokoladensahne 2***

| | |
|---|---|
| 60 g | Kristallzucker |
| 60 g | Milch-Grundcreme |
| 3 bis 3,5 Bl. | Gelatine (Platin – Winter = 5,2 / Sommer = 6,1 g) |
| 230 g | Bitterkuvertüre (Guanaja – 70,5 % Kakao) |
| 660 g | Schlagsahne (32 %) |

***Baisermasse für Böden und Streusel***

| | |
|---|---|
| 275 g | Eiklar |
| 375 g | Kristallzucker |
| 165 g | Puderzucker |

***Kakaolikörtränke/braun***

| | |
|---|---|
| 120 g | Kakaolikör Crème de Cacao braun (27 Vol.-%) |
| 160 g | Läuterzucker |

***Schoko-Wiener-Masse/-Kapsel***

(ca. 0,75 cm hoch aufstreichen)
Seite 271

***Milch-Grundcreme***

Seite 265

***Läuterzucker***

Seite 264

***Bitterkuvertüre zum Sprühen***

Seite 260

***Spezielle Rohstoffe/Arbeitsgeräte***

- Kakaolikör Crème de Cacao braun (27 Vol.-%)
- 20 Halbkugelformen, Durchmesser 7 cm, 0,08 l Inhalt (Edelstahl oder Silikon)
- Sieb mit Gitterweite Nr. 3
- Ausstecher, Durchmesser 4 cm
- Sprühpistole, elektrisch

***Herstellung:***

Für die Guanaja-Schokoladensahne die Milch-Grundcreme mit dem Zucker verrühren und leicht erwärmen. Anschließend die aufgelöste Gelatine und dann die bei 54 °C geschmolzene Kuvertüre unterrühren und alles zusammen temperieren. Durch Beimengen von kleinen Mengen Schlagsahne unter gleichzeitigem Nachtemperieren eine homogene, glänzende Masse mit elastischer Konsistenz herstellen. Unter diese Masse die übrige Schlagsahne gefühlvoll untermelieren und dann mit dem Dressierbeutel die bereits vorgekühlten Halbkugelformen etwa zur Hälfte mit der Guanaja-Sahne füllen. Nachdem die aus der Schoko-Wiener-Kapsel ausgestochenen und leicht getränkten Böden eingelegt wurden, wird die übrige Guanaja-Sahne verfüllt und abschließend der durch etwas aufgesprühte Bitterkuvertüre isolierte Baiserboden aufgelegt und leicht angedrückt. Die Oberseite des Baiserbodens sollte mit der Oberkante der jeweiligen Form genau abschließen. Zum Schluß die eventuell etwas übergetretene Guanaja-Sahne abstreichen und die „Mont Blanc" kühl stellen oder einfrieren.

***Fertigstellung:***

Die „Mont Blanc" aus den jeweiligen Formen herauslösen. Entweder durch kurzzeitiges Eintauchen der Form in warmes Wasser (Edelstahl) oder Herausdrücken des gefrorenen Desserts aus der Silikonform. Insbesondere bei der letzteren Variante läßt man die Desserts bis zur vollständigen Fertigstellung im Kühlschrank etwas antauen. Als letzten Schritt einige Baiserstreusel locker an die Oberfläche der „Mont Blanc" andrücken und das Dessert auf einen sogenannten Goldkarton oder in eine Papierdessertkapsel absetzen.

***Herstellung der Baiserböden und -streusel:***

Für die Baisermasse das Eiklar zusammen mit dem Kristallzucker erwärmen und einen stabilen Eischnee daraus herstellen. Unter den fertigen Eischnee wird der Puderzucker untermeliert. Anschließend kann die entsprechende Anzahl an Böden mit einer Lochtülle Nr. 4 spiralförmig und möglichst flach aufdressiert werden. Der Durchmesser der Baiserböden sollte bei 6,5 cm liegen. Die übrige Baisermasse wird als Platte etwa 2 cm stark auf Silikonpapier aufgestrichen und ebenso wie die Böden bei etwa 90 °C im Ofen getrocknet. Die dicke Platte wird zur Herstellung der Baiserstreusel verwendet. Sehr schöne Baiserstreusel entstehen, indem man Stücke der Baiserplatte durch ein Sieb mit Gitterweite Nr. 3 drückt und dabei keinesfalls reibt.

***Tip:***

- Die kleinen Baiserböden können insbesondere bei höherer Stückzahl sehr rationell durch Aufsprühen von verdünnter Kuvertüre mit der elektrischen Sprühpistole gegen die Feuchtigkeit der Sahnefüllung isoliert werden.
- Die Baiserböden und -streusel lassen sich sehr gut auf Vorrat für 1 bis 2 Wochen herstellen, wenn sie trocken in einem luftdichten Behältnis aufbewahrt werden.

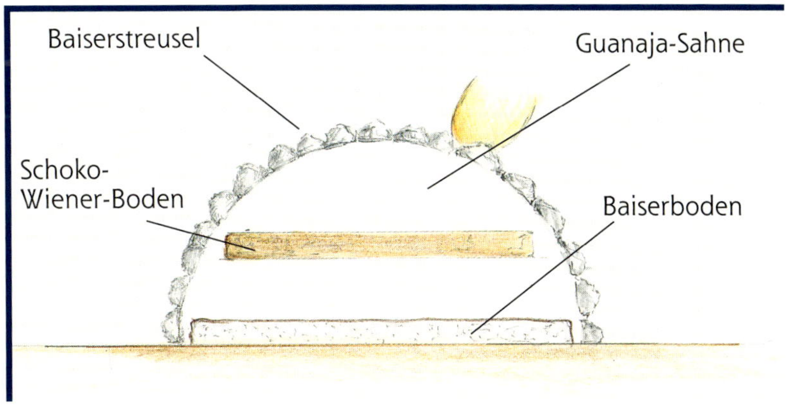


***Prozentuale Zusammensetzung Guanaja-Schokoladensahne 2***

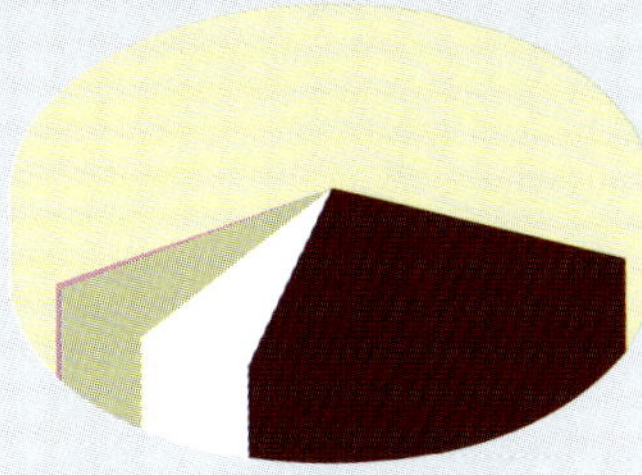

Welch zauberhafter Genuß!
Hier werden Orangen – in besonders gaumenfreundlicher Konsistenz – in ein harmonisches Tête-à-tête mit frischer Schlagsahne und zartem Biskuit gebracht: Orangenessenz, subtil parfümiert mit dem Geist dieser Zitrusfrüchte, wird zusammen mit frischer Schlagsahne und Ei zu einer Orangenmousse. Eine Dekoration aus Orangenfruchtfilet, Kuvertüresplitter und Ananasblatt erfüllt das Dessert mit Leben.

**Orangenmousse**

### Zutaten für 35 ovale Dessertformen

**Orangenmousse**

| | |
|---|---|
| 200 g | Eigelb, pasteurisiert |
| 120 g | Kristallzucker |
| | Salz |
| 12 Bl. | Gelatine (Platin = 21 g) |
| 70 g | Cointreau (40 Vol.-%) |
| 300 g | Orangenessenz |
| 30 g | Zitronensaft |
| 900 g | Schlagsahne (32 %) |

**Orangenessenz**
(Für Mousse und Tränke)

| | |
|---|---|
| 450 g | Orangensaftkonzentrat (TK) |
| 225 g | Orangensaft, frisch |
| 45 g | Kristallzucker |
| 4 1/2 | Orangenschalen, fein abgerieben |

**Joconde-Dekorkapsel**
Seite 262

**Wiener Boden/Kapsel**
Seite 271

Zutaten

### Prozentuale Zusammensetzung Orangenmousse

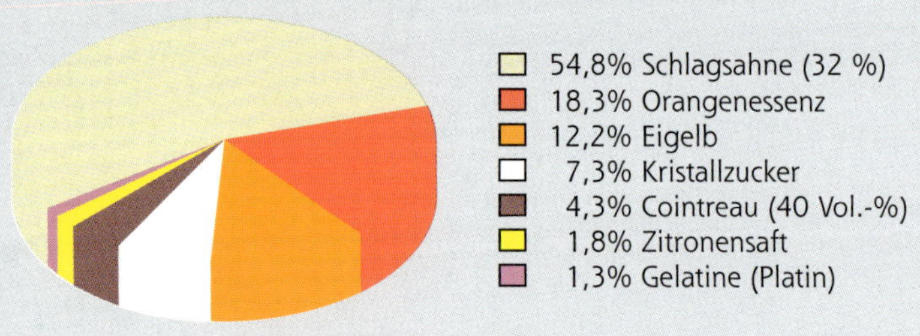


### Spezielle Rohstoffe/Arbeitsgeräte

- Orangensaftkonzentrat (TK)
- 5 unbehandelte Orangen zum Abreiben der Schale
- Pasteurisiertes Eigelb
- Kaltgelee (Nappage)
- Folie/Schokoladendekor
- Schablone für die Joconde-Dekorkapsel
- 35 ovale Dessertformen, Länge 8,5 cm, Breite (Mitte) 5 cm, Höhe 4 cm
- Kleiner ovaler Ausstecher (Böden)

**Herstellungsaufwand:**

**Herstellung:**

**Herstellung der Orangenessenz:**
Den Zucker mit der Orangenschale mischen. Dann alles einmal kurz aufkochen und abgedeckt für 3 Minuten ziehen lassen. Danach den Sud durch ein feines Sieb gießen und beiseite stellen.

***Einsetzen der Orangenmoussedesserts:***
Zuerst die Formen wie in den Steps Nr. 1 bis 3 dargestellt präparieren. Für den Boden und die Zwischenschicht vom Wiener Boden bzw. der Wiener Kapsel dünne Scheiben schneiden und ausstechen.
Für die Orangenmousse das pasteurisierte Eigelb mit dem Salz und dem Zucker auf 30 °C anwärmen (um den Zucker zu lösen) und schaumig schlagen. In die leicht warme Essenz die mit dem Cointreau vermengte, aufgelöste Gelatine und den Zitronensaft einrühren. Dann unter diesen temperierten Orangenfond etwa 1/3 der Schlagsahne mengen und anschließend die übrige Schlagsahne zusammen mit der schaumigen Eigelbmasse untermelieren.
Mit einem Dressierbeutel die Formen zur Hälfte füllen und die getränkten zweiten Böden bzw. die vom Ausstechen übrigen Wiener-Boden-Reste einlegen. (Die noch vorhandene Essenz zusammen mit 30 g Cointreau ergibt die Tränke für die Einlage.) Mit der restlichen Orangemousse die Formen auffüllen und glatt streichen. Die Desserts anschließend kühl stellen oder einfrieren.

***Fertigstellung:***
Zum Gelieren der Oberfläche der zum Ausformen in jedem Fall etwas angefrosteten Desserts das Kaltgelee mit etwas Orangensaftkonzentrat einfärben. Zum Schluß jedes Dessert mit einem Fruchtfilet, Kuvertüresplitter und Ananasblatt dekorieren.

***Anmerkung:***
Die Orangenmoussefüllung des hier gezeigten Produktvorschlages entspringt meiner Idee zur Aufgabenstellung „Eigene Spezialität" beim Wettbewerb zum „Konditor des Jahres 1994".

***Tip:***
Diese Herstellungsart eines Orangenmoussedesserts eignet sich in der hier dargestellten Weise sehr gut zum Einfrieren bzw. Produzieren auf Vorrat. Kurzfristigem Bedarf kann durch dieses Formensystem sehr schnell nachgekommen werden.

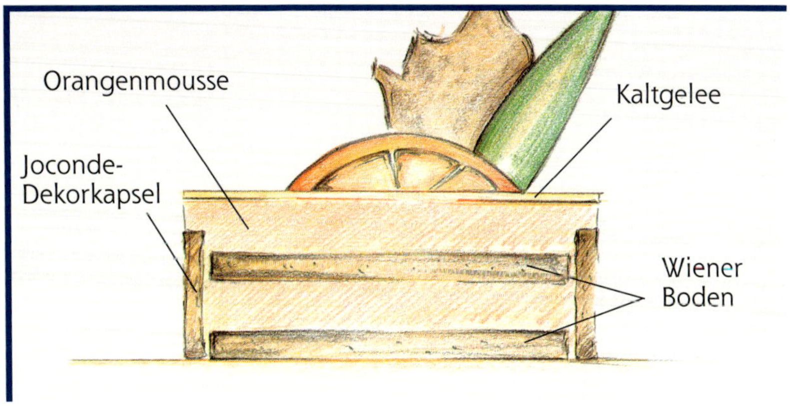


***Auslegen von Formen mit einer Joconde-Dekorkapsel und Gelieren und Ausformen von Dessert***

***Die Formen mit einem getränkten Papiertuch dünn ölen.***

***Die Joconde-Dekorkapsel in Streifen schneiden und etwas zuckern.***

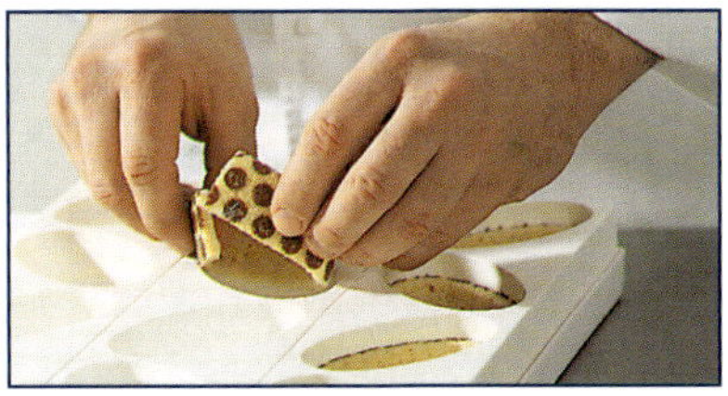
***Die Formen mit den Streifen auslegen.***

***Gelieren der Dessertoberfläche in der Form.***

***Aufsetzen der 5er-Form auf den Ausformer und Ausformen der Desserts.***

*Eine Inszenierung in Hell-Dunkel: Stracciatella-Sahnecreme wird auf dreieckförmige Barcelona-Böden gefüllt, das Dessert an den Seiten mit dunkler Kuvertüre dekoriert sowie mit einem Gitterwerk aus weißer Schokolade und Bitterkuvertüre kontrastreich akzentuiert.*

**Zutaten für 25 dreieckige Dessertformen**

**Stracciatella-Sahnecreme**

| | |
|---|---|
| 500 g | Vollmilch (3,5 %) |
| 150 g | Eigelb |
| 120 g | Kristallzucker |
| 12 g | Zitronenschale (Zesten) |
| 10 g | Espressobohnen |
| | Mark und Stange von 1 Bourbon-Vanillestange |
| | Salz |
| 10 Bl. | Gelatine (Platin = 17,5 g) |
| 900 g | Schlagsahne (32 %) |
| 260 g | Bitterkuvertüre (Caraque – 56 % Kakao) |

**Kakaolikörtränke/weiß**

Läuterzucker – kann, falls gewünscht,mit etwas Kakaolikör Crème de Cacao weiß (27 Vol.-%) abgeschmeckt werden.

**Barcelona-Böden**

Seite 26

Zutaten

**Spezielle Rohstoffe/Arbeitsgeräte**

- Neutrales Kaltgelee (Nappage)
- 25 dreieckige Dessertformen Kantenlänge 8 cm, Höhe 4 cm

**Herstellung:**

***Herstellung des Stracciatella-Fonds:***

Für den Fond das Eigelb mit etwas Milch anrühren und beiseite stellen. Die übrige Milch zusammen mit dem Zucker, der Zitronenschale, den Espressobohnen, der Vanillestange und einer Prise Salz aufkochen. Dann das Eigelb einrühren und den Fond bis „zur Rose" (86 °C) abziehen. Den Stracciatella-Fond durch ein feines Passiersieb in eine Edelstahlschüssel gießen und mit Frischhaltefolie abgedeckt auskühlen lassen.

***Einsetzen des Stracciatella-Desserts:***
Zuerst die Dessertformen innen hauchdünn mit Speiseöl ausreiben und leicht mit Kristallzucker ausstreuen. Aus einer Kapsel der Barcelona-Böden sticht man die entsprechende Anzahl Böden für die Desserts aus und legt sie anschließend leicht getränkt in die präparierten Formen ein. Am besten stellt man die vorbereiteten Formen bis zur Fertigstellung der Sahnecreme kühl. Für die Stracciatella-Sahnecreme löst man die Gelatine in einer kleinen Menge des Fonds auf und gibt dann unter gleichzeitigem Nachtemperieren den übrigen Fond zu.
Nachdem etwa die Hälfte der Schlagsahne in den Fond eingerührt wurde, die übrige Schlagsahne zusammen mit der fein gehackten Bitterkuvertüre untermelieren. Mit einem Dressierbeutel und entsprechender Lochtülle die Formen füllen. Hier besteht die Möglichkeit, nach der Hälfte der Füllung die eventuell beim Ausstechen anfallenden Reste der Barcelona-Kapsel oder bei Verwendung einer etwas dünneren Kapsel sogar einen zweiten Boden einzulegen. (Die Einlage z. B. eines zweiten Bodens richtet sich hier aber nach der Kalkulation des jeweiligen Herstellers.) Nach dem Auffüllen der Dessertformen mit der übrigen Stracciatella-Sahnecreme und dem abschließenden Glattstreichen der Oberfläche werden die Desserts kühl gestellt oder eingefroren.

***Fertigstellung:***
Die Oberfläche der zum Ausformen in jedem Fall etwas angefrosteten Desserts wird dünn mit neutralem Kaltgelee bestrichen. Nach einer kurzen Antauphase werden die Desserts auf den Ausformer gesetzt und aus der Form herausgedrückt. (Siehe hierzu auch Seite 209.) Nach dem Absetzen auf einen kleinen Goldkarton oder in eine Papierdessertkapsel vervollständigen einige Bitterkuvertüresplitter das Stracciatella-Dessert.

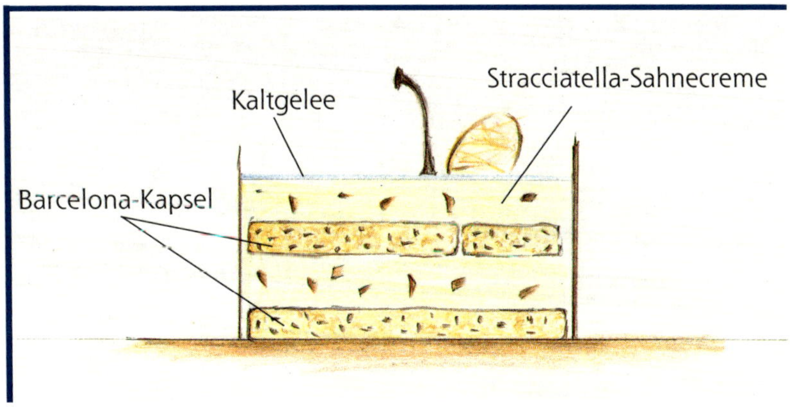


***Prozentuale Zusammensetzung Stracciatella-Sahnecreme***

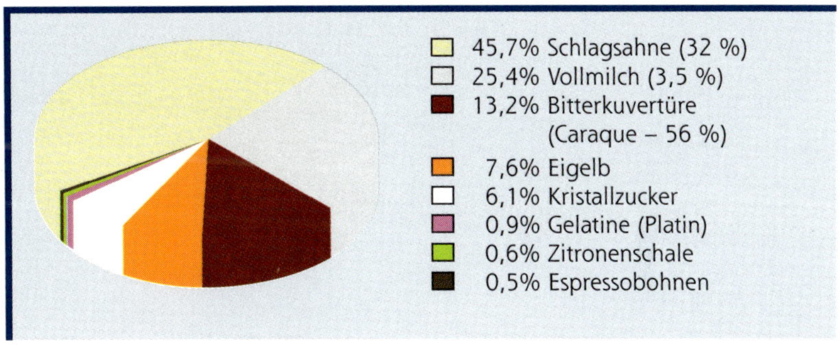


***Herstellungsaufwand:***

***Dieser Dessertteller erweckt durch das farblich so hervorstechende Limettenküchlein und seine ruhigen Formen – unterstützt durch die Farbe des Glastellers – zu Recht den Eindruck einer Wintersonne.***

***Titelvorschlag für die Speisekarte:***
„Stracciatella-Triangel mit Limettenküchlein und Zitronengrassoße"

***Herstellungsaufwand:***

# Dessertteller Stracciatella

### Zutaten Desserts rapid „Stracciatella"

**Limettencreme (für etwa 35 Tartelettes)**

120 g Eigelb
120 g Kristallzucker
150 g Sauerrahm (10 %)
150 g Limettensaft
Schale von 1 Limette (fein abgerieben oder feine Zesten)

**Zitronengrassoße**

90 g Kristallzucker
120 g Thai-Pflaumenwein (10 Vol.-%)
150 g Eigelb (passiert)
150 g Sauerrahm (10 %)
50 g Zitronengras (frisch)

**Schokoladen-Spaghetti**

Seite 275

**Schokoladenmikados**

Seite 131

**Pâte sucrée**

Seite 40

### Spezielle Rohstoffe/Arbeitsgeräte

- Thai-Pflaumenwein (10 Vol.-%)
- Zitronengras (etwa 2 Stangen)
- Etwa 35 kleine Tartelettesformen (konisch), Durchmesser am Boden 3 cm, oben 4,5 cm und 1 cm Höhe

### Herstellung:

**Herstellung der Limettenküchlein:**

Für die hier als Küchlein bezeichneten Tartelettes zuerst die Formen mit 2 mm stark ausgerollter Pâte sucrée auslegen und ausreichend vorbacken (blindbacken).

Zur Herstellung der Limettencreme im ersten Schritt den Saft zusammen mit dem Zucker und dem feinem Abrieb der Limettenschale einmal kurz aufkochen und abgedeckt etwas herunterkühlen lassen. Im zweiten Schritt das Eigelb mit dem Sauerrahm vermischen und dann den Limetten-Zucker-Sud durch ein feines Passiersieb zur Sauerrahm-Eigelb-Mischung gießen. Die gesamte Mischung auf etwa 40 °C vortemperieren und in die vorgebackenen Tartelettesförmchen einfüllen. Anschließend die Tartelettes („Küchlein") bei 180 °C und geöffnetem Zug bis zum Stocken der Limettencreme und bis zum Erreichen einer goldgelben Backfarbe ausbacken.

**Herstellung der Zitronengrassoße:**

Zuerst den Pflaumenwein zusammen mit dem Zucker und dem in dünne Scheiben geschnittenen Zitronengras einmal kurz aufkochen und abgedeckt auskühlen lassen. Hat der Zitronengrassud genügend lange ziehen können, kann der Sud durch ein feines Passiersieb zur Eigelb-Sauerrahm-Mischung gegossen werden. Die gesamte Mischung ist darauf „bis zur Rose" (86 °C) abzuziehen und anschließend im Eiswasserbad unter gefühlvollem Rühren abzukühlen. Die Soße ist danach zum Einsatz bereit.

**Hinweis:**

Auf ein Durchpassieren nach dem „Zur-Rose-Abziehen" wird hier bewußt verzichtet, da sonst die entstandene stabile Struktur und das cremige Volumen zu sehr leiden.

Das einfache Rezept der Soße sollte für etwa 16 bis 18 Dessertteller ausreichend sein.

### Fertigstellung:

Zur Fertigstellung eines „Desserttellers Stracciatella" zuerst mit einer Schablone und Puderzucker dem Teller ein passendes „Dekor" verleihen. Daran anschließend die vorbereiteten Elemente gefällig auf dem Teller arrangieren. Zuletzt die Zitronengrassoße-Tupfen aufbringen.

***Ein bezaubernd leichtes und erfrischendes Sommerdessert: Die tropfenförmigen „Malibu" sind dekoriert mit einem elegant geformten Schokoladengitter und pflückfrischen Johannisbeeren, deren intensives Rot für markante Blickpunkte sorgt.***

**Herstellungsaufwand:**

***Titelvorschlag für die Speisekarte:***
„Exotisches Duett von Kokosnuß und Passionsfrucht"

**Spezielle Rohstoffe/Arbeitsgeräte**

- Trockenglucose
- Kokossirup
- Sorbetière (Spezielle Eismaschine mit besonders langsamer Spatelung)
- Refraktometer (Aber nicht zwingend erforderlich)

# Dessertteller Malibu

**Zutaten Desserts rapid „Malibu" von Seite ???**

**Passionsfruchtsorbet**

50 g Trockenglucose (Pulver)
290 g Kristallzucker (etwa)
450 g Passionsfruchtsaft (Püree)
460 g Wasser

**Kokossoße**

250 g Kokossirup
20 g Blue-Curaçao-Likör (34 Vol.-%)
1 Bl. Gelatine (Platin = 1,75 g)

**Karamelisierte Brickteigrüsche**

Seite 59

**Schokoladengitter (Beispiel)**

Seite 89

## Herstellung:

### Herstellung des Schokoladengitters:

Auf Seite 89 wird das Prinzip zur Herstellung des bei diesem Dessertteller-Vorschlag gezeigten Schokoladendekors dargestellt. Zur genauen Vorlage habe ich hier die Form der Kunststoffolie festgehalten, mit welcher der Dekor für dieses Dessert hergestellt wurde. Dazu ist die in Form geschnittene Kunststoffolie auf Papieruntergrund mit Kuvertürelinien zu filieren und nach einem kurzen Moment vom Papier abzuheben, um dann auf einem leicht gewellten Untergrund in Form gebracht auskristallisieren zu können.

### Herstellung des Passionsfruchtsorbets:

Für das Sorbet zuerst das aufgekochte (noch heiße) Wasser zur Kristallzucker-Glucose-Mischung gießen und diese darauf intensiv verrühren. Danach die Zuckerlösung in dünnem Strahl zum aufgetauten (kalten) Fruchtpüree zugießen und alles zusammen einmal kurz durchmixen. Durch das Mixen werden die Bestandteile hervorragend miteinander verbunden, aber auch eventuell noch ungelöste Zuckerbestandteile restlos aufgelöst. Der Mix für das Passionsfruchtsorbet sollte zwischen 31 und 32 % Brix liegen (Refraktometer). Es kann nötigenfalls etwas pasteurisiertes (aufgekochtes) Wasser zugegeben werden oder aber mit konzentrierter, gekochter Zuckerlösung die erforderlichen % Brix eingestellt werden. Den Mix für das Passionsfruchtsorbet sofort anschließend in einer Sorbetière ausgefrieren.

**Hinweis:**
Um ein geschmeidiges Sorbet zu erhalten, ist es von Vorteil, die Bestandteile des zu bereitenden Mixes nicht zu kalt zusammenzufügen. Um dabei eine Verkeimung auszuschließen, muß der Mix unmittelbar nach seiner Fertigstellung ausgefroren werden! Als Refraktometer bezeichnet man ein Meßinstrument, das die Lichtbrechung eines Stoffes zwischen zwei lichtdurchlässigen Flächen mißt. Durch die Einteilung nach Brix läßt sich sehr genau die Zuckerkonzentration (% Brix) einer Lösung messen.

### Herstellung der Kokossoße:

Zuerst die in kaltem Wasser vorgequollene Gelatine gut auspressen und dann etwa mit einem Fünftel des Kokossirups auflösen. Danach den übrigen Kokossirup und zum Schluß den Curaçaolikör zusetzen. Die Kokossoße besitzt in kühlem Zustand eine ausreichend dickflüssige Konsistenz.

## Fertigstellung:

Zur Fertigstellung eines Desserttellers „Malibu" die vorbereiteten Elemente gefällig auf einem „ruhigen" Teller arrangieren. Zuletzt das Passionsfruchtsorbet auf einige dünn geschnittene Streifen Kokosnuß geben und die Kokossoße leger auf den Teller aufbringen.

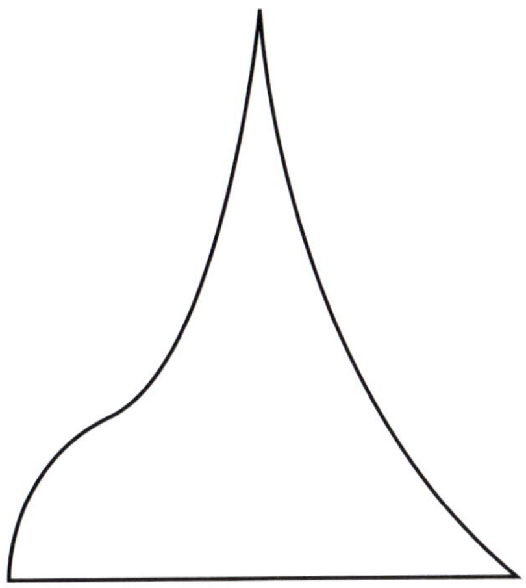

„Die Form für den Schokoladendekor (Gitter) ist hier in 40 % der Originalgröße abgebildet und sollte beim Kopieren auf 100 % vergrößert werden, um als Vorlage verwendet werden zu können.

# Petits fours

## Zutaten

**Zutaten für 60 Stück, Quadrate 4 x 4 cm**

**Pâte sablée**

| | |
|---|---|
| 80 g | Butter |
| | Salz |
| 40 g | Eiklar |
| 80 g | Kristallzucker |
| 115 g | Weizenmehl (Type 405) |
| 5 g | Backpulver |
| 50 g | Orangeat, fein gehackt |

(Menge reicht für eine Silikonmatte von 28 x 36 cm)

**Orangen-Chantilly**

| | |
|---|---|
| 140 g | Bitterkuvertüre (Guanaja – 70,5 % Kakao) |
| 60 g | Orangensaftkonzentrat (TK) |
| 45 g | Grand Marnier (50 Vol.-%) |
| 195 g | Schlagsahne (32 %) |

(Menge reicht für 60 Fours)

***Fein gehacktes Orangeat gibt der Pâte sablée ein unverwechselbares Aroma. Auch für die Herstellung der Orangen-Chantilly werden nur allerfeinste Rohstoffe verwendet. Die weiße, spitzförmige Schokolade symbolisiert „Alpspitz-konturen".***

**Spezielle Rohstoffe/Arbeitsgeräte**

- Orangeat, fein gehackt
- Orangensaftkonzentrat (TK)
- Schneidewalze
- Lochtülle Nr. 6

***Herstellung:***

***Herstellung der Pâte sablée:***

Die Butter mit einer Prise Salz schaumig schlagen. Anschließend den cremigen, aber stabilen Eischnee unterheben und danach das mit dem Backpulver gesiebte Mehl einmelieren. Die Masse auf eine 28 x 36 cm große Silikonmatte aufstreichen und anschließend das fein gehackte Orangeat aufstreuen. Die Pâte sablée bei 180 °C und geöffnetem Zug goldbraun ausbacken. Die Kapsel aber nicht zu trocken ausbacken und gleich danach mit der Silikonmatte zum Auskühlen auf ein kaltes Blech ziehen. Zur Fertigstellung die Kapsel von der Silikonmatte nehmen, am Rand zuschneiden und in 4 x 4 cm große Quadrate schneiden. Eine scharfe Schneidewalze (Bonbonwalze) leistet hierfür sehr gute Dienste.

***Herstellung der Orangen-Chantilly:***

Für die Orangen-Chantilly das Saftkonzentrat mit dem Grand Marnier vermischen und leicht erwärmt unter die bei 54 °C aufgelöste Kuvertüre rühren. Die Masse so temperieren, daß anschließend durch Zugabe von etwas Schlagsahne ein glänzender, elastischer Canache als Grundmasse entsteht. Unter den Canache nun die übrige Schlagsahne, gegebenenfalls nach kurzem Nachtemperieren, behutsam untermelieren. Die Chantilly sollte jetzt keinesfalls sofort zu kristallisieren beginnen, sondern zum Aufdressieren auf die Pâte-sablée-Karrees von elastischer, aber standfester Konsistenz sein. Als Dekor ein spitzes Dreieck (oder Splitter) aus weißer Schokolade in die Chantilly stecken. Anschließend die „Alpspitz" zum vollkommenen Kristallisieren kühl stellen.

***Hinweis:***

Ein sehr rationelles Petits fours, das eine auffällige Optik besitzt und durch die Orangeatstückchen eine besonders appetitliche Farbgebung erhält.

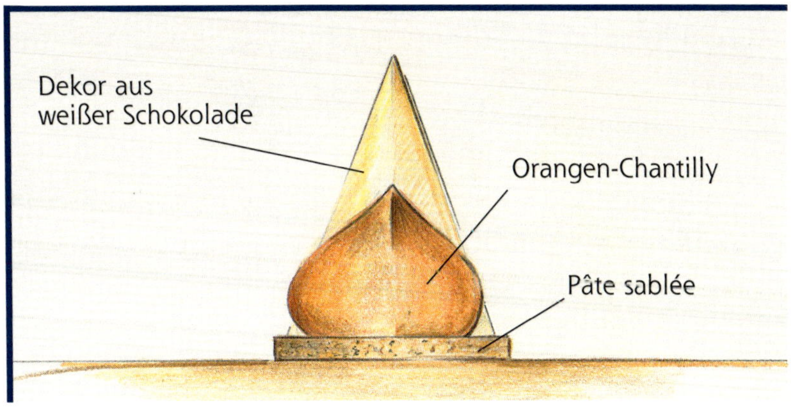


***Prozentuale Zusammensetzung Orangen-Chantilly***

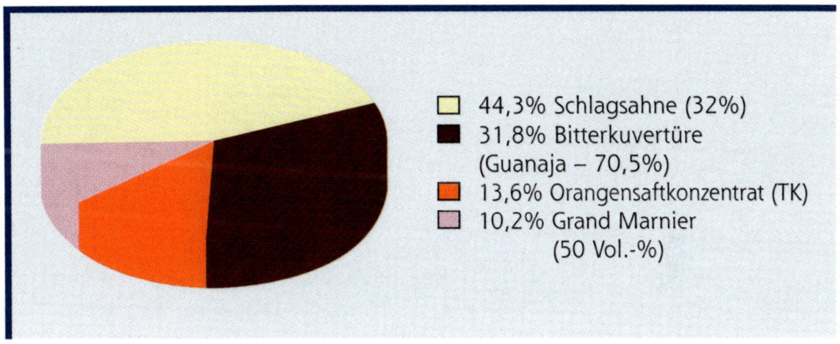


***Herstellungsaufwand:***

### Zutaten für 60 Stück

**Himbeercanache**

| | |
|---|---|
| 300 g | Milchkuvertüre (Jivara Lactée – 40 % Kakao) |
| 80 g | Butter |
| 50 g | Eigelb |
| 30 g | Invertzuckersirup |
| 100 g | Sahne (32 %) |
| 180 g | Himbeerpüree (10 % Zucker) |

**Buttermürbteig**

| | |
|---|---|
| 750 g | Butter |
| 340 g | Puderzucker |
| 80 g | Eigelb |
| 1000 g | Weizenmehl (Type 405) |
| 5 g | Salz |
| 1 | Zitronenschale, fein abgerieben |
| | Mark von 2 Bourbon-Vanillestangen |

Zutaten

***So stolz kann sich niemand verstellen, als daß er einer Werbung durch kulinarische Liebeserklärungen widerstehen könnte."***

*(Vinicenus 77)*

***Lustvolles aus der Liebesküche: Auf kleine Buttermürbteigherzen wird Himbeercanache aufdressiert und mit rosé melierten Herzen aus weißer Schokolade behutsam bedeckt – ein wahrhaft herzliches Arrangement!***

### Spezielle Rohstoffe/Arbeitsgeräte

- Frische Himbeeren
- Himbeerpulver aus gefriergetrockneten Früchten
- Kleiner Herzausstecher
- Sterntülle Nr. 4

**Herstellung:**

Aus einem etwa 2,5 mm stark ausgerollten Buttermürbteig die entsprechende Anzahl Herzen ausstechen und bei 170 °C und offenem Zug goldbraun ausbacken. Für den Himbeercanache das Fruchtpüree mit der Sahne, dem Eigelb und dem Invertzucker „zur Rose" abziehen (86 °C). Diese Mischung portionsweise unter die bei 54 °C aufgelöste Kuvertüre mischen und einen glänzenden, homogenen Canache herstellen. Die cremig weiche (pomadige) Butter zum Schluß bei etwa 35 °C untermischen. Den Canache zum Kristallisieren beiseite stellen. Während dieser Zeit können die Herzen aus weißer Schokolade hergestellt werden. Hierzu die entsprechende Menge weiße Schokolade mit etwas Pulver aus gefriergetrockneten Himbeeren versetzen (schlieren) und dünn aufstreichen. Sobald die Schokolade wachsweich angezogen hat, Herzen in der gleichen Größe wie die des Mürbteigunterteils ausstechen.

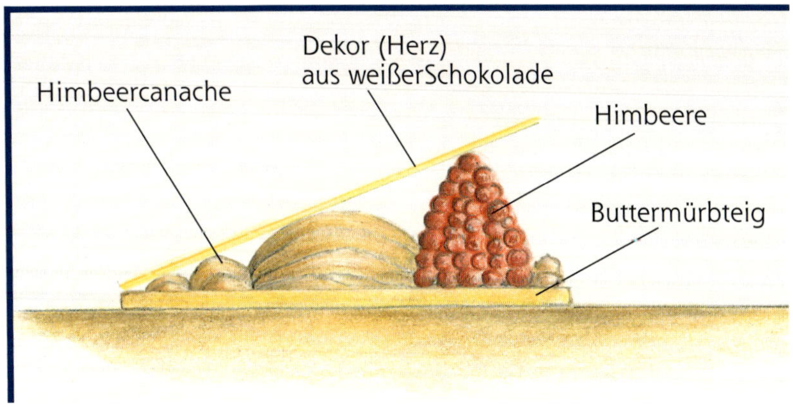


### Fertigstellung:

Den geschmeidigen, dressierfähigen Himbeercanache mittels Sterntülle auf die rechte Seite der Mürbteigherzen aufdressieren. Anschließend eine frische Himbeere von der rechten Seite her ansetzen und ein Schokoladenherz leicht schräg als Deckel auflegen.

### Herstellung des Buttermürbteigs:

Zuerst die kühle Butter zusammen mit dem Puderzucker, dem Salz, dem Eigelb und den Gewürzen geschmeidig glatt arbeiten. Danach das gesiebte Mehl in einem kurzen Knetprozeß unterwirken. Den Teig vor dem Verarbeiten für ausreichende Zeit – am besten über Nacht – kühl stellen.

### Prozentuale Zusammensetzung Himbeercanache

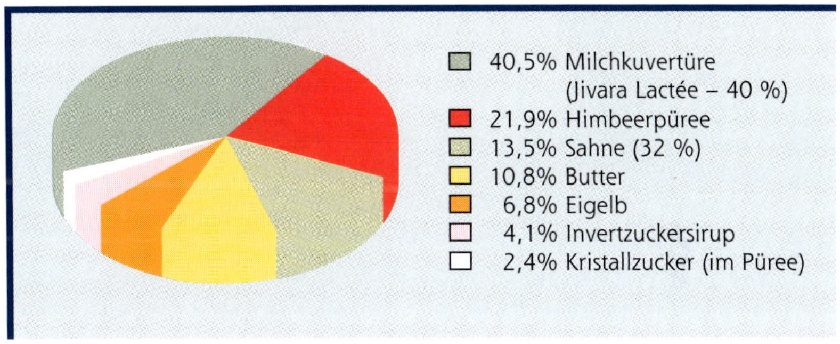


**Herstellungsaufwand:**

**Zutaten für 50 Stück**

**Bananismasse**

| | |
|---|---|
| 170 g | reife Bananen |
| 190 g | Farinzucker |
| 85 g | Speiseöl |
| 85 g | Vollmilch (3,5 %) |
| 100 g | Vollei |
| 35 g | Eigelb |
| 2 g | Natron |
| 2 g | Backpulver |
| | Ceylon-Zimt |
| 160 g | Weizenmehl (Type 405) |

**Bananentränke**

| | |
|---|---|
| 120 g | Bananenpüree |
| 25 g | Zitronensaft |
| 240 g | Läuterzucker |
| 60 g | Wasser |

**Glasurcanache**

Seite 261

**Läuterzucker**

Seite 264

***Ausgesprochen originell und unkompliziert zu fertigen sind diese Petits fours. Aus einer speziellen Bananenmasse „Bananis" herstellen, mit köstlichem Glasurcanache überziehen und mit einer Bananenscheibe den fruchtigen Blickpunkt setzen.***

**Spezielle Rohstoffe/Arbeitsgeräte**

- Kaltgelee (Nappage)
- Farinzucker
- 1 Matte mit 50 ovalen Silikonbackförmchen, 53 x 33 mm, 20 mm hoch

***Herstellung:***

Für die Bananismasse die Bananen mit dem Farinzucker zusammen vollkommen glatt arbeiten. Danach die übrigen Zutaten und das mit wenig Ei gelöste Natron zugeben. Die Masse etwas schaumig schlagen und zum Schluß das mit dem Backpulver und dem Zimt vermischte Mehl einrühren. Die Silikonbackförmchen zu etwa 75 % Höhe mit der Masse auffüllen und dann bei 180 °C und geöffnetem Zug in etwa 18 bis 20 Minuten saftig ausbacken.

*Fertigstellung:*

Die ausgekühlten „Bananis" aus der Form herausdrücken, eventuell den Boden (Backhautseite) begradigen, dann die Fours kurzzeitig von der Oberseite her in die Tränke eintauchen und anschließend auf ein Kuchengitter absetzen. Mit dem Glasurcanache die Fours auf dem Gitter überziehen und eventuell zum schnelleren Festwerden der Glasur die überzogenen Fours kurzzeitig in den Kühlschrank stellen. Als Dekor eine in etwas Zitronensaft oder in mit wenig Wasser gelöster L-Ascorbinsäure (Vitamin C) marinierte Bananenscheibe auf jedes Four legen. Die Bananenscheibe mit etwas Kaltgelee bestreichen, um sie vor dem Austrocknen zu schützen. So behält auch dieses mit frischer Banane dekorierte Produkt einen ganzen Tag sein frisches und appetitliches Aussehen.

*Tip:*

Das Einlegen von Äpfeln und Birnen in gelöster L-Ascorbinsäure schützt auch die Oberfläche dieser Früchte wirkungsvoll vor zu schneller Oxidation (Braunfärbung). Auf diese Weise behält das Obst für längere Zeit ein appetitliches Aussehen bei nur geringfügig säuerlicherem Geschmack. Das Anmischen einer Lösung mit 10 % bis maximal 15 % Säure ist zum Behandeln der meisten Früchte (unterschiedlicher Reifegrad und Fruchtsäuregehalt) ausreichend.

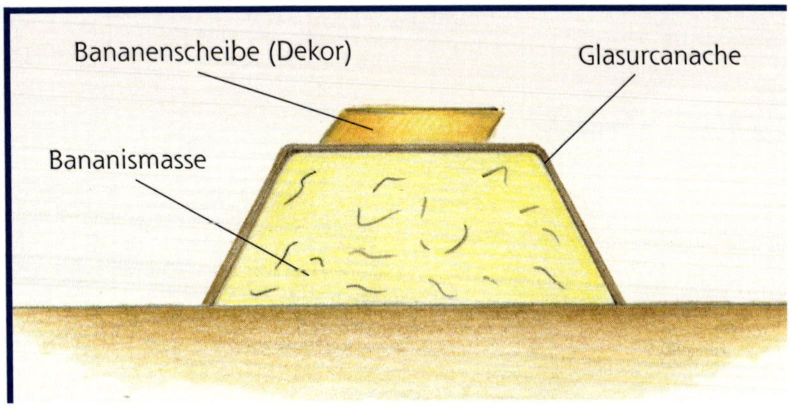


*Prozentuale Zusammensetzung Bananentränke*

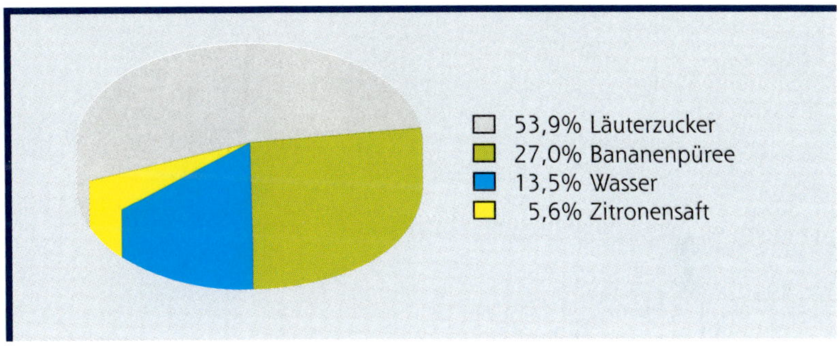


*Herstellungsaufwand:*

*Sonnengetränkte Himbeeren, herb-aromatische Kiwi-Filets und saftige Mangostückchen, jeweils auf ihrer erfrischenden Mousse – eine berauschende Krönung der Baumkuchenfours, deren zart duftige Lagen durch hauchdünne Schichten von leicht aromatisierter Aprikosenkonfitüre verbunden sind.*

**Zutaten für 80 Stück, Quadrate 3,5 x 3,5 cm**

**Baumkuchenkapsel**

(Diese Kapsel ist ein Rezept der Meisterschule für Konditoren in München)

| | |
|---|---|
| 100 g | Marzipanrohmasse M0 |
| 40 g | Jamaica-Rum (50 Vol.-%) |
| 300 g | Butter |
| 50 g | Glucose |
| 300 g | Eiklar |
| 175 g | Kristallzucker |
| 1,5 g | Salz |
| 200 g | Eigelb |
| 100 g | Weizenmehl (Type 405) |
| 100 g | Weizenpuder |
| 3,5 g | Backpulver |
| | Mark von 2 Bourbon-Vanillestangen |
| 1/2 | Zitronenschale, fein abgerieben |

(Menge reicht aus zum Aufstreichen für 2 Silikonmatten 56 x 36 cm)

**Fruchtmousse**

(Das einfache Rezept reicht aus für 125 Baumkuchenfours)

| | |
|---|---|
| 40 g | Eiklar, pasteurisiert |
| 50 g | Kristallzucker |
| 20 g | Puderzucker |
| 100 g | Himbeerpüree (10 % Zucker) |
| 3 Bl. | Gelatine (Platin = 5,25 g) |
| 320 g | Schlagsahne (32 %) |

**Fruchtmousse-Varianten**

statt Himbeerpüree

| | |
|---|---|
| 100 g | Mangopüree mit 1 Spritzer Zitronensaft oder |
| 115 g | Kiwi-Püree (einmal kurz aufgekocht) |

**Zutaten**

**Spezielle Rohstoffe/Arbeitsgeräte**

- 2 Silikonbackmatten, 56 x 36 cm
- Rouladenaufstreichgerät
- Bonbonwalze zum Anzeichnen (3,5 cm) oder evtl. eine „Schneideharfe", ergibt dann Fours der Größe 3,8 x 3,8 cm
- Sterntülle Nr. 5

***Herstellung:***

***Herstellung der Baumkuchenkapsel:***

Die Marzipanrohmasse mit dem Rum glatt arbeiten und zusammen mit der Butter, der Glucose und den Gewürzen schaumig schlagen. Gleichzeitig aus dem Eiklar, dem Zucker und dem Salz einen stabilen, aber cremigen Eischnee herstellen. Unter diesen dann das Eigelb kurz unterlaufen lassen. Dann den Eischnee unter die schaumige Butter melieren und anschließend das mit dem Weizenpuder und Backpulver vermischte gesiebte Mehl unterarbeiten. Die Baumkuchenkapselmasse mit dem Rouladenaufstreichgerät oder von Hand auf 2 Silikonbackmatten etwa 5 mm hoch aufstreichen und bei 210 °C und geöffnetem Zug bis zum Erreichen einer goldbraunen Backfarbe flott und saftig abbacken. Um ein unnötiges Austrocknen zu vermeiden, empfiehlt es sich, die Kapseln sofort nach dem Backen auf ein kaltes Blech zu ziehen. Anschließend die beiden noch leicht warmen Kapseln halbieren und dann mit dünn aufgestrichener Aprikosenkonfitüre, welche mit etwas Arrak oder Rum aromatisiert sein kann, die 4 Hälften zusammensetzen. Die zusammengesetzte Baumkuchenkapsel mit Frischhaltefolie abdecken und am besten über Nacht kühl stellen.

***Fertigstellung:***

Die durchgekühlte Baumkuchen-Petits-fours-Kapsel stürzen und mit der Schneideharfe oder von Hand in kleine Quadrate schneiden beziehungsweise eine beliebige Form ausstechen. Diese Teile anschließend in heiße, möglichst dünnflüssige Aprikosenkonfitüre bis auf den Boden, welcher frei bleibt, eintauchen. Danach die Fours bis zur Fertigstellung der jeweiligen Fruchtmousse kühl stellen.

***Herstellung der Fruchtmousse:***

Aus dem Eiklar und dem Zucker einen stabilen, aber cremigen Eischnee herstellen. Einen kleinen Teil des Fruchtpürees leicht anwärmen und die aufgelöste Gelatine hineinrühren. Dann das übrige Püree zugeben und diese Mischung so temperieren, daß etwas von der Schlagsahne und zum Schluß der Eischnee zusammen mit der übrigen Schlagsahne untermeliert werden können. Die Fruchtmousse sollte, damit sie aufdressiert werden kann, standfest, aber noch geschmeidig sein. Nach dem Aufdressieren ist ein der jeweiligen Mousse entsprechendes Fruchtfilet bzw. Fruchtstück der passende Dekor für die Baumkuchenfours.

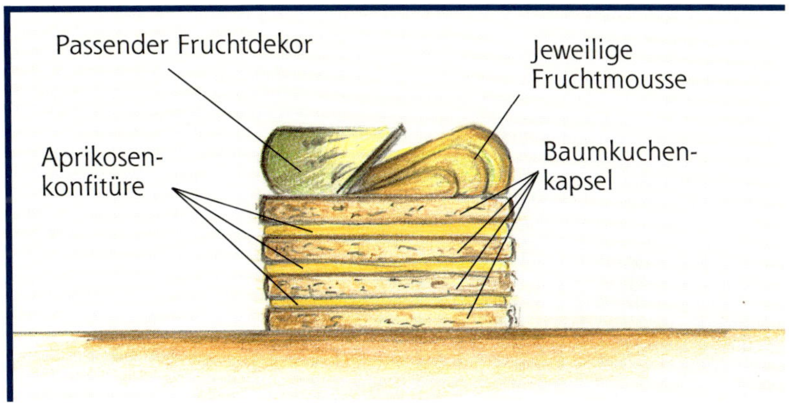


***Prozentuale Zusammensetzung Fruchtmousse (variabel)***

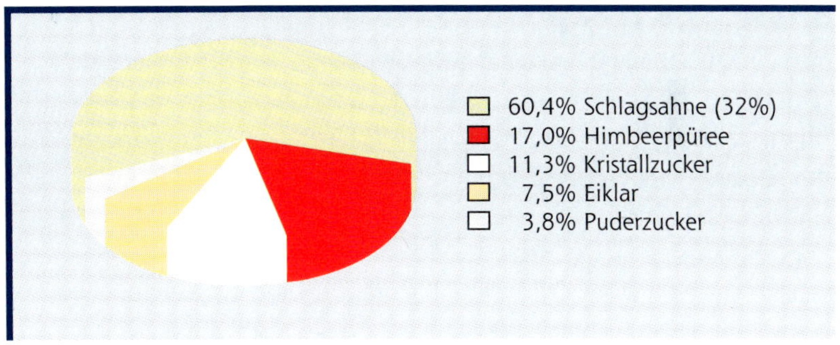


***Herstellungsaufwand:***

**Zutaten für 50 Stück aus 2 Dachrinnenformen**

**Guanaja-Schokomousse 1**

240 g Bitterkuvertüre (Guanaja – 70,5 % Kakao)
270 g Crème anglaise
460 g Schlagsahne (32%)
2 bis 3 Bl. Gelatine (Platin – Winter = 3,5 g Sommer = 5,25 g)

**Crème anglaise**

110 g Sahne (32 %)
110 g Vollmilch (3,5 %)
45 g Eigelb
22 g Kristallzucker

**Crème brûlée-Vanille**

Seite 166 (1/2 Rezept)

**Schoko-Joconde-Kapsel**

Seite 269

**Glasurcanache**

Seite 261

Zutaten

***Eine verführerische Nascherei, geschaffen mit viel poetischer Feinheit. Eine Mousse aus Crème anglaise und edelster Bitterkuvertüre in Dachrinnenformen füllen, dazu eine saftige Crème brûlée. Die fertigen Bûche mit Canache glasieren und in schmale Stücke schneiden. Als Clou: leger dekorierte Späne aus weißer Schokolade, deren Kolorit mit den schokoladenbraunen Farbtönen besonders harmoniert.***

**Spezielle Rohstoffe/Arbeitsgeräte**

- 2 runde Silikonformen zum Backen, Durchmesser 15 cm – Höhe 1,5 cm
- 2 Dachrinnenformen, Länge 50 cm, Breite 5 cm, Tiefe 3,5 cm
- Eventuell Frischhaltefolie zum Auslegen der Formen

**Herstellung:**

**Herstellung der Schokomousse und der Crème anglaise:**

Für die Schokomousse zuerst die Crème anglaise herstellen. Hierfür die Sahne mit der Milch unter das mit dem Zucker vermischte Eigelb rühren. Diese Mischung dann unter ständigem Umrühren mit einem Silikonspatel „zur Rose" abziehen, das heißt bis auf 86 °C erhitzen (Thermometer).

Anschließend die Crème anglaise durch ein feines Sieb in eine Edelstahlschüssel passieren. Sofort danach die gequollene Gelatine in der abgewogenen, noch heißen Crème anglaise auflösen und gut unterrühren.

***Hinweis:***
Große Mengen Crème anglaise lassen sich sehr rationell im Eismix-Pasteurisiergerät zubereiten!

In die bei 54 °C aufgelöste Kuvertüre wird die Crème anglaise portionsweise eingerührt und ein glatter, möglichst homogener Canache hergestellt. Die Schlagsahne zum Schluß behutsam in den temperierten Canache einmelieren und die Mousse dann in die hauchdünn geölten und leicht gezuckerten (Kristallzucker) oder mit Frischhaltefolie ausgelegten Dachrinnenformen einfüllen. Gleich darauf die zur leichteren Handhabe angefrostete Crème brûlée in etwa 2 cm breite Streifen schneiden und in die Schokomousse einlegen. Anschließend mit einem knapp formenbreiten (5 cm) Streifen des Schoko-Jocondes die Füllung abdecken und die Dachrinnenformen kühl stellen oder einfrieren.

***Fertigstellung:***
Die Dachrinnenform der zur leichteren Handhabe in jedem Fall etwas angefrosteten Bûche für einen kurzen Moment in warmes Wasser tauchen und dann den Bûche aus der Form auf ein maximal 5 cm breites Backstubenlineal stürzen. Anschließend den Bûche auf dem Lineal mit dem Glasurcanache überziehen und ihn nach dem Festwerden der Glasur in Stücke der gewünschten Breite (2 cm) schneiden. Zum Schluß als Dekor einen kleinen Span aus weißer Schokolade aufsetzen.

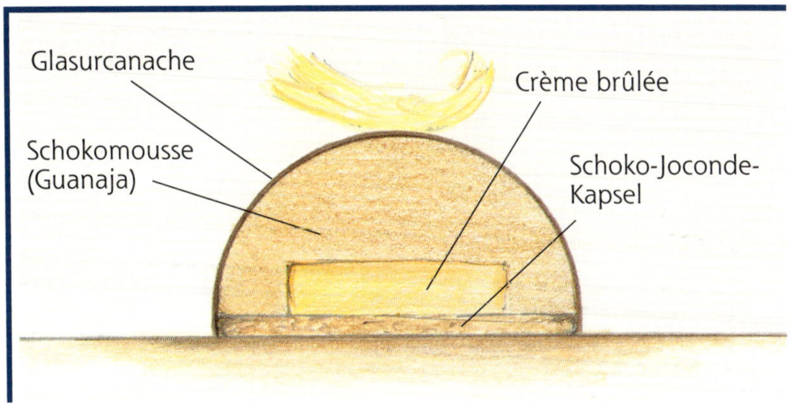


***Prozentuale Zusammensetzung Guanaja-Schokomousse (1)***

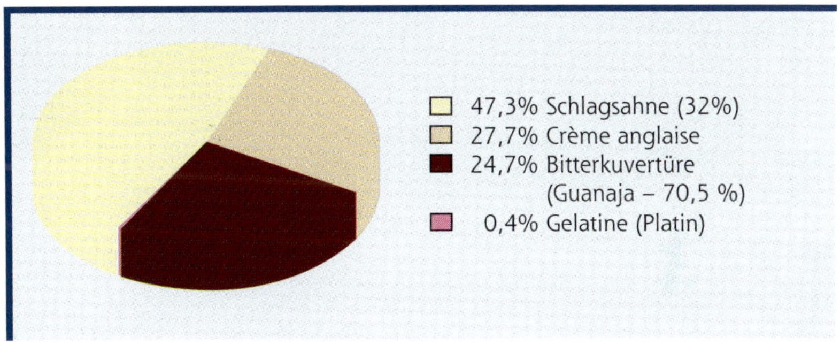


***Herstellungsaufwand:***

*Ein wenig Flair von Luxus verheißt dieses traumhafte Minidessert, das Kaffeefans zu überzeugen weiß. Joconde-Böden, mit Kaffeelikör saftig getränkt, werden mit Feuilletine-Nugat und Mokkakrem aufgeschichtet. Mit einer dunklen Schokoladenglasur dünn glasiert und mit Blattgoldflöckchen subtil betupft, erhalten sie ihr zurückhaltendes und besonders elegantes Finish.*

*Bei der Entwicklung dieser Rezeptur hatte ich die traditionelle französische „Opera" zum Vorbild genommen. So entstand diese neue Version eines Klassikers der Patisserie.*

## Zutaten

**Zutaten für 60 Stück, Quadrate 4 x 4 cm**

**Feuilletine-Nugat**

250 g Mandelbitternugat
250 g Nußnugat, hell
150 g Nußnugat, dunkel
125 g Pailleté Feuilletine

**Kaffeelikörtränke**

100 g Kaffeelikör Kahlúa (26,5 Vol.-%)
100 g Wasser
50 g Invertzuckersirup
5 g dehydrierter Kaffee

**Basiskrem (225 g)**

Seite 259

**Glasur**

1. Pâte à Glaçage noire
oder:
2. Glasurcanache
Seite 261

**Joconde-Kapsel (1 Kapsel)**

Seite 262

**Kaffeearoma**

Seite 259

**Spezielle Rohstoffe/Arbeitsgeräte**

- Kaffeelikör Kahlúa (26,5 Vol.-%)
- Pailleté Feuilletine (knusprige Teigstreusel – Cacao Barry)
- Pâte à Glaçage noire (Valrhona)
- Blattgoldflocken

**Herstellung:**

Eine halbe Joconde-Kapsel mit der Backhaut nach oben auf ein mit Silikonpapier belegtes Blech legen und etwa 40 % der Tränke gleichmäßig darauf verteilen. Anschließend die Nugatfüllung (temperiert) eben auf die Kapsel streichen und die zweite Hälfte der

Biskuitkapsel mit der Backhaut nach unten auf den Nugat legen. Die zweite Kapsel mit der restlichen Kaffeetränke durchtränken sowie den mit Kaffeearoma und Kaffeelikör kräftig abgeschmeckten Basiskrem darauf verstreichen und vollkommen glatt abziehen. Die Schnitte bis zum Fertigstellen kühl stellen – am besten über Nacht. Hierfür sollte dann die Oberfläche nach dem Festwerden des Krems mit Frischhaltefolie abgedeckt werden.

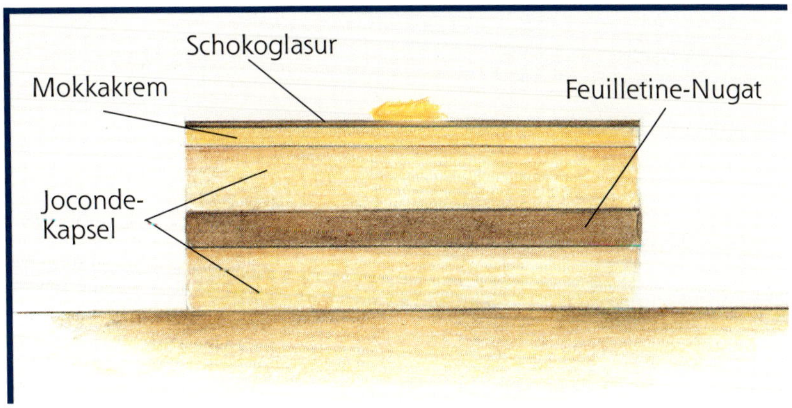


***Tip:***

Soll auch die unten liegende Joconde-Kapsel besonders saftig getränkt sein, empfiehlt es sich, die Unterseite vor dem Tränken dünn mit leicht überwärmter Bitterkuvertüre abzustreichen.

***Fertigstellung:***

Die gut durchgekühlte Schnitte mit einer der jeweiligen dunklen Glasuren möglichst dünn glasieren und in Quadrate von 4 cm Kantenlänge einteilen. Anschließend mit einem scharfen Sägemesser die Fours schneiden. Zum Schluß jedes Stück mit einem kleinen Blattgoldflöckchen garnieren.

***Prozentuale Zusammensetzung Feuilletine-Nugat***

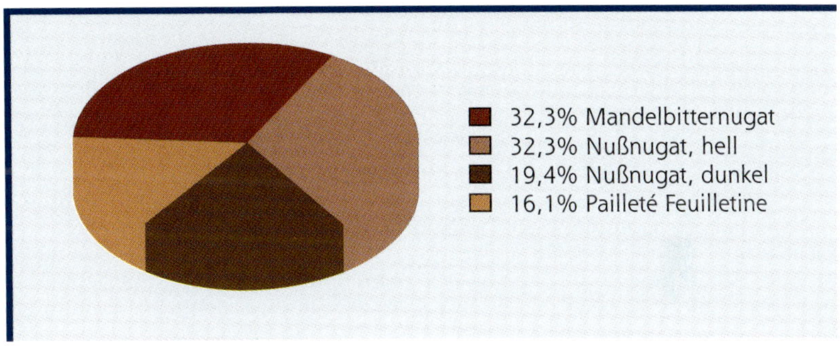


***Herstellungsaufwand:***

**Zutaten für 48 Stück, zylindrisch**

**Weiße Kaffeemousse**

Das 1/2 Rezept „Weiße Kaffeemousse", hergestellt mit der Milchkuvertüre Jivara Lactée (40 % Kakao).
Seite 94

**Flaumiger Biskuit**

(mit 8 g dehydriertem Kaffee je Kapsel) Seite 246

**Milchkuvertüre zum Sprühen**

Seite 265

**Baisermasse für Baisertupfen**

| | |
|---|---|
| 200 g | Eiklar |
| 220 g | Kristallzucker |
| | Salz |
| 180 g | Kristallzucker |
| 80 g | Puderzucker |

Zutaten

*Es gibt fünf schöne Künste: die Malerei, die Dichtkunst, die Musik, die Bildhauerei und die Architektur, deren Hauptzweig die Pâtisserie ist."*

*(Marie-Antoine Carême)*

**Spezielle Rohstoffe/Arbeitsgeräte**

- Hochwertige, charaktervolle Espressobohnen für die Kaffeemousse („Heimbs"-Kaffee)
- 48 kleine, runde Formen mit Auswerfer, Durchmesser 4 cm (2,5 cm hoch)
- Runder Ausstecher (Durchmesser 3 cm)
- Lochtülle Nr. 5
- Sprühpistole, elektrisch

**Herstellung:**

Die Formen innen hauchdünn ölen und zuckern. Anschließend vom Biskuit Scheiben mit 3 cm Durchmesser ausstechen und in die Formen einlegen. (Reste vom Ausstechen könnten als zusätzliche Einlage verwendet werden.) Das 1/2 Rezept „Weiße Kaffeemousse" von Seite 94 reicht aus zum Füllen von etwa 48 Förmchen. Bis auf den Austausch der weißen Schokolade gegen die Milchkuvertüre (Jivara Lactée) erfolgt die Herstellung der Kaffeemousse für „Cappuccino" genauso, wie in der Anleitung für die Kleintorte „Efendi" auf Seite 94 angegeben. Für Cappuccino-Fours die Mousse mit einem Dressierbeutel und Lochtülle Nr. 5 in die Förmchen füllen und anschließend glatt streichen. Die gefüllten Förmchen kühl stellen, am besten jedoch gleich einfrieren. Mit einem kleinen Rest der Mousse kann nach etwa 30 Minuten die in der Mitte leicht eingesunkene Oberfläche wieder aufgefüllt werden.

***Fertigstellung:***

Die gefrorenen oder zum Ausformen in jedem Fall angefrosteten Fours aus der Form herausdrücken (siehe Steps der „Orangenmousse" auf Seite 209) und mit etwas Zwischenraum auf ein Blech mit Silikonpapier bzw. auf eine Silikonmatte setzen. Gegebenenfalls die Fours nochmals für einige Minuten frosten und dann sofort mit der Milchkuvertüre absprühen. Zum Schluß den leicht mit Kakao bestäubten Baisertupfen aufsetzen.

***Herstellung der Baisertupfen:***

Zuerst das Eiklar für kurze Zeit alleine mit dem Salz schlagen. Dann den größeren Zuckeranteil zusetzen und die Masse aufschlagen. Gegen Ende den übrigen Kristallzucker zugeben und nach dem Fertigstellen eines stabilen Eischnees den Puderzucker untermelieren. Die Tupfen auf ein Blech mit Silikonpapier flach und mit etwa 4 cm Durchmesser aufdressieren, leicht mit Kakao bestäuben und bei 90 – max. 100 °C – im Ofen trocknen.

***Tip:***

- Das Eiklar sollte zur Verwendung für die Baisermasse etwa auf Raumtemperatur erwärmt sein. So löst sich der Zucker leichter in der Baisermasse.
- Mit einem kleinen, mit etwas Kakao gefüllten Leinensäckchen läßt sich vor dem Trocknen im Ofen eine besonders feine Schicht Kakaostaub auftragen.

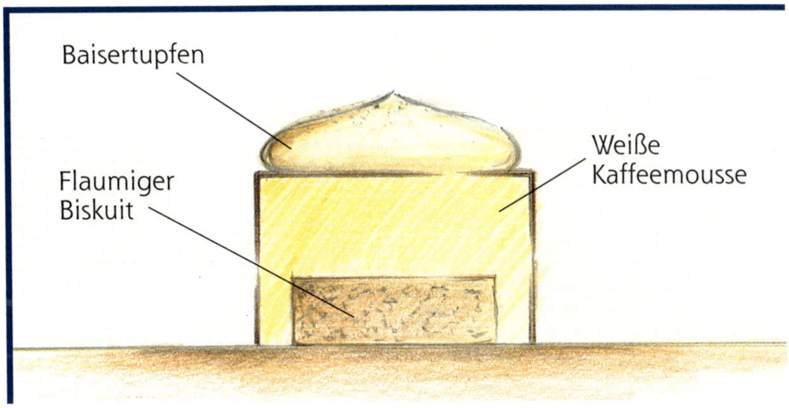


***Prozentuale Zusammensetzung Flaumiger Biskuit von Seite 248***

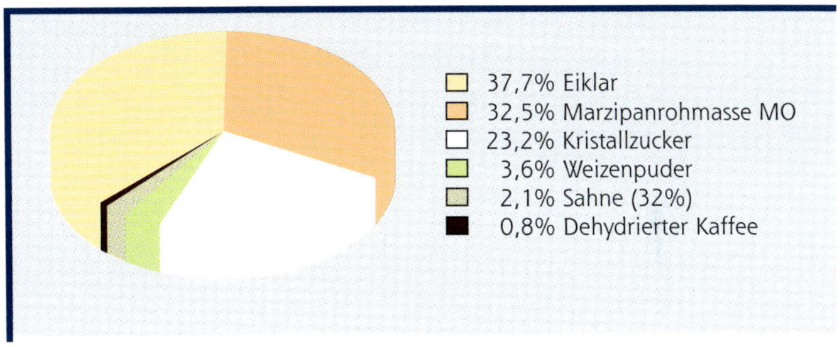


***Herstellungsaufwand:***

**Zutaten für 45 Stück**

**Ananascreme**

| | |
|---|---|
| 300 g | Ananaspüree (10 % Zucker) |
| 180 g | Vollmilch (3,5 %) |
| 120 g | Eigelb |
| 12 g | Kristallzucker |
| 36 g | Cremepulver |
| 120 g | Butter |
| 120 g | Butter |

**Brandmasse/-fours**

(siehe hierzu auch Seite???)

| | |
|---|---|
| 210 g | Vollmilch (3,5 %) |
| 210 g | Wasser |
| 100 g | Butterfett |
| | Salz |
| 270 g | Weizenmehl (Type 405) |
| 400 g | Vollei |

Zutaten

***Schmeckt wie ein Rendezvous der Lebensfreude: Kleine, mundgerechte Windbeutel – wahrliche Leckerbissen aus Brandteig, gefüllt mit aromaintensiver Ananascreme – werden einfach in leicht gerösteter Kokosraspel gewälzt.***

**Spezielle Rohstoffe/Arbeitsgeräte**

- Ananaspüree (10 % Zucker)
- Lochtülle Nr. 8
- Tülle zum Krapfenfüllen oder Lochtülle Nr. 2

**Herstellung:**

**Herstellung der kleinen Windbeutel aus Brandmasse:**

Die Milch, das Wasser und das Butterfett zusammen mit dem Salz aufkochen. Dann das gesiebte Mehl unterrühren und die Masse so lange abrösten, bis sie sich ballt und gut von der Kesselwand löst. Die Masse sofort danach in einen kalten Edelstahlkessel umfüllen und abgedeckt etwas abkühlen lassen.

Anschließend die Eier nach und nach unterrühren und eine glatte Brandmasse herstellen, jedoch nicht schaumig rühren. Mit einem Dressierbeutel und Lochtülle Nr. 8 kleine Halbkugeln auf eine Silikonbackmatte dressieren und diese dann bei 200 °C mit Dampf abbacken. Zum Schluß den Zug öffnen.

***Herstellung der Ananascreme und der „Choux":***

Für die Ananascreme das Eigelb und das Cremepulver mit etwas Milch anrühren und beiseite stellen. Die übrige Milch mit dem Fruchtpüree und dem Zucker erhitzen, dann die Eigelbe einrühren und abkochen. Die Creme nach dem Kochen in eine kalte Edelstahlschüssel umfüllen und den ersten Teil der gekühlten Butter unterrühren. Dann die Ananascreme mit Frischhaltefolie abdecken und zum Auskühlen beiseite stellen. Die zweite Hälfte der Butter schaumig rühren und nach und nach die temperierte Ananascreme dazugeben sowie alles zusammen leicht schaumig rühren. Mit einer „Tülle zum Krapfenfüllen" (stark verlängerte Tüllenspitze) oder alternativ mit einer Lochtülle Nr. 2 die kleinen Windbeutel mit der Ananascreme füllen.

***Hinweis:***

Es ist nicht zwingend erforderlich, den zweiten Butteranteil der Rezeptur „Ananascreme" zuzusetzen. In diesem Fall bleibt die Creme geschmacklich etwas kräftiger, sie ist dann jedoch von etwas zäherer Konsistenz.

***Fertigstellung:*** • • • • • • • • • • • •

Die gefüllten Windbeutel dünn aprikotieren und sofort daran anschließend in schwach geröstetem Kokosraspel wälzen.

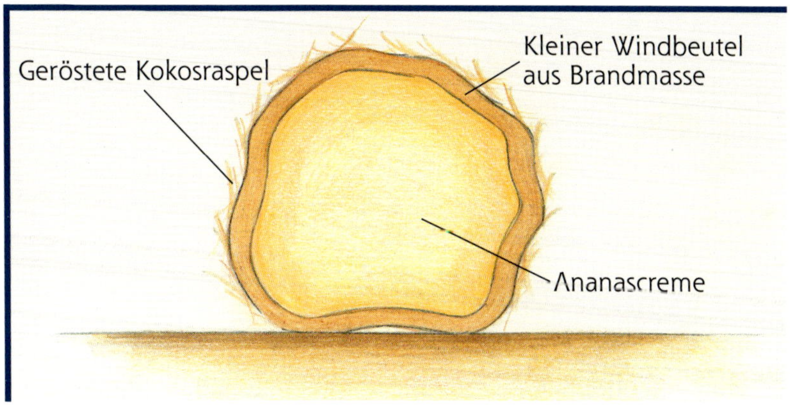


***Prozentuale Zusammensetzung Ananascreme***

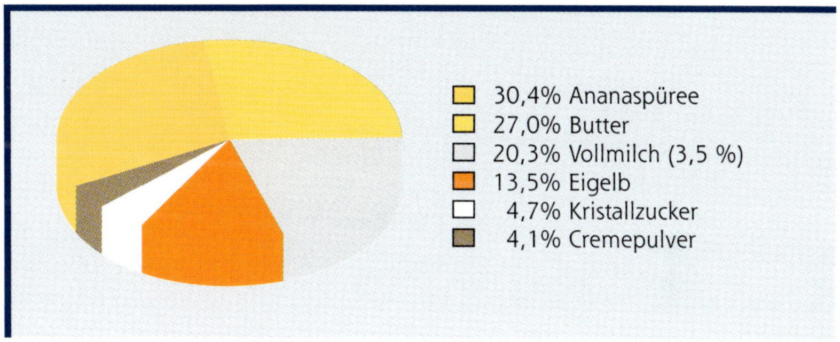


***Herstellungsaufwand:*** • • • • • • •

**Zutaten für 25 Stück**

150 g Bitterkuvertüre (Caraque – 56 % Kakao)
50 g Nußnugat, hell
50 g Nußnugat, dunkel
40 g Rice Crispies
60 g Pailleté Feuilletine

Zutaten

**Spezielle Rohstoffe/Arbeitsgeräte**

- Pailleté Feuilletine (knusprige Teigstreusel/Cacao Barry)
- 2 Teelöffel oder sogenanntes „Mandelsplittergerät"

***Ein Knuspergenuß der Edelklasse, denn es werden nur die besten Zutaten verwendet: Unter eine Mischung von Bitterkuvertüre, hellem und dunklem Nugat knackige Rice Crispies und krosses Pailleté Feuilletine ziehen, portionieren und abschließend hauchfein mit zart-bitterem Kakao bestäuben.***

***Herstellungsaufwand:***

***Herstellung:***

Die beiden Nugats zusammen leicht anwärmen und dann die temperierte Kuvertüre unterrühren. Gegebenenfalls die Mischung entsprechend nachwärmen, jedoch keinesfalls übertemperieren. Anschließend die Crispies und die Pailleté Feuilletine untermischen. Die Masse sofort mit 2 Teelöffeln auf eine Silikonmatte portionieren und zum vollständigen Kristallisieren am besten kurzzeitig kühl stellen.

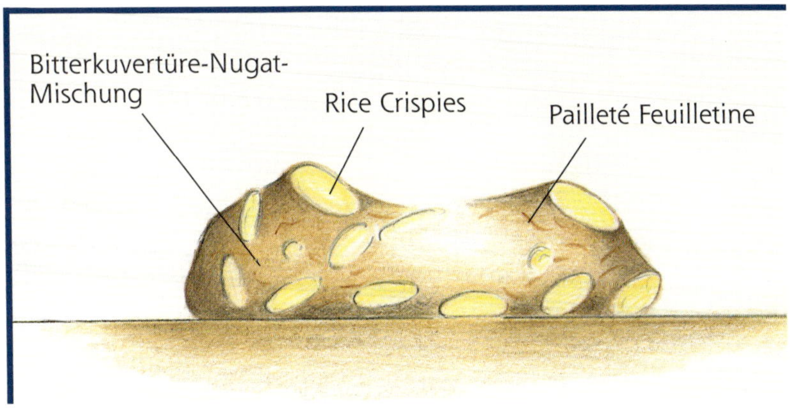


***Tip:***

Bei größeren Mengen lohnt sich der Einsatz eines sogenannten „Mandelsplittergeräts" zum rationellen Portionieren der Masse.

***Fertigstellung:***

Die Oberfläche der Crunchies mit einem Hauch edlem Kakao bestäuben.

***Prozentuale Zusammensetzung der Crunchies***

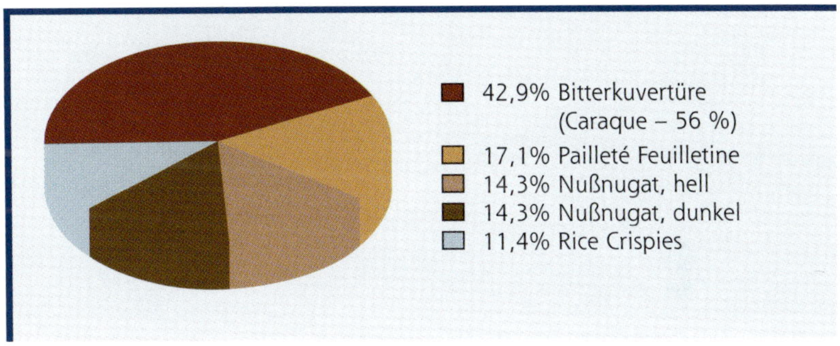

*Eine kulinarische Kostbarkeit für anspruchsvolle Genießer: Die aromatische Melonensahnecreme in Förmchen füllen, mit lockerem Mandelboden bedecken und nach dem Ausformen dünn mit klarem Gelee überziehen. Die kontrastreiche Architektur von Melonenkugel und Zitronengrasstück wirkt ausgesprochen dekorativ und inhaltsbezogen.*

**Zutaten: für 40 Stück**

**Melonensahnecreme**

180 g Melonenpüree (10 % Zucker)
20 g Limettensaft
18 g Kristallzucker
30 g Milch-Grundcreme
70 g Melonensirup
$6\,^1/_2$ bis 7 Bl. Gelatine
(Platin – Winter = 11,3
Sommer = 12,2 g)
350 g Schlagsahne (32 %)

**Melonentränke**

120 g Wasser
80 g Melonensirup

**Mandelboden/-kapsel**

Seite 264

**Milch-Grundcreme**

Seite 265

**Spezielle Rohstoffe/Arbeitsgeräte**

- Kaltgelee (Nappage)
- Zitronengrasstreifen als Dekor
- Achteckige Silikonförmchen (konisch), Durchmesser 39 mm, Höhe 25 mm
- Runder Ausstecher, Durchmesser 30 mm
- Parisienne-Ausstecher, Durchmesser 6 mm

**Herstellung:**

Von einer Mandelkapsel kleine Scheiben (Durchmesser 30 mm) ausstechen, leicht tränken und zur Seite stellen.
Für die Melonensahnecreme die Milch-Grundcreme mit dem Zucker glatt rühren und leicht anwärmen. Dann die gelöste, mit dem Melonensirup vermischte Gelatine unterrühren und danach das Melonenpüree

zugeben. Zum Schluß in den temperierten Fond die Schlagsahne einmelieren und dann mit der Melonensahnecreme die Förmchen zu etwa 3/4 füllen. Die vorbereiteten Scheiben der Mandelkapsel anschließend auf die Melonensahnecreme auflegen und dabei leicht hineindrücken. Die Formen sollten nach dem Eindrücken der ausgestochenen Scheiben von der Mandelkapsel eben voll gefüllt sein. Anschließend die Förmchen mit der Melonensahnecreme einfrieren.

***Fertigstellung:***

Die benötigte Anzahl der Fours in gefrorenem Zustand aus der Form herausdrücken und in eine entsprechende Dessertkapsel absetzen. Sofort danach die Oberfläche mit etwas Kaltgelee dünn abstreichen. Als letztes jedes Four mit einer kleinen Melonenkugel und einem dünnen Streifen Zitronengras ausgarnieren.

***Tip:***

Bei Verwendung von tiefgefrorenen Fruchtpürees empfiehlt es sich, diese über Nacht im Kühlschrank aufzutauen. Ein schnelles Auftauen bei starker direkter Wärmeeinwirkung verändert die Farb- und Aromaintensität der jeweiligen Frucht sehr nachteilig!

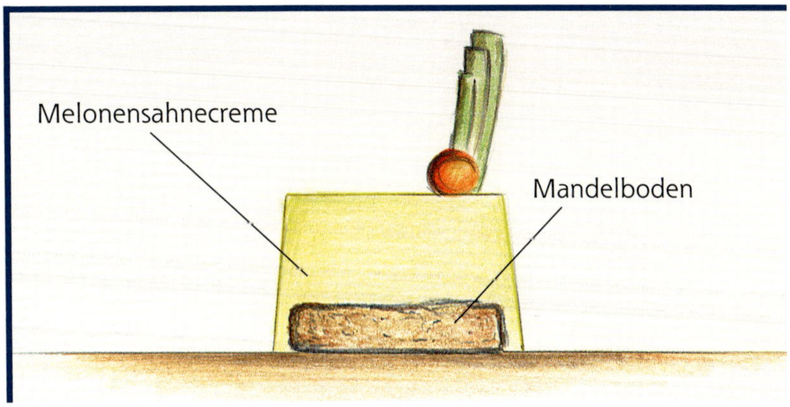


***Prozentuale Zusammensetzung Melonensahnecreme***

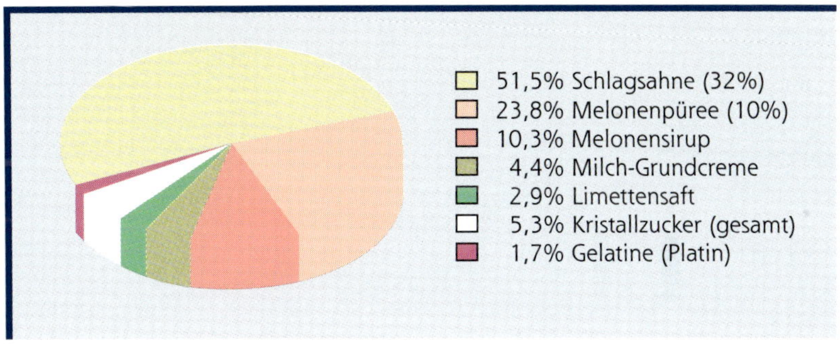


***Herstellungsaufwand:*** 

***Dieses Four bereichert jede Petits-fours-Mischung, nicht nur durch den kräftigen Kaffeegeschmack, sondern insbesondere durch die eigenwillige Optik eines kleinen Säckchens. Erwirkt wird das originelle Aussehen durch die Falten des Marzipans über den mit Kaffeecanache oder Crème pâtissière gefüllten Biskuitschalen.***

### Zutaten für 40 Stück

**Kaffeecanache (40 Stück)**

| | |
|---|---|
| 60 g | Nußnugat, hell (extra) |
| 60 g | Nußnugat, dunkel (extra) |
| 70 g | Espresso, frisch gebrüht |
| 30 g | Glucose |
| 50 g | Invertzuckersirup |
| 90 g | Kaffeelikör Kahlúa (26,5 Vol.-%) |
| 100 g | Milchkuvertüre (Équatoriale Lactée – 35 % Kakao) |
| 100 g | Bitterkuvertüre (Guanaja – 70,5 % Kakao) |

**Löffelbiskuit & Mohrenkopfmasse**

| | |
|---|---|
| 80 | Minimohrenkopfschalen (Durchmesser 35 mm) |

$^1/_2$ Rezept von Seite 148

**Bitterkuvertüre zum Sprühen**

Seite 260

### Spezielle Rohstoffe/Arbeitsgeräte

- Kaffeelikör Kahlúa (26,5 Vol.-%)
- Parisienne-Ausstecher (Durchmesser 20 mm)
- Fülltrichter
- Sprühpistole, elektrisch

### Herstellung:

**Herstellung des Kaffeecanache und der Säckchen:**

Für 40 Fours müssen 80 Minimohrenkopfschalen mit etwa 3,5 cm Durchmesser hergestellt werden. Das Rezept und die Herstellungsanleitung befinden sich auf Seite 148. Für den Kaffeecanache den Nugat verflüssigen und den heißen Espresso unterrühren. Danach die Glucose, den Invertzucker und den Kaffeelikör zugeben und intensiv vermengen. Zum Schluß die beiden Kuvertüren annähernd temperiert unter die Nugatmischung rühren.

Zur Herstellung der Säckchen die trocken ausgebackenen Mohrenkopfschalen vom Papier nehmen, an der geraden Seite mit dem Parisienne-Ausstecher (Halbkugel) eine Vertiefung schaffen und die Mohrenkopfschalen mit der Wölbung nach unten auf ein Gitter oder eine Lochplatte setzen, so daß diese nicht mehr hin- und herrollen können. Danach mit Hilfe eines Fülltrichters die Mohrenkopfschalen mit dem vorbereiteten Canache auffüllen. Sobald der Canache fest zu werden beginnt, jeweils zwei Hälften zur Kugel zusammensetzen und die Kugeln nochmals zur vollständigen Kristallisierung des Canache kühl stellen. Danach können die Kugeln in ein möglichst dünn (1 bis 1¼ mm) ausgerolltes kleines rechteckiges Stück Marzipan eingeschlagen werden. Durch Zusammendrücken (Taillieren) des Marzipans über der Kugel entstehen die Säckchen.

**Tips:**

- Als Alternative zu dieser im Geschmack recht ausdrucksvollen Kaffeefüllung bietet sich hervorragend neutrale oder aromatisierte „Crème pâtissière" an.
- Ein Petits fours, das besonders gut in die kühlere Jahreszeit paßt und auch problemlos und ohne Qualitätsverlust für einige Tage im voraus produziert werden kann.

**Fertigstellung:**

Die Säckchen mit etwas Abstand auf ein Blech mit Silikonpapier setzen und leicht anfrosten. Nachdem die Säckchen aus dem Froster entnommen wurden, müssen sie sofort mit der elektrischen Sprühpistole und der „Bitterkuvertüre zum Sprühen" abgesprüht werden. Hierbei ergibt sich dann die dunkle, samtartige Oberfläche aus Schokolade, welche bei den Säckchen für eine Optik mit leicht rauhem Stoffcharakter sorgt.

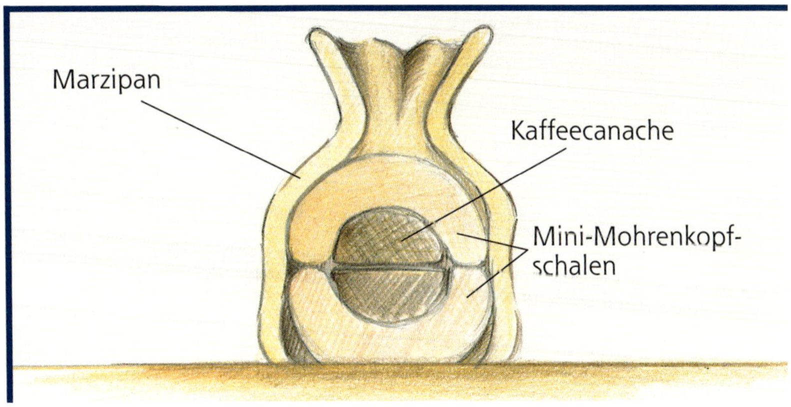


**Prozentuale Zusammensetzung Kaffeecanache**

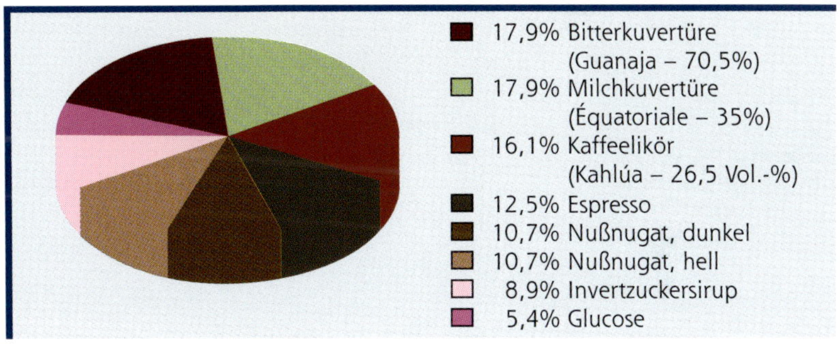


**Herstellungsaufwand:**

**Zutaten für 48 Stück, tropfenförmig**

**Limonenmousse**

130 g Limonensaft
4 Bl. Gelatine (Platin = 7 g)
60 g Eiklar, pasteurisiert
120 g Kristallzucker
250 g Schlagsahne (32 %)

**Limonentränke**

90 g Limonensaft
90 g Limonensirup
160 g Läuterzucker

**Joconde-Dekorkapsel (gestreift)**

Seite 262, 273

**Mandelboden/-kapsel**

(Kapsel maximal 3/4 cm stark)
Seite 264

**Läuterzucker**

Seite 264

Zutaten

***Dieses Petits fours verführt sogar Asketen zum Genuß: In gestreiften Joconde- und auf zartem Mandelboden wird eine herrliche Limonenmousse gefüllt, mit klarem Gelee glasiert und schließlich mit Limonenzesten passend dekoriert.***

**Spezielle Rohstoffe/Arbeitsgeräte**

- Kaltgelee (Nappage)
- Kamm für die Joconde-Dekorkapsel
- Formen mit Auswerfern (3 x 16 Stück), Tropfenform (Länge 5 cm, Breite 3,5 cm, Höhe 2,5 cm)
- Zestenreißer

**Herstellung:**

Zuerst die Formen mit der gestreiften Joconde-Dekorkapsel auslegen. (Siehe auch Steps Nr. 1–3 auf Seite 209.) Für die Böden Scheiben von der Mandelkapsel ausstechen, leicht tränken und in die ausgelegten Formen einlegen.

Zur Herstellung der Limonenmousse einen Teil des Fruchtsaftes erwärmen und die aufgelöste Gelatine darin unterrühren. Danach den übrigen Limonensaft zugeben und die Mischung so temperieren, daß die Schlagsahne und der aus dem Eiklar und dem Zucker hergestellte cremige, aber stabile Eischnee zusammen untermeliert werden können. Die Limonenmousse anschließend mit einem Dressierbeutel mit Lochtülle Nr. 5 in die vorbereiteten Förmchen füllen und mit einer Winkelpalette die Oberfläche glatt streichen. Die Limonenfours kühl stellen oder einfrieren.

***Hinweis:***

Um ein hygienisch einwandfreies Produkt gewährleisten zu können, ist es neben der Verwendung von pasteurisierten Eiprodukten ratsam, zum Verfüllen, insbesondere bei Mousse und derartigen Zubereitungen, auf Kunststoffdressierbeutel oder zumindest UV-entkeimte, gummierte Textilbeutel zurückzugreifen. Bis zum endgültigen Verschleiß können Kunststoffdressierbeutel durch Reinigung mit den üblichen Desinfektions- bzw. Reinigungsmitteln für Sahne- bzw. Speiseeismaschinen zum wiederholten Gebrauch aufbereitet werden.

***Tip:***

Ein Ausstecher in individueller Größe, zum Beispiel für die eingelegten kleinen Böden dieses Rezeptes, läßt sich leicht selbst aus Bandeisen herstellen. Für den dauerhaften Gebrauch ist es zweckmäßig, das Bandeisen mit Silikon auf eine Plexiglasplatte aufzukleben. Hierdurch bleibt der Ausstecher in seiner Größeneinstellung erhalten, kann nicht so leicht beschädigt werden, und ein handschonendes Arbeiten ist möglich. Eine Bohrung oder Aussparung in der Mitte des Ausstechers ermöglicht ein leichtes Herausdrücken des ausgestochenen Materials.

***Fertigstellung:***

Zum Gelieren der Oberfläche der zum Ausformen in jedem Fall etwas angefrosteten Fours das Kaltgelee mit einigen Limonenzesten versetzen. Die Fertigstellung erfolgt genauso wie in dem in den Steps Nr. 4 und 5 auf Seite 209 dargestellten Vorgang.

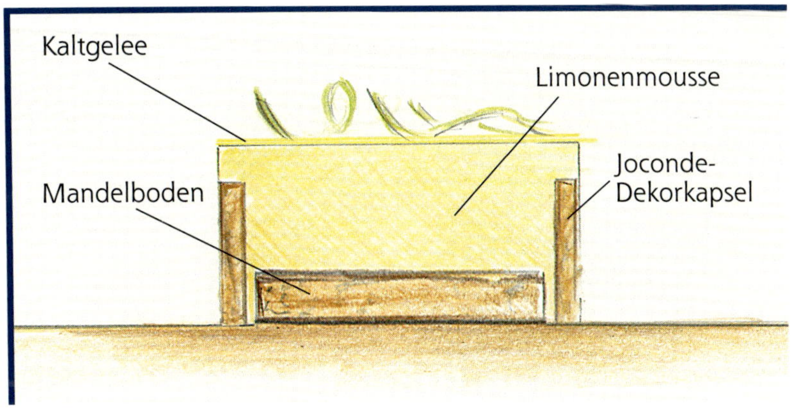


***Prozentuale Zusammensetzung Limonenmousse***

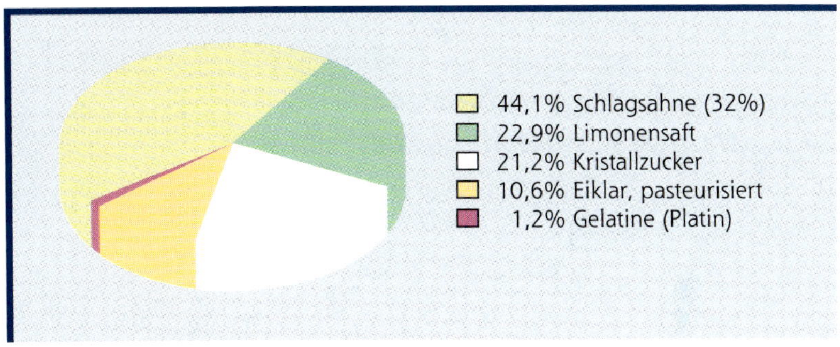


***Herstellungsaufwand:***

**Zutaten für 45 Stück**

**Blutorangencreme**

| | |
|---|---|
| 100 g | Blutorangenpüree-Konzentrat (TK) |
| 100 g | Wasser |
| 200 g | Vollmilch (3,5 %) |
| 90 g | Eigelb |
| 20 g | Kristallzucker |
| 60 g | Weizenpuder |
| 2 Bl. | Gelatine (Platin = 3,5 g) |
| 100 g | Blutorangenpüree-Konzentrat (TK) |
| 100 g | Butter |

**Makronenbiskuit**

| | |
|---|---|
| 520 g | Mandelmehl, braun oder weiß (feinst gerieben!) |
| 240 g | Kristallzucker |
| 450 g | Eiklar |
| 145 g | Weizenmehl (Type 405) |
| 190 g | Puderzucker |
| | Salz |

Zutaten

***Schön und verführerisch – die herb-süßen, mit außergewöhnlicher Blutorangencreme gefüllten Makrönchen schmeicheln allen Sinnen.***

**Spezielle Rohstoffe/Arbeitsgeräte**

- Blutorangenpüree-Konzentrat (TK)
- 3 Silikonbackmatten, 56 cm x 36 cm
- Lochtülle Nr. 5
- Sterntülle Nr. 5

***Herstellung:***

***Herstellung der Makronen:***

Aus dem Kristallzucker, dem Eiklar und dem Salz einen stabilen, aber keinesfalls „flockigen" Eischnee herstellen. Unter diesen Eischnee wird das mit dem Mehl und dem Puderzucker vermischte Mandelmehl meliert.

Mit der Makronenbiskuitmasse flache, im Durchmesser 4 cm große Tupfen auf die Silikonbackmatten dressieren. Nach dem Aufdressieren die Makrönchen leicht mit Puderzucker abzuckern und etwa 10 Minuten abstehen lassen. Unmittelbar vor dem Backen für etwa 16 bis 18 Minuten bei 190 °C und geöffnetem Zug werden die Makrönchen nochmals leicht überzuckert (Puderzucker). Dies ergibt später eine dünne und sehr zarte Kruste. Beim Ausbacken ist darauf zu achten, daß die Makrönchen nicht zu stark austrocknen, sondern im Kern noch etwas saftig bleiben.

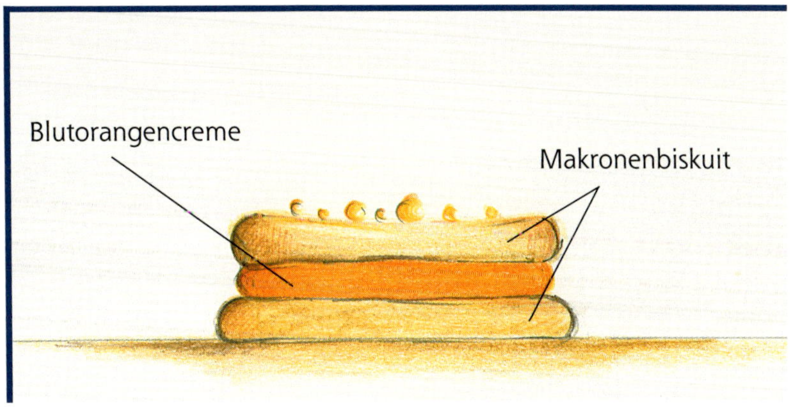


***Herstellung der Blutorangencreme:***
Für die Creme das Eigelb, den Weizenpuder sowie den Zucker mit der Milch, dem Wasser und der ersten Hälfte des konzentrierten Blutorangenpürees anrühren und diese Zutaten zusammen abkochen. Nach dem Kochen in der heißen Creme die gequollene Blattgelatine auflösen, die Creme danach in eine kalte Edelstahlschüssel umfüllen, dann die zweite Hälfte des Blutorangenpürees und zum Schluß die kühle Butter unterrühren. Im Anschluß daran die Blutorangencreme mit Frischhaltefolie abdecken und zum Auskühlen beiseite stellen.

***Prozentuale Zusammensetzung Blutorangencreme***

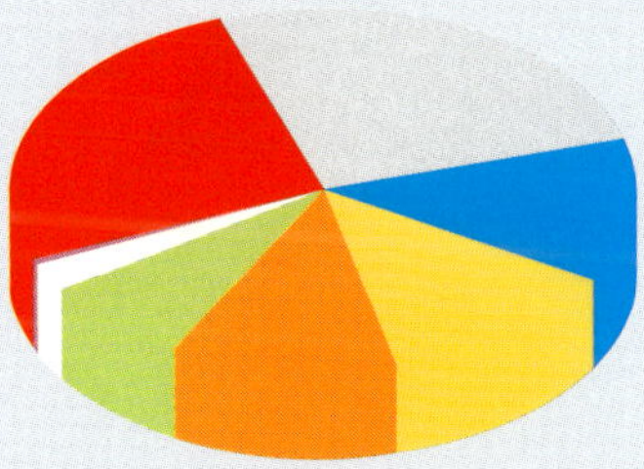


***Hinweis:***
Das angegebene Rezept „Blutorangencreme" reicht zum Füllen von mehr als 45 Makrönchen aus. Es ist jedoch sinnvoll, mindestens die angegebene Menge laut Rezept herzustellen, um ein gutes Ergebnis beim Kochprozeß zu erzielen bzw. die Handhabung solch relativ kleiner Rezepturmengen etwas leichter zu gestalten.

***Herstellungsaufwand:***

***Fertigstellung:***
Die halbe Anzahl der Makrönchen eventuell nochmals leicht nachzuckern und die Oberfläche ein wenig karamelisieren bzw. einige goldfarbene Karamelperlen aufschmelzen (siehe hierzu Seite 143). Auf die Oberseite der übrigen Teile mit dem Dressierbeutel und einer Sterntülle Nr. 5 etwas von der Blutorangencreme aufdressieren und zum Schluß die karamelisierten Teile als Deckel aufsetzen.

***K**apriziöser Dialog: Eine ausgewogene Mischung aus hell-dunklem Mandelnugat, die als kleine Bärentatze auf jeden zart-krossen Mandelchip dressiert und mit einer „golden" karamelisierten Mandel bekrönt wird.*

**Zutaten für 90 Stück**

**Mandelchipsmasse**

| | |
|---|---|
| 125 g | Eiklar |
| 180 g | Mandeln, braun (mit Schale), fein gerieben |
| 180 g | Puderzucker |
| 65 g | Weizenmehl (Type 405) |
| 80 g | Butter |

**Nugatfüllung**

| | |
|---|---|
| 300 g | Mandelnugat, hell |
| 300 g | Mandelnugat, dunkel |
| etwas | Kakaobutter |

Zutaten

**Spezielle Rohstoffe/Arbeitsgeräte**

- Schablone zum Aufstreichen, Durchmesser 5,5 cm, rund – evtl. auch leicht oval
  Tip: gestanzte Gummimatte, 2 mm stark
- Dachrinnenform zur Formgebung

**Herstellung:**

Für die Mandelchipsmasse das Eiklar leicht anschlagen (sog. „schmieriger" Eischnee) und danach die mit dem Mehl und dem Puderzucker vermischten Mandeln unter den Eischnee rühren. Zum Schluß die flüssige, nur mäßig warme Butter unterrühren und die Masse anschließend etwa 1 Stunde kühl stellen.
Zum Aufarbeiten die Mandelmasse nochmals durchmischen und dann mit einer Schablone auf eine Silikonbackmatte auf-

streichen. Die Mandelchips bei 190 °C und geöffnetem Zug für etwa 6 bis 8 Minuten abbacken. Sofort danach die noch heißen Chips zur Formgebung in eine Dachrinnenform einlegen.

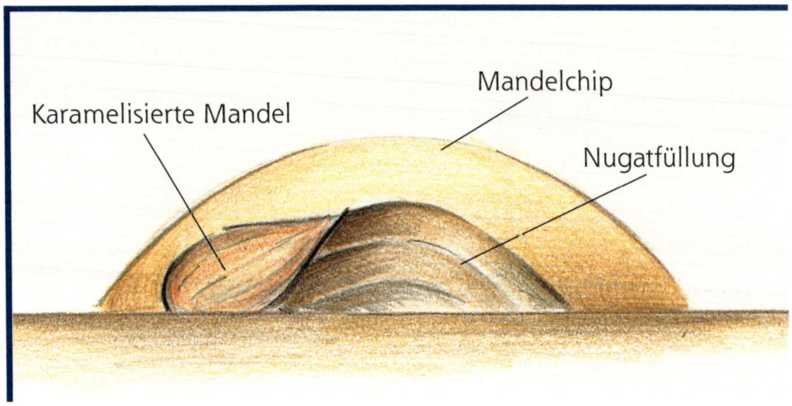


***Tips:***

- Die Verwendung einer backblechgroßen, gestanzten Gummimatte ermöglicht eine sehr rationelle Fertigung der Mandelchips.
- Die Mandelchips sind auch ohne Nugatfüllung ideal als Tee- oder Eisgebäck zu verwenden. Auf Grund ihrer großen Oberfläche und des relativ hohen Zuckergehalts sind sie jedoch empfindlich gegen allzu hohe Luftfeuchtigkeit und deshalb immer in einem luftdicht schließenden Behältnis aufzubewahren.

***Fertigstellung:***

Die beiden Nugats zusammen nur leicht anwärmen (spritzfeste Konsistenz), eventuell mit etwas Kakaobutter (4 bis 6 % sind ausreichend) nachhärten und dann mit einer Sterntülle Nr. 6 eine kleine Bärentatze in jeden Chip dressieren. Zum Abschluß noch eine karamelisierte ganze Mandel aufsetzen.

***Prozentuale Zusammensetzung Mandelchipsmasse***

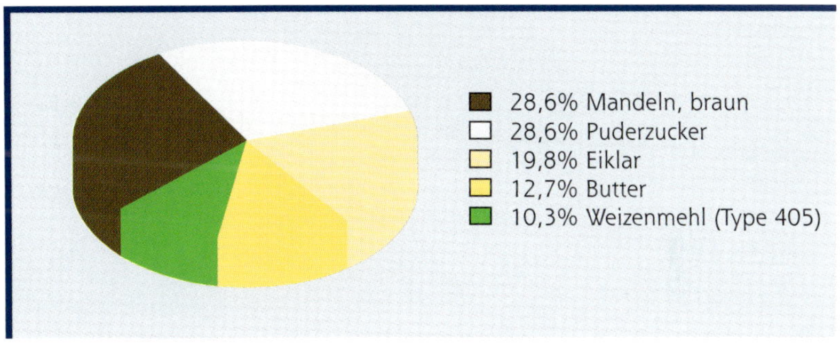


***Herstellungsaufwand:***

Zutaten

***Zutaten für 48 Stück, Durchmesser 4 cm, rund***

***Guanaja-Schokomousse 2***

| | |
|---|---|
| 30 g | Eigelb |
| 65 g | Vollei |
| 55 g | Kristallzucker |
| 1 1/4 Bl. | Gelatine (Platin = 2,18 g) |
| 10 g | Crème de Cacao braun (27 Vol.-%) |
| 170 g | Bitterkuvertüre (Guanaja – 70,5 % Kakao) |
| 375 g | Schlagsahne (32 %) |

***Schokoboden ohne Mehl***

Seite 269

***Ein Klassiker der Desserts und von himmlisch zartschmelzender Konsistenz, hergestellt mit einer der allerbesten Kuvertüren überhaupt. Der differenzierte Charakter der edlen Kakaobohnen aus Südamerika verleiht dieser „Mousse au chocolat" ihre einzigartige Aromafülle mit subtilsten Nuancen in Duft und Geschmack.***

***Herstellungsaufwand:***

***Spezielle Rohstoffe/Arbeitsgeräte***

- Kakaolikör Crème de Cacao braun (27 Vol.-%)
- 48 Petits-fours-Formen (3 x 16 Stück), Durchmesser 4 cm, Höhe 2,5 cm
- Klarsichtband, 2,5 cm breit
- Runder Ausstecher, Durchmesser 3,5 cm
- Lochtülle Nr. 7

***Herstellung:***

Jede Petits-fours-Form wie in den Steps dargestellt mit dem Klarsichtband auslegen und vom „Schokoboden ohne Mehl" eine Scheibe als Boden einlegen. Zur Herstellung der Guanaja-Schokomousse das Eigelb mit dem Vollei und dem Zucker bis auf 86 °C erhitzen, sofort den Kessel kalt abschrecken (damit das Ei nicht am Kesselboden zu gerinnen beginnt) und nach dem Passieren kalt schlagen (Pâte à bombe). Die aufgelöste Gelatine mit dem Kakaolikör und einer kleinen Menge Schlagsahne unter die bei 54 °C gelöste Kuvertüre rühren und so eine elastische, glänzende Grundmasse herstellen. In die temperierte Grundmasse eventuell nochmals vorsichtig eine kleine Menge Schlagsahne einrühren und dann die übrige Schlagsahne zusammen mit der Pâte à bombe unter die Grundmasse melieren. Mit der Mousse die Förmchen auffüllen und anschließend die Oberfläche glatt streichen. Die Fours nach dem Einsetzen kühl stellen oder einfrieren.

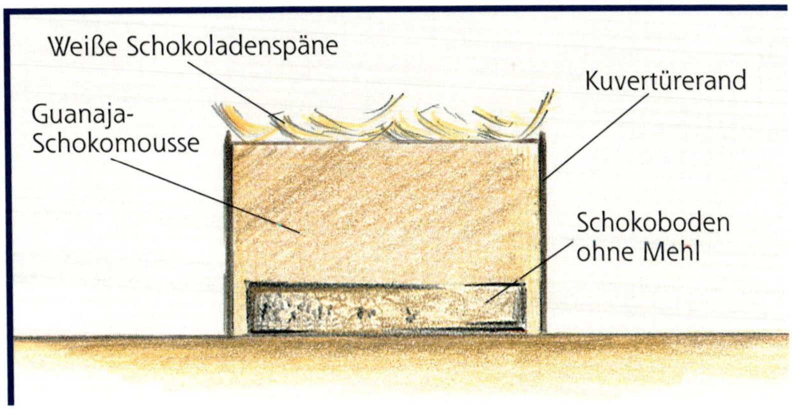


**Prozentuale Zusammensetzung Guanaja-Schokomousse (2)**

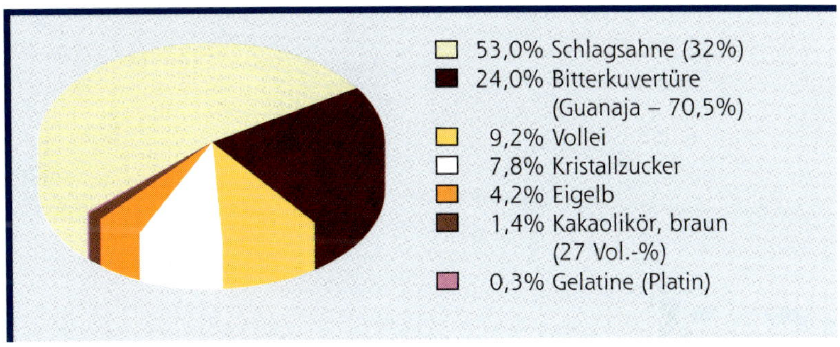


***Hinweis:***

Wenn es sich wie bei diesem Rezept um eine sehr kleine Menge „Pâte à bombe" handelt, und da solch kleine Mengen nur äußerst schwer ohne Qualitätseinbußen so hoch zu erhitzen sind, empfiehlt es sich, hier auf bereits vorpasteurisierte Eiprodukte (Convenience) zurückzugreifen. Bei Pasteurisierung „von Hand" ist es nützlich, diesem Rezept etwa 20 g Wasser beizugeben, um schon im vorhinein den beim Erhitzen verdampfenden Wasseranteil etwas auszugleichen.

***Tip:***

Eine dekorative Optik ergibt ein Schokomoussetupfen, der nach dem Glattstreichen der Oberfläche mit übriger Mousse aufdressiert wird.

***Fertigstellung:***

Die gefrorenen Fours möglichst im Kühlschrank auftauen lassen. Als Garnitur die Oberfläche mit weißen Schokospänen bestreuen und diese mit einem Hauch edlen Kakaos abstauben. Danach die Fours aus den Förmchen herausdrücken und zum Schluß das Klarsichtband abziehen.

***Einlegen des Kuvertürerandes in die Petits-fours-Formen***

***Die etwa 14 cm langen Streifen des Klarsichtbandes auf einer Seite durch die Kuvertüre ziehen und kurze Zeit ablegen, bis die Kuvertüre fast wachsweich angezogen hat und nicht mehr läuft.***

***Dann den Streifen mit der Kuvertüre nach innen in die Form einlegen.***

*Die „Noisette"-Fours – eine Vision aus flaumigen Biskuits mit eingebackenen Ölsamen, die mit einer traumhaften Noisettekrem zusammengesetzt werden. In kleine Karrees geschnitten, wirken sie – mit Puderzucker leicht bestäubt – schön und verführerisch zu allen Anlässen.*

## Zutaten

**Zutaten für 60 Stück, Quadrate 4 x 4 cm**

**Flaumiger Biskuit mit Walnüssen und Pistazien (1 Kapsel 56 x 36 cm)**

| | |
|---|---|
| 315 g | Marzipanrohmasse MO |
| | Salz |
| | Mark von 1/4 Bourbon-Vanillestange |
| 20 g | Sahne (32 %) |
| 70 g | Eiklar |
| 35 g | Weizenpuder |
| 295 g | Eiklar |
| 225 g | Kristallzucker |
| 100 g | Walnüsse, grob gehackt |
| 25 g | Pistazien, grob gehackt |

**Hinweis:**

Die Geschmacksvarianten zu diesem Rezept sind im Anschlußan die „Herstellungsanleitung" aufgeführt!

**Noisettekrem (für 1 Kapsel)**

| | |
|---|---|
| 350 g | Basiskrem |
| 100 g | Nuß-Basiszubereitung |
| 100 g | Nußnugat, dunkel |
| 30 g | Walnußbrand (43 Vol.-%) |
| 20 g | Jamaica-Rum (50 Vol.-%) |

**Nuß-Basiszubereitung**

Seite 266

**Basiskrem**

Seite 259

**Spezielle Rohstoffe/Arbeitsgeräte**

- Walnußbrand (43 Vol.-%)
- Aufstreichrahmen, 10 mm hoch, mit den Maßen 56 x 36 cm

**Herstellung:**

**Herstellung des flaumigen Biskuits:**

Die Marzipanrohmasse und die Gewürze mit der Sahne und den 70 g Eiklar glatt arbeiten. Danach den aus dem übrigen Eiklar,

dem Kristallzucker und dem Weizenpuder hergestellten stabilen, aber cremigen Eischnee untermelieren. Die Biskuitmasse mit einem 10 mm hohen Aufstreichrahmen mit den Maßen 56 x 36 cm auf Silikonbackpapier oder eine Silikonbackmatte aufstreichen und mit den gehackten Walnüssen und Pistazien bestreuen. Vor dem Backen – etwa 35 bis 40 Minuten bei 170 °C und geöffnetem Zug – den Biskuit leicht mit Puderzucker abzuckern. So ergibt sich, eine schöne Färbung der Oberfläche und eine hauchdünne, sehr schmackhafte Kruste. Nach dem Backen empfiehlt es sich zum schnelleren Auskühlen bzw. um ein zu starkes Austrocknen zu vermeiden, die Kapsel vom heißen Blech auf ein Kuchengitter oder ein kaltes Backblech zu ziehen.
Für die Noisette-Fours wird die Biskuitkapsel halbiert und mit dem Noisettekrem zusammengesetzt. Anschließend die Kapsel am besten über Nacht kühl stellen.

***Fertigstellung:***

Die gut durchgekühlte Petits-fours-Kapsel in 4 x 4 cm große Quadrate schneiden und eventuell diagonal mit Puderzucker abzuckern.

***Hinweis:***
***1 Kapsel „Flaumiger Biskuit" für die Kleintorte „Jamaica":***

120 g weiße Rumtrauben (Seite 270)
25 g Pistazien, gehackt

Bei der Herstellung des flaumigen Biskuits für die Kleintorte „Jamaica" werden die weißen Rumtrauben unter die Masse meliert und nur die Pistazien vor dem Backen aufgestreut.

***1 Kapsel „Flaumiger Biskuit" für die Kleintorte „Piña colada":***

120 g frische Ananas, gehackt
50 g Kokosraspel, schwach geröstet

Für die Kleintorte „Piña colada" werden die schwach gerösteten Kokosraspel einmeliert und die gehackte frische Ananas vor dem Backen aufgestreut.

***1 Kapsel „Flaumiger Biskuit" für die Petits fours „Cappuccino":***

8 g dehydrierter Kaffee

Für die Petits fours „Cappuccino" wird der dehydrierte Kaffee unter die Masse meliert.

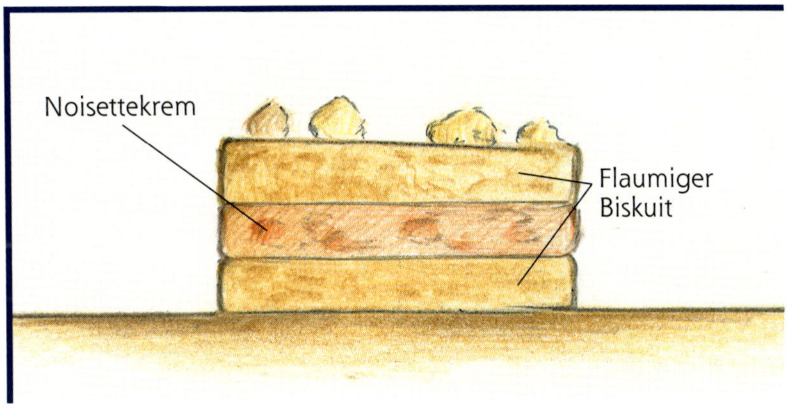


***Prozentuale Zusammensetzung Noisettekrem***

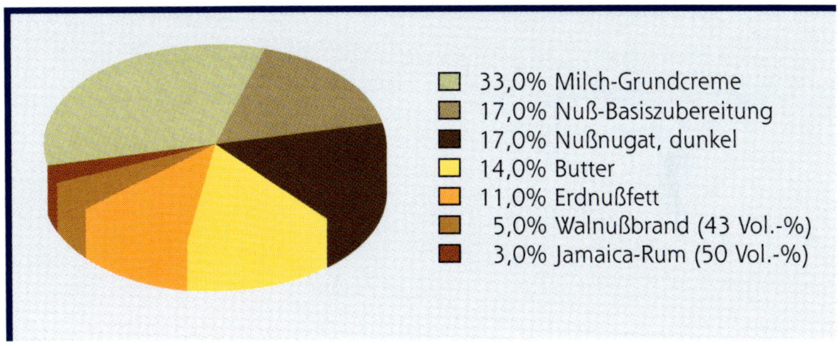


***Herstellungsaufwand:***

**Zutaten für 70 Stück**

**Mohrenkopf- und Löffelbiskuitmasse**
Seite 148

**Crème pâtissière**

| | |
|---|---|
| 120 g | Eigelb |
| 35 g | Cremepulver |
| 90 g | Kristallzucker |
| 200 g | Sahne (32 %) |
| 300 g | Vollmilch (3,5 %) |
| | Salz |
| | Mark von 1/2 Bourbon-Vanillestange |
| 50 g | Butter |

**Glasurcanache**
Seite 261

Zutaten

***Ein besonders leichtes, saftiges und harmonisch schmeckendes Four, das äußerst rationell herzustellen ist. Besonders hervorzuheben sind der nur schwach „süße" Geschmack und die nahezu unbegrenzte Möglichkeit, die verschiedensten Füllungen zu variieren.***

**Spezielle Rohstoffe/Arbeitsgeräte**

- Lochtülle Nr. 9 (Löffelbiskuit) und Nr. 7 (Crème pâtissière)
- Eventuell Blattgoldflocken

**Herstellung:**

***Herstellung der Crème pâtissière:***
Für die Crème pâtissière das Eigelb und das Cremepulver mit einem Teil Milch anrühren. Die übrigen Zutaten außer der Butter zum Kochen bringen und dann die Milch mit dem Eigelb einrühren und alles zusammen abkochen. Nach dem Kochen die Creme in eine kalte Edelstahlschüssel umfüllen und die kühle Butter unterrühren. Die Crème pâtissière mit Frischhaltefolie abdecken und auskühlen lassen.

### *Hinweis:*

Wird nach dem Abkochen „von Hand" die Crème pâtissière mit Frischhaltefolie bedeckt, läßt sich ein Verhauten der Creme während des Abkühlens wirkungsvoll verhindern. Im sogenannten Cremekochautomaten („Pasto Chef") wird die heiße Creme sofort nach Erreichen der Höchsttemperatur bei laufendem Rührwerk sehr schnell bis auf 4 °C herabgekühlt. So erhält man innerhalb kürzester Zeit eine sofort gebrauchsfähige und besonders glatte Creme.

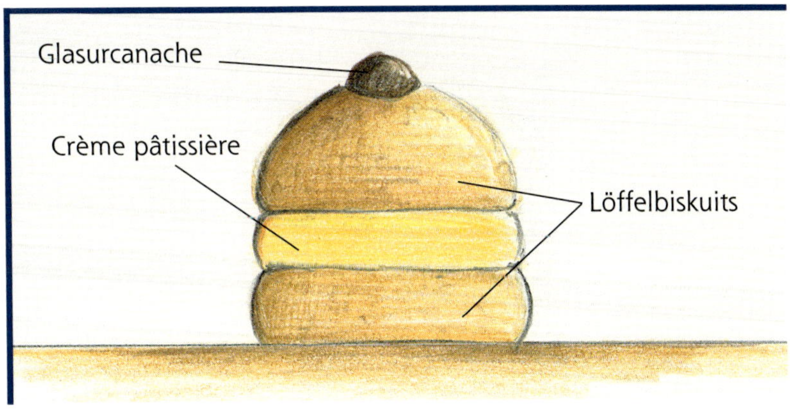


### *Herstellung der Petits éclairs:*

Zuerst 1/3 (8 Eier) der Rezeptur „Mohrenkopf- und Löffelbiskuitmasse" von Seite 148 herstellen und mit einer Lochtülle Nr. 9 die kleinen Éclairs aufdressieren und entsprechend der Herstellungsanleitung abbacken. Je Petits fours einen der kleinen Löffelbiskuits an der gewölbten Oberseite begradigen und umgedreht als Unterteil der Petits éclairs auf ein Blech setzen. Danach etwas von der Crème pâtissière aufdressieren und die Oberteile auflegen.

**Prozentuale Zusammensetzung Crème pâtissière**

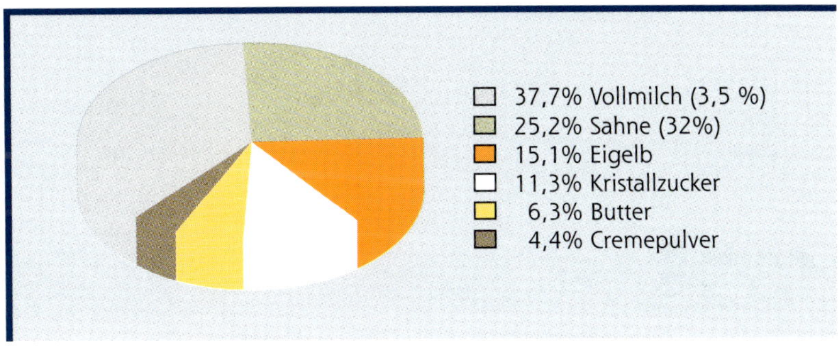


### *Tip:*

Dieses Petits fours ist im Geschmack äußerst variabel. Die Crème pâtissière kann anstatt der Vanille mit etwas gelöstem dehydriertem Kaffee, fein abgeriebener Orangenschale oder -likör usw. abgeschmeckt werden.

**Herstellungsaufwand:**

### *Fertigstellung:*

Etwas von dem Glasurcanache im Mikrowellenherd gerade so weit anwärmen, bis der Canache eine zähflüssige Konsistenz erreicht hat. Von der Glasur mit einem Spritztütchen eine feine Linie auf die Petits éclairs aufspritzen und anschließend die Fours mit etwas „süßem Schnee" sehr zart abzuckern. Als I-Tüpfelchen oder sogenannter „Eye Catcher" kann eine kleine Blattgoldflocke aufgesetzt werden.

## Zutaten für etwa 60 Stück, 3,5 cm lang

**Zitronenkrem**

| | |
|---|---|
| 1/2 | Zitronenschale, fein abgerieben |
| 30 g | Zitronensaft |
| 50 g | Kristallzucker |
| 7 g | Weizenpuder |
| 35 g | Eigelb |
| 25 g | Butter |
| 65 g | Weißwein |
| 125 g | Basiskrem |

**Basiskrem**

Seite 259

**Mandelboden/-kapsel**

Seite 264

***Ein besonders sommerliches Petits fours, dem der Zitronenkrem und der im eigenen Saft geschmorte rote Rhabarber eine erfrischend-säuerliche Note verleihen.***

**Spezielle Rohstoffe/Arbeitsgeräte**

- 7 bis 8 rote Rhabarberstangen, nicht zu dick
- 1 unbehandelte Zitrone
- 1 Reine, etwa 35 cm lang

**Herstellung:**

Für den Zitronenkrem aus den Zutaten eine Grundcreme kochen und unter diese nach dem Auskühlen 125 g Basiskrem unterrühren. Den Zitronenkrem auf die Backhautseite der Mandelkapsel aufstreichen und dann an einer Stirnseite beginnend einzeln die geschmorten Rhabarberstangen auflegen und einrollen. Die kleinen Rouladen genau auf Stoß abschneiden und in einem Streifen Silikonpapier am besten mit Hilfe eines Backstubenlineals rund pressen (siehe

Grafik). Die Rhabarberrouladen ausreichende Zeit kühl stellen – eventuell über Nacht. So behalten sie auch nach dem Auswickeln ihre schöne runde Form.

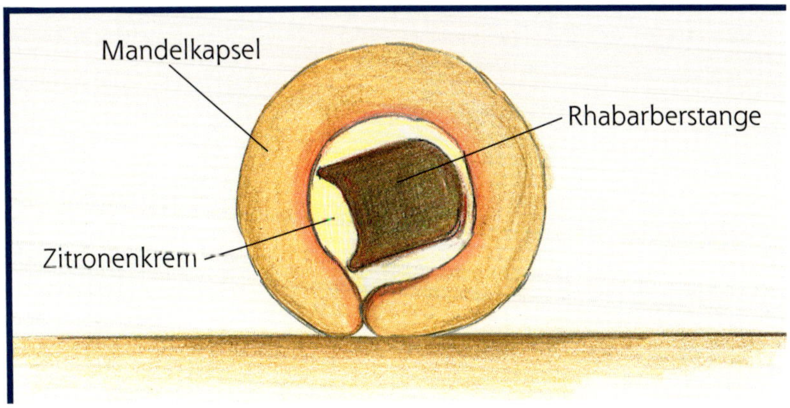


***Fertigstellung:***

Die Rouladen mit einem scharfen Sägemesser in etwa 3,5 cm breite Stücke schneiden, aber nicht auseinander setzen. Anschließend die Rouladen mit Bitterkuvertüre fein filieren und dann die vorgeschnittenen Fours rasch, solange die Kuvertüre noch weich ist, voneinander trennen.

***Prozentuale Zusammensetzung Zitronenkrem***

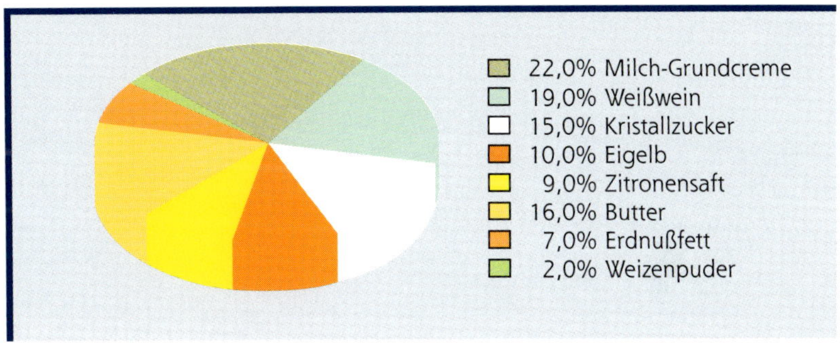


***Hinweis:***

Je nach Stärke der Rhabarberstangen können mehr oder weniger Stangen mit der Mandelkapsel eingeschlagen werden. Die Schnittbreite der Rhabarberröllchen sollte deshalb der jeweiligen Dicke der gepreßten Rouladen angepaßt werden.

***Herstellung der geschmorten Rhabarberstangen:***

Den Rhabarber waschen und schälen und in eine Reine (Bräter) legen. Nun die Stangen noch mit etwas Puderzucker anzuckern und dann die Reine mit einem Deckel versehen bei 160 °C in den Backofen stellen. Den Rhabarber im eigenen Saft bißfest gar schmoren, hierbei eventuell nachzuckern und dabei einmal umdrehen.

***Herstellungsaufwand:***

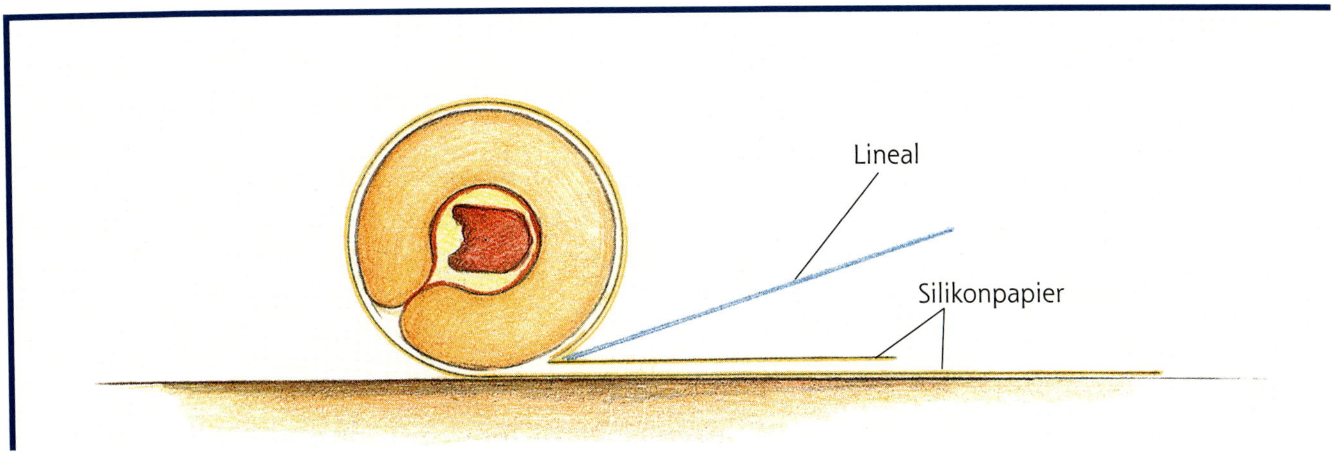

**„Das Genießen ist die Stimme der Seele."**

*(Rousseau)*

***Eine Tuttifrutti-Connection mit dem Flair südländischer Geschmacksfülle: Auf kleine Taler aus köstlichem Mandelboden, umrandet mit fülligem, geprägtem Marzipan, wird zunächst Crème pâtissière und darüber eine kräftig-bunte Obstmischung gefüllt.***

Zutaten

**Zutaten für 48 Stück, Durchmesser 4 cm, rund**

**Mandelmasse für Fours**

| | |
|---|---|
| 190 g | Marzipanrohmasse M0 |
| 210 g | Vollei |
| 20 g | Eigelb |
| 60 g | Kristallzucker |
| | Salz |
| | Mark von 1/4 Bourbon-Vanillestange |
| 60 g | Weizenmehl (Type 405) |
| 2,5 g | Backpulver |
| 75 g | heiße Butter |

**Grand-Marnier-Tränke 2**

| | |
|---|---|
| 250 g | Läuterzucker |
| 50 g | Grand Marnier (50 Vol.-%) |

**Crème pâtissière**

Seite 250

**Agar-Gelee**

Seite 124

**Läuterzucker**

Seite 264

**Spezielle Rohstoffe/Arbeitsgeräte**

- Angewirkte Marzipanmasse 2,5:1 (Rohmasse zu Puderzucker)
- 1 Matte mit 48 runden Silikonbackförmchen, Durchmesser 40 mm, Höhe 15 mm
- Riefholz zum Prägen des Marzipans

**Herstellung:**

Die Marzipanrohmasse sorgfältig mit dem Vollei und dem Eigelb glatt arbeiten. Zu dieser Eier-Marzipan-Masse den Zucker und die Gewürze hinzugeben und die Masse anschließend temperiert auf 35 °C in der Rührmaschine sehr gut schaumig schlagen. Abschließend zuerst das Mehl und danach die heiße (50 °C) Butter untermelieren. Mit der Mandelmasse die Silikonförmchen etwa zu 4/5 füllen und dann bei 170 °C und geöffnetem Zug etwa 35 Minuten backen.

**Fertigstellung:**

Die Mandelbiskuits leicht tränken und die Oberfläche mit etwas Crème pâtissière bestreichen. Den Four anschließend mit möglichst dünn ausgerolltem und geprägtem Marzipan einen Rand geben, der etwa um 2 bis 3 mm die aufgetragene Crème pâtissière überragt. Hierzu den dünn ausgerollten Marzipan in 13 cm lange und etwa 2,5 cm breite Streifen schneiden und um die Fours legen. Um eine nahtlose Marzipanumrandung zu erhalten, ist es zweckmäßig, zur leichteren Verbindung der Kanten eine davon mit etwas Alkohol zu befeuchten.
Zum Schluß jedes Four nach Belieben mit einzelnen Fruchtsorten z. B. als „Himbeerfour" oder mit einem bunten Fruchtcocktail ausgarnieren und abschließend mit wenig Agar-Gelee abglänzen.

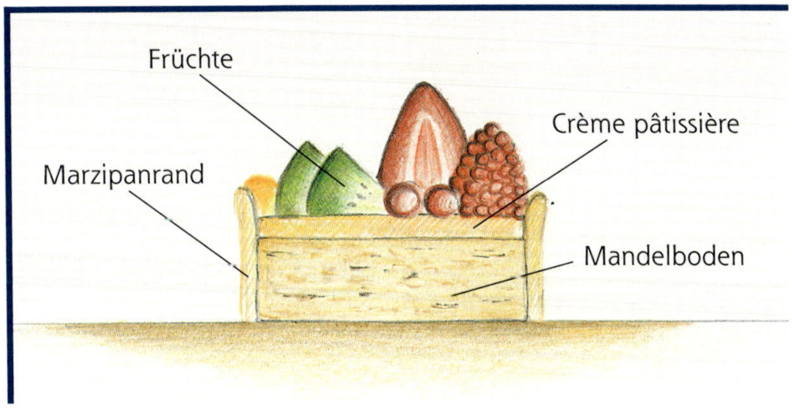


**Herstellungsaufwand:** 

# Basisrezepte und Dekor- variationen

## Amarettini

| | |
|---|---|
| 400 g | Kristallzucker |
| 100 g | Mandeln, roh (fein gerieben) |
| 100 g | Haselnüsse, roh (fein gerieben) |
| 200 g | Marzipanrohmasse M0 |
| 65 g | Kristallzucker, grob (z. B. Einmachzucker) |
| 1 | Zitronenschale, fein abgerieben |
| 1 | gestrichener Teelöffel Ceylon-Zimt |
| 200 g | Eiklar (etwa) |

***Menge:***
Das Rezept reicht für etwa 160 Stück „Amarettini" auf 3 Silikonbackmatten der Größe 56 x 36 cm.

***Herstellung:***
Alle Zutaten miteinander vermischen und zusammen mit etwas Eiklar glatt arbeiten. Nach der Zugabe von etwa 90 % der Eiklarmenge (unterschiedlichen Feuchtigkeitsgrad der M0-Rohmasse berücksichtigen) die Masse im Kessel bis ungefähr 60 °C erwärmen bzw. „abrösten". Anschließend in einer Edelstahlschüssel mit Frischhaltefolie abgedeckt etwa auf Raumtemperatur abkühlen lassen. Danach zuerst eine Probe backen – gegebenenfalls der Masse noch etwas Eiklar beimengen.

***Hinweis:***
Von der Masse mit einer Lochtülle Nr. 4 kleine Halbkugeln mit etwa 2 bis maximal 2,5 cm Durchmesser aufdressieren.

***Backen:***
175 °C (geöffneter Zug)

Amarettini

## Ananasräder

| | |
|---|---|
| 1350 g | Kristallzucker |
| 650 g | Wasser |

***Menge:***
Das Rezept für den Zuckersud reicht zum Einlegen von 1 bis 2 aufgeschnittenen Ananas (je nach Größe).

***Herstellung:***
Die von Strunk und Stielansatz befreiten Früchte mit der gesäuberten Schale in etwa 3 mm starke Scheiben schneiden. Hierzu eignet sich sehr gut eine elektrische Aufschneidemaschine. Die Scheiben etwa 75 Minuten in dem Zuckersud leicht sieden lassen und dabei gelegentlich vorsichtig voneinander trennen. Danach die Ananasscheiben auf einem Gitter gut abtropfen lassen und anschließend auf einer Silikonbackmatte im Ofen bei 90 °C (und geöffnetem Zug) etwa 3,5 bis 4 Stunden trocknen. Dabei die Scheiben von Zeit zu Zeit umdrehen und leicht mit Puderzucker abzuckern.

Ananasräder

## Bananenboden

300 g Bananen, vollreif
400 g Farinzucker
160 g Speiseöl, neutraler Geschmack
160 g Vollmilch (3,5 %)
220 g Vollei
9 g Natron (maximal)
320 g Weizenmehl (Type 405)
4 g Backpulver
Ceylon-Zimt
Salz

***Menge:***
Das Rezept ergibt 3 Böden (Sechseck), Durchmesser 16 cm, Höhe 3,5 cm (3 Böden reichen für 9 Torten „Banana").

***Herstellung:***
Für die Bananenmasse die Bananen zusammen mit dem Farinzucker vollkommen glatt arbeiten. Danach die übrigen Zutaten und das mit etwas Milch gelöst Natron zugeben. Die Masse ganz leicht schaumig schlagen und zum Schluß das mit dem Backpulver und dem Zimt vermischte Mehl unterrühren.

***Backen:***
180 °C (geöffneter Zug / etwa 60 Minuten)

Bananenboden

## Basiskrem

900 g Erdnußfett
1100 g Markenbutter
2600 g Milch-Grundcreme
(Doppeltes Rezept von Seite 265)

***Menge:***
Das Rezept ergibt etwa 4600 g fertigen Basiskrem.

***Herstellung:***
Das cremig weiche Erdnußfett in der Rührmaschine etwas durcharbeiten. Dann die geschmeidige, nicht zu kalte Butter zugeben und die Fettmischung miteinander glatt schlagen und schon etwas Luft unterschlagen. Anschließend die kühle Milch-Grundcreme (sollte glatt gerührt sein) zugeben und hiernach den Krem gegebenenfalls leicht nachtemperieren. Zum Schluß den Basiskrem je nach Verwendungszweck bis zum größten Volumen aufschlagen.

***Hinweis:***
Durch den Anteil Erdnußfett wird der Basiskrem wärmestabiler, erhält beim Aufschlagen mehr Volumen und wird dabei geschmacklich leichter.

***Tip:***
***Geschmacksvarianten des Basiskrems*** sind z. B.:

***Mokkakrem:***
Auf 1000 g Basiskrem werden 18 bis 20 g Kaffeearoma zugesetzt. (Kaffeearoma: Den Inhalt eines handelsüblichen 200-g-Glases dehydrierten Kaffee mit 170 g sehr heißem Wasser auflösen.)

***Mandelkrem/Nußkrem:***
Auf 1000 g Basiskrem werden 175 g Mandel-/bzw. Nußmasse oder Nußbasiszubereitung zugesetzt.

Basiskrem

## Bitterkuvertüre zum Sprühen

| | |
|---|---|
| 1000 g | Bitterkuvertüre (Caraque – 56 % Kakao) |
| 400 g | Kakaobutter |

***Menge:***
Das Rezept ergibt etwa 1400 g fertige Sprühkuvertüre.

***Herstellung:***
Die Kakaobutter grob hacken und in einer Kasserolle auf dem Gasherd auflösen – jedoch keinesfalls überhitzen! Anschließend die flüssige Kakaobutter über die grob gehackte Kuvertüre gießen und alles gut zusammen durchrühren. Die Sprühkuvertüre im Mikrowellenherd nachwärmen bzw. temperieren.

***Hinweis:***
Um angefrorenen bzw. gefrorenen Produkten einen samtartigen Überzug zu verleihen, ist es nicht notwendig, die „Sprühkuvertüre" zu temperieren. Sie ist in diesem Fall mit etwa 40 bis 45 °C zu verarbeiten. Wird die Sprühkuvertüre temperiert zum Einsatz gebracht, läßt sich damit z. B. bei einem Schaustück ein glatter glänzender Überzug erzielen.
Alle Angaben beziehen sich auf die Verwendung einer elektrischen Sprühpistole.
Diese ist vor Gebrauch mit dem Föhn bzw. im Wärmeschrank auf etwa 35 °C zu erwärmen!

Bitterkuvertüre zum Sprühen

## Butterstreusel

| | |
|---|---|
| 500 g | Butter |
| 500 g | Kristallzucker |
| 90 g | Mandeln, weiß – feinst gerieben |
| 900 g | Weizenmehl (Type 405) |
| 3 g | Salz |
| | Mark von 2 Bourbon-Vanillestangen |
| 1 | Zitronenschale, fein abgerieben |

***Menge:***
Das Rezept ergibt rund 2 kg fertige Streusel.

***Herstellung:***
Als ersten Arbeitsschritt die Butter bei 40 °C auflösen. Gleichzeitig den Kristallzucker mit den fein geriebenen Mandeln, dem Mehl und den Gewürzen vormischen. Dann die flüssige, keinesfalls zu heiße Butter hinzugießen und alle Zutaten miteinander kurz und kräftig verkneten, jedoch nicht bis ein Teig entsteht! Das Kneten muß sofort beendet werden, sobald sich im Kessel kleine Körnchen gebildet haben. Gegebenenfalls die Streusel nachträglich locker mit den Händen durchmischen oder reiben. So erhalten sie noch etwas mehr Bindung, ohne jedoch zu stark zu verklumpen. Man spürt so auch genau den entsprechenden Punkt, an dem die Streusel besonders locker und nicht kompakt zusammengefügt sind und deshalb nach dem Backen eine besonders mürbe Struktur aufweisen können.

***Hinweis:***
Bei entsprechend kühler Lagerung sind die Streusel problemlos über mehrere Tage haltbar. Sie können aber auch ohne Schaden zu nehmen auf Vorrat eingefroren werden.

***Tip:***
Um besonders gleichmäßige Streusel herzustellen, können die Streusel ein wenig mehr in der Knetmaschine gelaufen sein. Sie werden dann durch ein Sieb mit entsprechend großer Gitterweite hindurchgerieben bzw. hindurchgedrückt.

Butterstreusel

## Canache zum Spritzen

| | |
|---|---|
| 450 g | Bitterkuvertüre (Extra Noir – 53 % Kakao) |
| 330 g | Sahne (32 %) |
| 70 g | Invertzuckersirup |
| 100 g | Butter |

***Menge:***
Das Rezept ergibt etwa 900 g fertigen Canache.

***Herstellung:***
Etwa 1/4 der mit dem Invertzuckersirup aufgekochten Sahne über die gehackte Bitterkuvertüre gießen. Nun die Zutaten gut miteinander verrühren und einen zähen Canache mit guter Bindung herstellen. Hierbei ist die Kuvertüre noch nicht vollständig aufgelöst. Dem Canache nach und nach die übrige heiße Sahne zugeben. Die Bindung (Elastizität) des Canache darf hierbei jedoch nie verlorengehen. Ist der Canache auf etwa 30 bis 35 °C abgekühlt, kann die „pomadige" Butter untergerührt werden. Der Canache sollte danach eine gute Elastizität und einen „speckigen" Glanz besitzen.

***Hinweis:***
Den Canache nicht zu kalt verarbeiten, da er sonst sehr leicht schaumig wird und hierbei eine unschöne Struktur bekommt.

***Tip:***
Dieses Rezept ist auch als Füllcanache z. B. für Gebäck zu verwenden.

**Canache zum Spritzen**

## Glasurcanache

| | |
|---|---|
| 400 g | Vollmilch (3,5 %) |
| 600 g | Sahne (32 %) |
| 1100 g | Bitterkuvertüre (Caraque – 56 % Kakao) |
| 800 g | Sahnenugat |

***Menge:***
Das Rezept ergibt etwa 2850 g fertigen Canache.

***Herstellung:***
Die Milch zusammen mit der Sahne aufkochen. Etwa 1/4 dieser heißen Mischung über die gehackte Bitterkuvertüre gießen und nun alles zusammen gut mit einem Kunststoff- bzw. Silikonspatel durcharbeiten. Danach folgt in anfänglich kleineren Portionen (um die Bindung des Canache zu erhalten) der übrige Teil der heißen Sahne-Milch-Mischung zusammen mit dem im Mikrowellenherd schwach angewärmten (zähe Konsistenz) Sahnenugat.

***Hinweis:***
Die Temperatur des Glasurcanache ist mit dem zu überziehenden Produkt aufeinander abzustimmen und liegt etwa zwischen 35 und 40 °C.

**Glasurcanache**

## Haselnußbaisermasse

| | |
|---|---|
| 450 g | Eiklar |
| 690 g | Kristallzucker |
| 300 g | Puderzucker |
| 360 g | Haselnüsse, braun – fein gerieben und schwach geröstet |
| | Mark von 3 Bourbon-Vanillestangen |

***Menge:***
Das angegebene Rezept ergibt aufgestrichen eine etwa 57 x 36 cm große Platte, welche gut 2 cm stark ist und zum Zerhacken für Baiserwürfel- bzw. für Bruchstücke geeignet ist.
Es können jedoch auch durch spiralförmiges Aufdressieren mit Lochtülle Nr. 12 (15 mm) 14 runde Böden à 16 cm Durchmesser hergestellt werden.

***Herstellung:***
Zu Beginn das Eiklar „kalt" mit dem Kristallzucker (nach und nach zugeben) aufschlagen und zu einer stabilen Baisermasse ausschlagen. Im zweiten Schritt den fein gesiebten Puderzucker zusammen mit dem Mark der Vanillestangen von Hand unterarbeiten und zum Schluß die vorbereiteten, ausgekühlten Haselnüsse einmelieren. Die Haselnußbaisermasse anschließend sogleich auf eine Silikonbackmatte oder Silikonpapier aufstreichen bzw. aufdressieren und dann direkt, ohne weitere Standzeit, zum Trocknen in den Ofen geben.

***Trocknen bzw. langsames Backen:***
Die Haselnußbaisermasse im Ofen bei etwa 100 °C Temperatur, geöffnetem Zug und zusätzlich leicht geöffneter Ofenklappe über mehrere Stunden vollkommen trocknen.
Es besteht jedoch die Möglichkeit, bei dieser Rezeptur die Temperatur um etwa 10 bis 20 °C höher zu halten, damit den Trocknungsprozeß entsprechend zu verkürzen und, das Wesentliche, die Haselnußbaisermasse etwas Farbe nehmen zu lassen. Hierdurch ergibt sich dann ein deutlich intensiveres Aroma.

**Haßelnußbaisermasse**

***Hinweis:***
Sollte die Baisermasse beim Trocknen im Ofen, insbesondere bei der höheren Temperatur, leicht hochgehen, ist es empfehlenswert, die Masse während des Trocknens am Anfang einmal maßvoll zusammenzudrücken. Auf diese Weise entsteht keine zu große Porung und damit kein zu bröseliges Haselnußbaiser.

## Joconde-Dekorkapsel(-masse)

| | |
|---|---|
| 1800 g | Marzipanrohmasse (M0) |
| 1200 g | Vollei |
| 650 g | Eiklar |
| 300 g | Weizenmehl (Type 405) |
| 180 g | Butter, heiß |
| 120 g | Kristallzucker |
| | Mark von 3 Bourbon-Vanillestangen |
| | Zitronenschale, fein abgerieben |
| | Salz |

***Filierte Joconde-Dekorkapsel***
Seite 275

***Gestreifte Joconde-Dekorkapsel***
Seite 275

***Serigraphie für Joconde-Dekorkapsel***
Seite 272

***Gepunktete Joconde-Dekorkapsel***
Zur Herstellung dererlei Muster wird die gewünschte (gelochte) Schablone zum Auftragen der Kakaostrukturmasse verwendet.

Für die Joconde-Dekorkapsel der Torte Sorrentino wird mittels einer Palette die Kakaostrukturmasse hauchdünn auf die Silikonbackmatte aufgetragen

***Menge:***
Das Rezept ergibt 6 Stück Joconde-Dekorkapseln auf 6 Silikonbackmatten der Größe 56 x 36 cm.

**Joconde-Dekorkapsel(-masse)**

## Joconde-Dekorkapsel(-masse)

***Herstellung:***
Zuerst die Marzipanrohmasse mit dem Vollei, beginnend mit kleinen Portionen, sehr sorgfältig glatt arbeiten. Anschließend die Marzipanrohmasse-Vollei-Mischung zusammen mit den Gewürzen in der Rührmaschine schaumig schlagen. Gleichzeitig aus dem Eiklar, dem Salz und dem Kristallzucker einen lockeren, schwach ausgeschlagenen Eischnee herstellen. Um die Joconde-Masse fertigzustellen, zuerst den Eischnee, dann das gesiebte Mehl und zum Schluß die heiße, flüssige Butter einmelieren. Falls die Joconde-Masse sehr schaumig ist, sollte sie am Ende kräftig durchmeliert und dann sehr zügig verarbeitet, sprich aufgestrichen werden.
Das Prinzip der weiteren Verarbeitung, bzw. der Vorgang des Aufstreichens der Joconde-Masse wird auf Seite 273 mit den Arbeitsschrittfotos zu „Joconde-Dekorkapsel strukturieren" dargestellt und zusätzlich beschrieben. Hier befindet sich auch das Rezept für die Kakaostrukturmasse.

***Hinweis:***
- Um eine gebackene Joconde-Dekorkapsel mit feinporiger Krume zu erhalten, ist es von Bedeutung, die Masse nicht zu schaumig zu halten. Hierdurch lassen sich Strukturen bzw. sehr feine Muster wie die einer Serigraphie stets sehr schön auf die Kapsel übertragen, bzw. bleiben diese beim Ablösen an der gebackenen Kapsel haften und nicht auf der Silikonbackmatte.
- Das Tiefkühlen der, wie in den „Dekor-Variationen" gezeigt, mit Kakao-Strukturmasse und dergleichen vorbereiteten Silikonbackmatten ist notwendig,um beim Aufstreichen ein Vermischen des Dekors mit der Joconde-Masse auszuschließen.
- Es ist von Vorteil, unmittelbar nach dem Stürzen einen dünnen Film aus heißer Kakaobutter auf die strukturierte Seite einer Dekorkapsel aufzutragen. Durch diese Trennschicht kann die Dekorkapsel später nicht so leicht an der Innenseite von Formen oder Tortenringen kleben bleiben.

***Backen:***
180 °C (geöffneter Zug / etwa 15 bis 20 Minuten)

## *Karamelcreme*

| | |
|---|---|
| 380 g | Puderzucker |
| 500 g | Sahne (32 %) |
| 120 g | Glucose |
| 50 g | Bienenhonig |
| | Mark von 1/2 Bourbon-Vanillestange |

***Menge:***
Das Rezept ergibt etwa 900 g fertige Karamelcreme.

***Herstellung:***
Den Puderzucker goldgelb schmelzen und mit der erhitzten Sahne ablöschen. Danach die Glucose, den Honig und die ausgekratzte sowie klein geschnittene Vanillestange zugeben. Die Zutaten zusammen bis auf 103 °C kochen und nach Erreichen des Kochgrades durch ein feines Sieb in eine Edelstahlschüssel gießen. Die Karamellcreme nach kurzem Abkühlen mit Frischhaltefolie abdecken und bis zum Gebrauch kühl lagern.

***Hinweis:***
Generell die Flüssigkeit zum Ablöschen von geschmolzenem Zucker erhitzen. Dies beschleunigt den Vorgang ganz erheblich und begünstigt ein zufriedenstellendes Produkt, da auf diese Weise ein heller, geschmacklich angenehmer Karamel hergestellt werden kann. (Siehe auch „Ablöschen" Seite 286)

## Karamelglasur

275 g Karamelcreme (Seite 263)
600 g Kaltgelee (Nappage)

***Menge:***
Das Rezept ergibt etwa 1075 g Karamelglasur.

***Herstellung:***
Die Karamelcreme auf etwa 25 °C temperieren und anschließend mit dem neutralen Kaltgelee verrühren.

***Hinweis:***
Kaltgelee (Nappage) siehe Seite 307

Karamelglasur

## Läuterzucker

2500 g Wasser
1000 g Kristallzucker

***Menge:***
Das Rezept ergibt etwa 3400 g Läuterzucker.

***Herstellung:***
Den Zucker in einem Kessel mit dem kalten Wasser gut verrühren und anschließend die beiden Zutaten zusammen einmal kurz aufkochen. Nach dem Auskühlen ist der „Läuterzucker" gebrauchsfertig. Wird der Läuterzucker in einem abgedeckten Behältnis kühl gelagert, läßt er sich problemlos für mehrere Tage im voraus produzieren.

***Hinweis:***
Kurz bevor der Zuckersud den Siedepunkt erreicht hat, sollte mit einem feinen Sieb der Schaum von der Oberfläche des Suds entfernt werden (abseihen). Der Schaum besteht aus Zellulose und Kalk, aber auch aus möglichen Verunreinigungen.

Läuterzucker

## Mandelboden/-kapsel

345 g Marzipanrohmasse M0
400 g Vollei
25 g Eigelb
110 g Kristallzucker
100 g Weizenmehl (Type 405)
5 g Backpulver
135 g heiße Butter
Salz
Mark von 1 Bourbon-Vanillestange
1/2 Zitronenschale, fein abgerieben

***Menge:***
Das Rezept ergibt eine Kapsel 56 x 36 cm oder 3 Böden mit 18 cm Durchmesser und 5 cm Höhe.

***Herstellung:***
Die Marzipanrohmasse sorgfältig mit dem Vollei und dem Eigelb glatt arbeiten. Zu dieser Eier-Marzipan-Masse den Zucker und die Gewürze hinzugeben und die Masse anschließend temperiert auf etwa 35 °C, in der Rührmaschine sehr gut schaumig schlagen. Abschließend zuerst das Mehl und danach die heiße (45 °C) Butter untermelieren. Die Mandelmasse in mit Papier eingeschlagene Ringe einfüllen oder mit einem Aufstreichrahmen (Höhe 10 mm) mit den Maßen 56 x 36 cm auf eine Silikonbackmatte aufstreichen und sofort abbacken.

***Backen:***
Böden: 175 °C
(geöffneter Zug / etwa 35 Minuten)
Kapsel: 185 °C
(geöffneter Zug / etwa 25 Minuten)

Mandelboden/-kapsel

## Milch-Grundcreme

| | |
|---|---|
| 1000 g | Wasser |
| 200 g | Kristallzucker |
| 100 g | Vollmilchpulver |
| 100 g | Cremepulver |
| 40 g | Eigelb |
| | Salz |

***Menge:***
Das Rezept ergibt nach dem Kochen etwa 1350 g Milch-Grundcreme.

***Herstellung:***
Das Eigelb, das Magermilchpulver und das Cremepulver zusammen mit $^1/_4$ l Wasser anrühren und beiseite stellen. Gleichzeitig das übrige Wasser zusammen mit dem Zucker und einer Prise Salz zum Kochen bringen.
Dann die Mischung mit dem Eigelb flott in die kochende Flüssigkeit einrühren und die Creme für 1 bis 2 Minuten kräftig abkochen. Die fertig gekochte Creme sofort in eine Edelstahlschüssel umfüllen und mit Frischhaltefolie direkt abgedeckt (verhindert Hautbildung) zum Auskühlen beiseite stellen.

***Hinweis:***
Bei dieser Rezeptur kann anstatt des Wassers auch frische Vollmilch verwendet werden. Der Milchpulveranteil entfällt hierbei. Eine Creme, mit frischer Milch hergestellt, bietet jedoch keine so lange Haltbarkeit des Produkts. Dies ist besonders bei Verwendung für „Basiskrem" von Bedeutung.

***Tip:***
Dieses Rezept eignet sich hervorragend für den Einsatz im automatischen Cremekocher. Dabei werden alle Zutaten zusammen gut gemixt und anschließend in das Gerät eingefüllt. Durch die automatische Bewegung auch in der Abkühl- bzw. Kühlphase erhält man auf schnellem Wege eine besonders glatte, sofort gebrauchsfähige Creme!

Milch-Grundcreme

## Milchkuvertüre zum Sprühen

| | |
|---|---|
| 700 g | Milchkuvertüre (Équatoriale Lactée – 35 % Kakao) |
| 300 g | Bitterkuvertüre (Caraque – 56 % Kakao) |
| 450 g | Kakaobutter |

***Menge:***
Das Rezept ergibt etwa 1450 g fertige „Sprühkuvertüre".

***Herstellung:***
Siehe „Bitterkuvertüre zum Sprühen" auf Seite 260

Milchkuvertüre

## Nußboden

| | |
|---|---|
| 220 g | Eigelb |
| 180 g | Marzipanrohmasse M0 |
| 380 g | Eiklar |
| 350 g | Kristallzucker |
| 190 g | Weizenmehl (Type 405) |
| 30 g | Weizenpuder |
| 320 g | Haselnüsse, braun (fein gerieben und schwach geröstet) |
| 1/4 | Zitronenschale, feinst abgerieben |
| | Mark von 1 Bourbon-Vanillestange |
| | Ceylon-Zimt |
| | Salz |

***Menge:***
Das Rezept ergibt1 Kapsel 56 x 36 cm und einen Boden mit 18 cm Durchmesser und 5 cm Höhe, oder 3 Böden mit 18 cm Durchmesser und 5 cm Höhe.

***Herstellung:***
Das Eiklar mit einer Prise Salz und dem Zucker leicht erwärmen und daraus einen stabilen, aber cremigen Eischnee herstellen. Während der Eischnee in der Rührmaschine läuft, die Marzipanrohmasse mit anfänglich kleinen Portionen des Eigelbs glatt rühren und zum Schluß die Gewürze zugeben.
Unter die glatt gerührte Eigelb-Marzipan-Masse zuerst etwa 1/5 des Eischnees untermelieren, dann den restlichen Eischnee und zum Schluß die mit dem gesiebten Mehl-Weizenpuder-Gemisch vermengten Haselnüsse in die Masse einmelieren. Die Masse in mit Papier eingeschlagene Ringe portionieren oder auf eine Silikonbackmatte (Kapsel) aufstreichen.

***Backen:***
Böden: 185 °C
(geöffneter Zug / etwa 30 Minuten)
Kapsel: 210 °C
(geschlossener Zug / etwa 16 Minuten)

Nußboden

## Nuß-Basiszubereitung

| | |
|---|---|
| 300 g | Kristallzucker |
| 300 g | Wasser |
| 100 g | Haselnüsse, braun |
| 100 g | Mandeln, braun |
| 100 g | Walnüsse |

***Menge:***
Das Rezept ergibt etwa 800 g fertige Nuß-Basiszubereitung.

***Herstellung:***
Den Zucker mit dem Wasser bis auf 103 °C kochen. Anschließend sofort die feinst geriebenen und schwach gerösteten Haselnüsse, Mandeln und Walnüsse (ausgekühlt) in den heißen Zuckersud einrühren. Die Nuß-Basiszubereitung nach dem Auskühlen abgedeckt kühl lagern.

Nuß-Basiszubereitung

## Nuß-Spezialglasur

| | |
|---|---|
| 115 g | Haselnußmasse (60 %) (Paste) |
| 330 g | Milchkuvertüre (Équatoriale Lactée – 40 % Kakao) |
| 135 g | Sahne (32 %) |
| 400 g | Kaltgelee (Nappage) |
| 100 g | Wasser |

***Menge:***
Das Rezept ergibt etwa 1100 g fertige Nuß-Spezialglasur.

***Herstellung:***
Aus der fein gehackten Kuvertüre und der Haselnußmasse mit der erhitzten Sahne einen glatten Canache herstellen. Anschließend das zusammen mit dem Wasser auf Raumtemperatur erwärmte Kaltgelee zusetzen und die Mischung im Anschluß daran intensiv mit einem Silikonspatel verrühren. Dabei ist ein Schaumigrühren der Glasur zu vermeiden.

***Verarbeitungshinweis:***
Die Glasur zum Verarbeiten knapp über den Kristallisationspunkt (28 °C) bzw. bei kälteren Körpern bis zu 40 °C temperieren. Hier ist stets die Temperatur der zu überziehenden Körper zu berücksichtigen. Bei sehr zäher Viskosität kann die Glasur mit Wasser verdünnt werden.

**Nuß-Spezial-Gasur**

## Rouladenkapsel

| | |
|---|---|
| 340 g | Butter |
| 130 g | Kristallzucker |
| | Mark von 1 Bourbon-Vanillestange |
| 1/2 | Zitronenschale, fein abgerieben |
| 380 g | Eigelb |
| 340 g | Eiklar |
| 215 g | Kristallzucker |
| | Salz |
| 170 g | Weizenpuder |
| 170 g | Weizenmehl (Type 405) |
| 130 g | Weizenpuder |

**Rouladenkapsel**

***Menge:***
Das Rezept ergibt 2 Kapseln (Aufstreichformat 56 x 36 cm) für 4 Torten des Rezeptes Kleintorte „Baumstamm" oder 3 Kapseln mit dem gleichen Aufstreichformat für 1 Rahmen der „Johannisbeer-Baiserschnitte".

***Herstellung:***
Zuerst die geschmeidige Butter mit dem kleineren Zuckeranteil und den Gewürzen Vanille und Zitronenschale glatt rühren. Dann das Eigelb zugeben und die Masse in der Rührmaschine gut schaumig schlagen. Gleichzeitig das Eiklar zuerst mit einer Prise Salz und dem größeren Zuckeranteil leicht anschlagen, anschließend den größeren Anteil Weizenpuder zugeben und einen stabilen, aber cremigen Eischnee herstellen. Um die Masse fertigzustellen, zuerst den Eischnee und danach das mit dem übrigen Weizenpuder vermischte Mehl unter die schaumige Butter-Eigelb-Masse melieren. Die Masse anschließend sofort auf Silikonbackmatten portionieren und aufstreichen.

***Backen:***
180 °C (geöffneter Zug / 2 Kapseln etwa 15 Minuten, 3 Kapseln etwa 10 Minuten)

***Hinweis:***
Um eine elastische, leicht rollbare Kapsel für die Kleintorte „Baumstamm" zu erhalten, ist darauf zu achten, daß die Rouladenkapseln in diesem Fall nicht zu trocken ausgebacken sind. Ferner empfiehlt es sich, so relativ dünne Gebäckstücke wie Rouladenkapseln sofort nach der Entnahme aus dem Ofen auf kalte Bleche zu ziehen.

**Rouladenkapsel**

## Schokobiskuit Spezial

| | |
|---|---|
| 295 g | Marzipanrohmasse MO |
| 35 g | Sahne (32 %) |
| 40 g | Eiklar |
| | Mark von $^1/_2$ Bourbon-Vanillestange |
| 175 g | Eiklar |
| 60 g | Kristallzucker |
| | Salz |
| 35 g | Weizenpuder |
| 70 g | Bitterkuvertüre |
| | (Caraque – 56 % Kakao) |

***Menge:***
Das Rezept ergibt 4 Böden mit 18 cm Durchmesser für die Kleintorte „Mandarin" bzw. 4 Böden mit 16 cm Durchmesser für die Kleintorte „Calvados" und die Kleintorte „Plissee" oder 6 Böden mit 16 cm Durchmesser für die Eistorte „Champagne", oder 1 Kapsel 57 x 36 cm für die Schnitte „Griottines".

***Herstellung:***
Die Marzipanrohmasse mit der Sahne, dem kleinen Teil Eiklar und dem Mark von der $^1/_2$ Vanillestange glatt arbeiten. Gleichzeitig aus dem größeren Anteil Eiklar, einer Prise Salz, dem Zucker und dem Weizenpuder einen stabilen, aber noch cremigen Eischnee herstellen. Um die Masse dann zu vollenden, zuerst etwa $^1/_5$ des Eischnees unter die glatte Marzipanmasse rühren und danach die bei 54 °C aufgelöste Bitterkuvertüre. Zum Schluß den übrigen Eischnee untermelieren und die Masse dann in die entsprechende Anzahl der mit Silikonpapier eingeschlagenen Ringe portionieren.

***Backen:***
Böden (16er): 170 °C
(geöffneter Zug / etwa 35 bis 40 Minuten)
Böden (18er): 170 °C
(geöffneter Zug / etwa 30 bis 35 Minuten)
Kapsel: 185 °C
(geöffneter Zug / etwa 20 Minuten)
(Alle Böden und die Kapsel saftig ausbacken)

Schokobiskuit Spezial

***Hinweis:***
- Für die runden Böden (16er) der Kleintorte „Calvados" werden je Boden 80 g mit Calvados marinierte, dünne Apfelspalten als Einlage benötigt. Bei der Kleintorte „Plissee" werden je Boden 70 g Orangeatstreifen (Arancini) vor dem Backen eingelegt.
- Für die Böden der Kleintorte „Mandarin" sind als Einlage je Boden 80 g Mandarinenfilets zu berechnen.
- Für die runden Böden (16er) der Eistorte „Champagne" werden je Boden 50 g Marc-de-Champagne-Trauben (Seite 270) als Einlage benötigt.
- Für eine Kapsel (57 x 36 cm) der Schnitte „Griottine" werden vor dem Aufstreichen 200 g grob gehackte, abgetropfte Griottines bzw. als Alternative frische bzw. Dunstsauerkirschen in die Masse einmeliert.

Schokobiskuit Spezial

## Schokoboden ohne Mehl

| | |
|---|---|
| 200 g | Bitterkuvertüre (Pur Caraïbe – 66,5 % Kakao) |
| 50 g | Butter |
| 200 g | Eiklar |
| 70 g | Kristallzucker |
| 40 g | Eigelb |

***Menge:***

- Das Rezept ergibt 6 Böden mit 16 cm Durchmesser beim spiralförmigen Aufdressieren mit Lochtülle Nr. 3.
- Das 1½fache Rezept reicht für 1 Kapsel 56 x 36 cm zur Verwendung für die Kleintorte „Duett Chocolat".

***Herstellung:***

Die Bitterkuvertüre bei 54 °C schmelzen und die „pomadige" Butter darin unterrühren. Aus dem Eiklar und dem Zucker einen stabilen, aber noch geschmeidigen und nicht zu kalten Eischnee herstellen. Unter diesen Eischnee dann das kurz von Hand glatt geschlagene Eigelb unterziehen. Zur Fertigstellung der Masse den Eischnee behutsam unter die Kuvertüre-Butter-Mischung melieren und je nach Verwendungszweck die Masse weiterverarbeiten.

***Backen:***

185 °C (geöffneter Zug / etwa 18 Minuten)

Schokoboden ohne Mehl

## Schoko-Joconde-Kapsel

| | |
|---|---|
| 150 g | Marzipanrohmasse M0 |
| 400 g | Vollei |
| 200 g | Kristallzucker |
| 25 g | Glucose |
| 80 g | Weizenmehl (Type 405) |
| 50 g | Butter |
| 35 g | Kakaopulver |
| | Salz |
| | Mark von 1 Bourbon-Vanillestange |
| ½ | Zitronenschale, fein abgerieben |

***Menge:***

Das Rezept ergibt eine Kapsel 56 x 36 cm.

***Herstellung:***

Die Marzipanrohmasse sorgfältig mit dem Vollei glatt arbeiten. Zu dieser Eier-Marzipan-Masse den Zucker, die Glucose und die Gewürze hinzugeben und die Masse dann in der Rührmaschine gut schaumig schlagen. Abschließend zuerst das mit dem Kakao vermischte Mehl und danach die heiße Butter untermelieren.

***Hinweis:***

Zum schnellen und gleichmäßigen Aufstreichen der Masse empfiehlt sich besonders der Einsatz eines 4 bis 5 mm hohen Aufstreichrahmens. Das gilt z. B. ebenfalls für Rezepturen wie „Schokoboden ohne Mehl" und ähnliche Grundprodukte.

***Backen:***

200 °C (geöffneter Zug / etwa 14 Minuten)

Schoko-Joconde-Kapsel

## Tortenboden mit Schokosplittern

700 g Eiklar
650 g Eigelb
480 g Marzipanrohmasse (M0)
460 g Weizenmehl (Type 405)
380 g Kristallzucker
300 g Bitterkuvertüre – Caraque (56 % Kakao)
210 g Butter
Mark von 3 Bourbon-Vanillestangen
1 Zitronenschale, fein abgerieben
Salz

**Menge:**
Das Rezept ergibt 6 Stück Tortenböden mit 16 cm Durchmesser und 5 cm Höhe.

**Herstellung:**
Vorweg die 6 Tortenringe mit Papier einschlagen und auf einem Backblech bereithalten. Dann die Bitterkuvertüre in kleine Splitter schneiden (Wellenschliffmesser) bzw. hacken und mit dem Mehl vermischt zum Einmelieren bereitstellen.
Für die Masse zuerst die Marzipanrohmasse mit dem Eigelb, beginnend mit kleinen Portionen, sehr sorgfältig glatt arbeiten. Anschließend die Marzipanrohmasse-Eigelb-Mischung zusammen mit den Gewürzen in der Rührmaschine schaumig schlagen. Gleichzeitig aus dem Eiklar, dem Salz und dem Kristallzucker einen stabilen, aber geschmeidigen Eischnee herstellen. Um die Masse fertigzustellen, zuerst den Eischnee, dann das mit der Kuvertüre vermischte, gesiebte Mehl und zum Schluß die warme, flüssige Butter einmelieren. Die Masse daraufhin in die vorbereiteten Ringe portionieren und sofort abbacken.

**Backen:**
185 °C (geöffneter Zug / etwa 25 Minuten)

**Hinweis:**
Zum Einmelieren sollte die Butter nicht über 35 °C erwärmt sein, da sich sonst eventuell die feinsten Kuvertüresplitter während des Melierens auflösen und so die Masse dunkel färben können.

Tortenboden mit Schokosplittern

## Weiße Rumtrauben

125 g Kristallzucker
375 g Wasser
275 g Jamaica-Rum (50 Vol.-%)
400 g weiße Sultaninen („5 Crown")

**Menge:**
Das Rezept ergibt (je nach Standzeit) etwa 800 g bis 850 g gebrauchsfertige „Weiße Rumtrauben".

**Herstellung:**
Den Zucker zusammen mit dem Wasser aufkochen und sofort heiß über die Sultaninen gießen. Wenn die Mischung auf unter 40 °C abgekühlt ist, den echten Jamaica-Rum zugeben und kurz unterrühren. Die im Rum-Sud eingelegten Sultaninen bis zum ersten Gebrauch für wenigstens zwei Tage in einem dicht verschlossenen Behälter kühl lagern. Durch das Zugießen des heißen Zuckersuds werden die Sultaninen sehr gut aufgeweicht und erhalten, insbesondere durch die zugesetzte Menge des echten Jamaica-Rums, ein helles und sehr appetitliches Aussehen und eine pralle, feste Form. Der echte Jamaica-Rum sorgt für den besonderen Charakter der weißen Rumtrauben.

**Hinweis:**
Um Marc-de-Champagne-Trauben zu erhalten wird nur der Jamaica-Rum gegen Marc de Champagne ebenfalls 50 Vol.-%, ausgetauscht. Der Herstellungsweg ändert sich nicht.

Weiße Rumtrauben

## Wiener Masse (Boden und Kapsel)

| | |
|---|---|
| 400 g | Vollei |
| 220 g | Kristallzucker |
| | Salz |
| | Mark von 1/2 Bourbon-Vanillestange |
| 160 g | Weizenmehl (Type 405) |
| 160 g | Weizenpuder |
| 90 g | Butter |

***Menge:***
Das Rezept ergibt eine Kapsel 57 x 36 cm (z. B. für „Rhabarberschnitte" oder „Zuppa romana") oder 4 Böden mit 18 cm Durchmesser und 5 cm Höhe.

***Herstellung:***
Vollei und Zucker mit einer Prise Salz warm (etwa 60 °C) und kalt schlagen. Wenn die Eiermasse stabil ausgeschlagen ist, zuerst die gesiebte Mehl-Weizenpuder-Mischung und direkt im Anschluß daran die heiße Butter (45 °C) einmelieren. Die Wiener Masse in mit Papier eingeschlagene Ringe oder einen Rahmen mit den Maßen 57 x 36 cm einfüllen und sofort abbacken.

***Backen:***
Böden: 180 °C
(geöffneter Zug / etwa 25 Minuten)
Kapsel: 195 °C
(geöffneter Zug / etwa 18 Minuten)

***Hinweis:***
Für die Rezeptur „Zuppa romana" von Seite 50 wird die doppelte Menge des Rezepts Wiener Masse benötigt. Die Masse wird dabei auf zwei Backrahmen zu etwa 55 % (unterer Boden der Schnitte) und 45 % (oberer Boden der Schnitte) aufgeteilt.

***Variante: (Schoko-Wiener-Masse)***
Vom gleichen Rezept, aber 110 g anstatt der 160 g Weizenmehl, 150 g anstatt der 160 g Weizenpuder und zusätzlich 30 g Kakaopulver zugeben bzw. einmelieren.

Wiener Masse (Boden und Kapsel)

## Zuckersirup mit 30 °Bé

| | |
|---|---|
| 1200 g | Kristallzucker |
| 850 g | Wasser |

***Menge:***
Das Rezept ergibt etwa 2000 g fertigen Zuckersirup.

***Herstellung:***
Die Zutaten miteinander verrühren und einmal kurz aufkochen.

***Hinweis:***
Vor dem Erreichen des Siedepunktes ist der Zuckersirup am besten mit einem feinen Sieb „abzuschäumen".

Zuckersirup mit 30 °Bé

***Herstellung der Serigraphie (Siebdruck) auf einer Silikonbackmatte bzw. Kunststoffolie für Schokoladendekor***

***Ein Siebdruckmotiv auf etwa 30 °C temperieren und mit einem Rakel bei gefühlvollem Druck die auf etwa 45 °C temperierte Kakaomasse einmal über die gesamte Länge des Motivs streichen.***

***Im zweiten Schritt den Siebdruckrahmen auf eine Silikonbackmatte bzw. auf eine Kunststoffolie legen. Es sollte hierzu eine vollkommen ebene Unterfläche vorhanden sein! Anschließend rasch nochmals die Kakaomasse bei leichtem Druck mit dem Rakel über das „Sieb" streichen.***

***Nach dem Anheben des Rahmens befindet sich das gewählte Muster auf der Silikonbackmatte und kann zur weiteren Verarbeitung (Backen) eingefroren werden oder wahlweise auf einer Kunststoffolie, um zu Schokoladendekor weiterverarbeitet zu werden.***

## *Serigraphie zu Dekorzwecken herstellen*

***Herstellung:***

- Matte und Folie dürfen sich nicht auf einem zu kalten Untergrund (Tischfläche) befinden, da sonst die Kakao- bzw. Strukturmasse zu schnell fest wird und sich so das Motiv oder das Muster nur sehr kontrastarm bzw. unvollständig auf den gewünschten Untergrund auftragen läßt.

- Als sogenanntes „Rakel" bezeichnet man das Gerät, mit dem die diversen „Druckmassen" wie Kakaomasse, gefärbte Kakaobutter usw. durch das Sieb hindurchgestrichen werden. Ein Rakel besitzt eine Kante aus relativ festem Gummi, um beim Streichen die sehr empfindlichen Siebe nicht zu zerstören.

- Zur besseren optischen Darstellung wurde hier der Siebdruck auf einer Kunststoffolie erzeugt. Der Braun-Grau-Farbton einer Silikonbackmatte ließe die feinen Konturen von Siebdruck auf dem Foto nur unzulänglich erkennen.

***Hinweis:***

Das Prinzip der weiteren Verarbeitung bzw. der Vorgang des Aufstreichens der Joconde-Masse wird auf Seite 273 und Seite 77 mit den Arbeitsschrittfotos zu „Joconde-Dekorkapsel strukturieren" dargestellt und zusätzlich beschrieben.

***Joconde-Dekorkapsel(-masse)***
Seite 262

**Masse zum farbigen Strukturieren**

Zutaten

| | |
|---|---|
| 140 g | Puderzucker |
| 170 g | Sahne (32 %) |
| 120 g | Mehl (Type 405) |
| | Lebensmittelfarbstoff |

***Variante:***

| | |
|---|---|
| 130 g | Puderzucker |
| 130 g | Sahne (32 %) |
| 130 g | Mehl (Type 405) |
| 75 g | Pistazienmark von frischen Pistazien |

## Gestreifte Joconde-Dekorkapsel

**Herstellung:**

***Herstellung der gestreiften Joconde-Dekorkapseln***

Für die farbige Masse alle Zutaten miteinander glatt rühren und mit Lebensmittelfarbstoff einfärben. Gegebenenfalls lassen sich für diese Masse Pulver aus gefriergetrockneten Früchten oder wie in der Variante zu diesem Rezept auch frisches Pistazienmark verwenden. Es läßt sich in diesem Fall jedoch meist kein so frisch-kräftiger bzw. heller Farbton erzielen.

***Herstellung von frischem Pistazienmark***

Zur Herstellung eines kräftig hellgrünen Pistazienmarks die Pistazien zuerst tiefgefrieren und anschließend im Mixer zu Brei zermahlen. Während des Vorgangs die Pistazienmasse ggf. wiederholt einfrieren. Somit kann die Masse nicht überhitzen, und die Farbstoffe bleiben dabei sehr schön erhalten.

***Joconde-Dekorkapsel (-masse)***
Seite 262

***Kakao-Strukturmasse***
Seite 76

***Herstellung der gestreiften Joconde-Dekorkapsel***

*Die Silikonbackmatte sehr dünn mit der Strukturmasse bestreichen.*

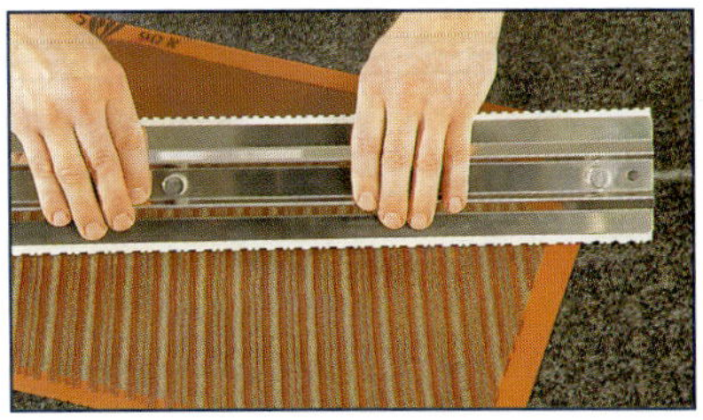

*Einen speziellen Dekorkamm ansetzen und diagonal über die Matte ziehen. Anschließend die Matte mit den Streifen tiefkühlen.*

*Auf die tiefgekühlte Backmatte einen 4 mm hohen Rahmen auflegen, die Masse der Rezeptur „Joconde-Dekorkapsel" aufstreichen und anschließend sofort bei 180 °C und geöffnetem Zug abbacken, bis sich die Kapsel von der Matte löst.*

*Die fertige gestreifte Joconde-Dekorkapsel.*

### Herstellung von Fächern aus weißer Schokolade

*Die bei etwa 40 °C aufgelöste weiße Schokolade (Ivoire) mit etwa 4 % hochwertigem Speiseöl (z. B. Haselnußöl) versetzen und dieses gut unterrühren.*

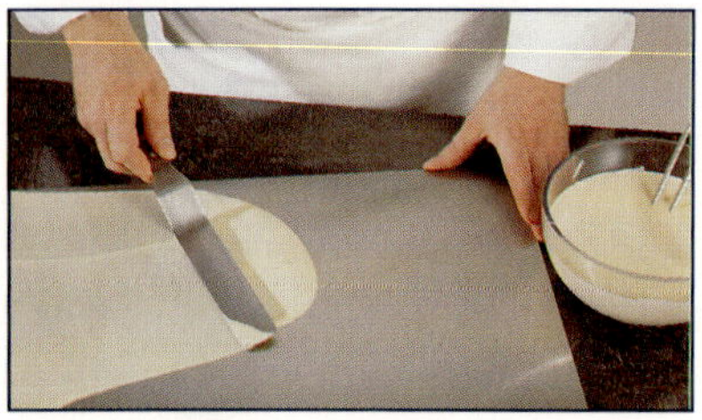

*Die Schokolade sehr dünn auf ein leicht (40 °C) angewärmtes Edelstahlblech streichen.*

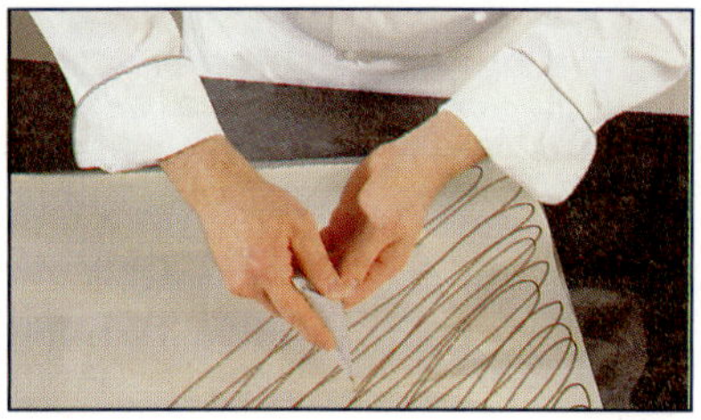

*Gegebenenfalls mit dunkler Kuvertüre (6 % Öl) eine zusätzliche Struktur herstellen.*
*Das Blech wird daran anschließend für einige Minuten gefrostet und erst herausgenommen, wenn die Schokolade vollkommen erhärtet ist.*

*Nachdem die Schokolade auf dem Blech einen Moment temperieren konnte, um wieder etwas Elastizität zu erhalten, lassen sich mit einer Spachtel durch entsprechende Schübe die gewünschten Fächer herstellen.*

*Leichtes Auflegen des linken Zeigefingers beim Schieben bewirkt, daß sich die Schokolade einseitig vor dem Finger staut und in Falten legt.*

*Auf einem Blech werden die erzeugten Dekorteile gesammelt und zum Schluß mit einer erwärmten Metallspachtel in Form gebracht.*

## Schokofächer

**Herstellung:**

**Hinweis:**

Um diese und ähnliche Dekorartikel aus Schokolade herzustellen, sind für Milchschokolade etwa 5 % und für Bitterkuvertüre etwa 6 % hochwertiges Speiseöl zuzusetzen. Je nach Hersteller und Type der jeweiligen Kuvertüre ist jedoch die exakte Höhe des prozentualen Zusatzes von Speiseöl auszuprobieren bzw. dementsprechend individuell einzustellen.

## Schokoladen-Spaghetti

***Herstellung:***

***Hinweis:***

Die Schokoladenspaghetti sind ein einfach herzustellender Dekor, der aber eine überaus auffällige visuelle Wirkung besitzt und zudem beim Betrachter bzw. Kunden stets für große Überraschung sorgt.

### *Herstellung der Schokoladen-Spaghetti*

*Auf ein tiefgefrorenes Edelstahlblech werden mittels eines Spritztütchens aus schwach überwärmter Kuvertüre in sehr schnellen Bewegungen feine Kuvertürelinien aufgespritzt.*

*Ohne Verzögerung wird links und rechts der ungleichmäßige Außenbereich abgetrennt...*

*...und sogleich darauf die Kuvertürelinien mit einer breiten Spachtel locker zusammengeschoben und vom Blech abgehoben.*

*Sofort danach müssen aus den für einen Moment elastischen Kuvertürelinien die Spaghettibündel bzw. die gewünschte Dekorvariante hergestellt werden.*

## Filierte Joconde-Dekorkapsel

***Herstellung:***

***Hinweis:***

Das Prinzip der weiteren Verarbeitung bzw. der Vorgang des Aufstreichens der Jocondemasse wird auf Seite 77 dargestellt und zusätzlich beschrieben.

***Joconde-Dekorkapsel (-masse)***

Seite 262

***Kakao-Strukturmasse***

Seite 76

### *Herstellung einer Joconde-Dekorkapsel mit filiertem Dekormuster*

*Etwas von der geschmeidigen Kakao-Strukturmasse in ein Spritztütchen füllen und damit auf eine Silikonbackmatte (Silpat) ein dekoratives Muster aufbringen. Anschließend die Matte mit den Linien bzw. dem Muster tiefkühlen.*

Las Vegas

# Die Faszination des süßen Genusses

## – Ein persönlicher Bilderbogen –

Andreas Heil, Jahrgang 1966, wuchs in der Gemeinde Krailling im nördlichen Bereich des Landkreises Starnberg auf. Obwohl er in einem von der Konditorei eher unvorbelasteten Elternhaus groß wurde, erhielt er durch die festlichen Backwerke seiner Mutter ganz unbewußt Impulse, die seine spätere Berufswahl beeinflußten. Gewissermaßen aus dem Nichts heraus begann Andreas Heil schon in jungen Jahren, sein künstlerisches Potential zu entwickeln. Bereits damals belegte er das Schulfach „Hauswirtschaft und Kochen" mit all seinen vielseitigen Facetten, wobei er sein Herz für süße Sachen entdeckte. Später sollte er als einziger Junge seiner Schulklasse die Abschlußprüfungen auch im Fach „Hauswirtschaft" ablegen und dabei mit der Note 1 bestehen.

Von 1981 bis 1984 absolvierte Andreas Heil seine dreijährige Lehrzeit im Konditorenhandwerk, bestand die Konditorgehilfenprüfung mit der Note „sehr gut" und belegte anschließend beim Kammerentscheid den 3. Platz.

*Am Tag der Konditorgehilfenprüfung im Sommer 1984. Andreas Heil mit seinen beiden Lehrmeistern und Ausbildern Konditormeister Bernd Zwirner (links) und Konditormeister Claus Langer (rechts)*

*Andreas Heil (2. von links) mit Konditormeister und Ausbilder Claus Langer (ganz links) zu Beginn der Lehrzeit im Herbst 1981*

*Das praktische Ergebnis der Konditorgehilfenprüfung*

Die sich unmittelbar anschließenden Gehilfen- und Wanderjahre wurden durch einen 15monatigen Bundeswehrdienst unterbrochen, den er bei den Gebirgsjägern in Mittenwald in den Jahren 1987 bis 1988 ableistete.

Bis zum Besuch der Meisterschule arbeitete er als Konditorgehilfe in einigen traditionsreichen Konditoreibetrieben. Hier fand er nochmals optimale Möglichkeiten und konnte während dieser Jahre seine Kenntnisse der Konditorenkunst auf hohem Niveau vertiefen. Die Faszination der Lehr- und Gehilfenjahre nutzte Andreas Heil, um sich auf die Meisterschule für Konditoren in München vorzubereiten. Den praktischen Prüfungsteil konnte er 1991 mit dem besten Ergebnis seines Jahrgangs, sowie darüber hinaus seine Meisterprüfung und die Meisterschule mit der Gesamtnote „sehr gut" abschließen.

*Prüfungsfenster des Autors an der Meisterschule in München im Jahr 1991*

Seine Lehr- und Meisterjahre prägen bis heute seinen beruflichen Anspruch: Stets ist Andreas Heil darauf bedacht, bei seinen Zielen und Aktivitäten das Optimum anzustreben.

Nach den ersten eineinhalb Jahren als leitender Konditormeister war er anschließend für sechs Jahre als Chef-Confiseur für die ganze Palette der Confiserie und Confiserie-Spezialitäten eines Konditorei-Café-Betriebes verantwortlich. Hier war er darüber hinaus zuständig für Saison-Spezialitäten, Sonderbestellungen, Hochzeitstorten, Büfett-Arrangements und die Sortimentserweiterung durch eigene kreative Kompositionen.

*Auftragsarbeit zur Eröffnung eines Fachgeschäftes für Fisch und Krustentiere*

*Auftragsarbeit – Hochzeitstorte mit selbstgefertigten Säulen und einem Dekor-Arrangement aus Gelatinezucker*

Vielen Ballgästen und Besuchern der Tortenschau des alljährlich in München gefeierten „Balls der 1000 Torten" sind seine faszinierenden Tortenkreationen und Schaustücke in lebendiger Erinnerung.

Andreas Heil mit Schaustück beim Kurs für Zuckerdekor an der Lenôtre-Schule in Paris

Bei all dem beruflichen Engagement hat Andreas Heil nie die qualitätsorientierte Ausbildung des Nachwuchses aus den Augen verloren: Häufig steht er mit Rat und Tat wißbegierigen Auszubildenden bei Prüfungs- oder Wettbewerbsvorbereitungen hilfreich zur Seite. Zudem gab er Fachvorträge, demonstrierte sein Können schon einige Male auf Ausstellungen und Messen und betätigte sich bereits mehrmals als Mitglied einer Fachjury bei nationalen und internationalen Wettbewerben. Bei solchen weit über das durchschnittliche berufliche Maß hinaus reichenden Aktivitäten engagiert er sich mit viel Liebe und großem persönlichem Zeiteinsatz für seinen Berufsstand.

Schaustück „Aquamarin" für die Jubiläumsausstellung der Dänischen Konditor-Fachschule in Ringsted

Andreas Heil bei einer fachlichen Demonstration auf der Gastromesse „FESTIGA". Links Gilbert Ponee, Gründungsdirektor der Lenôtre-Gastronomieschule in Paris.

Tortendekor „Die surreale Welt des Clowns" zum „Ball der 1000 Torten"

Die Juroren Andreas Heil und Pit Oberweis (Präsident von „Relais Dessert International") beim Wettbewerb „Konditor des Jahres 1996"

Glanzvolle berufliche Anerkennung erhielt Andreas Heil, als er 1994 zum ersten „Konditor des Jahres" berufen wurde.

Dieser bis heute unter der Schirmherrschaft des Deutschen Konditorenbundes alljährlich stattfindende Wettbewerb wurde von seinem geistigen Vater, dem äußerst engagierten Wilhelm Voigt, ehemaliger Geschäftsführer der Kaffeerösterei Heimbs & Sohn, Braunschweig, als ständige Einrichtung initiiert.

*Januar 1994*
*Andreas Heil mit Sohn Gregor beim Wettbewerb „Konditor des Jahres"*

Aus diesem Wettbewerb ist der Condi-Creativ-Club e.V. hervorgegangen, ein Zusammenschluß der Gründungsmitglieder und der am Wettbewerb „Konditor des Jahres" teilnehmenden Konditoren. Auf hohem Niveau widmen sich die Mitglieder dieses Clubs allen Fragen der beruflichen Aus- und Weiterbildung. Andreas Heil fungiert seit Februar 1996 als Vorsitzender des Condi-Creativ-Club e.V.

*Wilhelm Voigt, der geistige Vater des Wettbewerbs „Konditor des Jahres" und Begründer des „CCC" Condi-Creativ-Club e. V., beglückwünscht Andreas Heil als ersten Titelträger*

*Ausschnitt vom Büffett – Rehrückenfiletterine und Schillerlocken mit Roquefort gefüllt*

*Süßes und Pikantes (Das Sieger-Büfett von Andreas Heil zum Wettbewerb „Konditor des Jahres" 1994*

# Persönlicher Bilderbogen

Andreas Heil war Teamkapitän der deutschen Nationalmannschaft, die im Januar 1999 am „Coupe du Monde de la Pâtisserie" (Weltmeisterschaft der Patisserie) in Lyon teilnahm. In einem aus 18 Nationen bestehenden Teilnehmerfeld erreichte das deutsche Team bei diesem bedeutenden Wettbewerb den fünften Rang.

In nur neun Stunden Arbeitszeit fertigte das Team ein bezauberndes, modernes Büfett-Arangement zum Thema „Expo 2000", das dem Leitmotiv der Weltausstellung „Mensch im Einklang mit Natur und Technik" gerecht wurde.

*Das Deutsche Team beim „Coupe du Monde de la Pâtisserie 1999", der alle zwei Jahre stattfindenden Weltmeisterschaft der Patissiers in Lyon/Frankreich. Von rechts: Kurt Schindler, Leiter der Meisterschule für Konditoren in Köln und Präsident des Teams, T. Lugeder, Schokoladearbeit,D. Holzer, Eiscarving, und A. Heil, Zuckerarbeit und Teamkapitän*

*Der Präsentationstisch mit den Arbeiten des Deutschen Teams beim „Coupe du Monde de la Pâtisserie 1999"*

Für seine faszinierende Umsetzung des Thementeils „Natur" gewann Andreas Heil den einmalig vergebenen Spezialpreis „Bestes Zuckerschaustück".

Diese hohe Auszeichnung ist aber auch das Ergebnis einer hervorragenden Teamarbeit, die während der gesamten Weltmeisterschaft jeden einzelnen der Konditoren zu Höchstleistungen animierte.

Andreas Heil, Konditormeister und Künstler aus Leidenschaft, bietet mit diesem Buch dem interessierten Leser eine Fülle von Anregungen, die jeder individuell nutzen kann. Er würde sich freuen, wenn sein Werk Kolleginnen und Kollegen zu eigenen Höchstleistungen und Weiterentwicklungen motivieren würde, damit ein so großartiger und begeisternder Beruf weiter an Dynamik gewinnt.

*Das prämierte Zuckerschaustück von Andreas Heil*

*Jacken und Pokale von Andreas Heil*

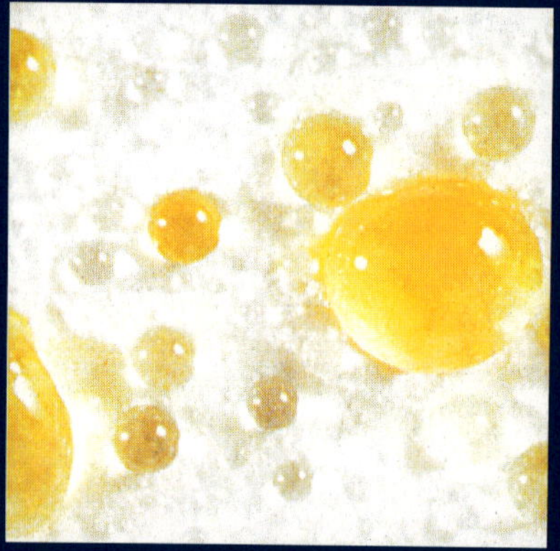

# Fachbegriffe und Lexikon

## A

### *Abflämmen*
Baisermasse oder z. B. Königsberger Marzipan, durch sehr starke „flämmende" Oberhitze im Konditorofen oder im speziellen Flämmofen (nur Oberhitze) appetitlich von goldgelb bis goldbraun färben.

### *Ablöschen*
Geschmolzenem Zucker (Karamel) wird auf großer Flamme Sahne oder z. B. Fruchtsaft, vorzugsweise erhitzt, in anfänglich kleinen Portionen zugegossen und untergerührt. Karamelsud soll nach dem Ablöschen frei von erstarrten Zuckerklumpen sein. Durch das Vorerhitzen der zum Ablöschen verwendeten Flüssigkeit wird der extreme Temperaturunterschied etwas verringert. Hierdurch läßt sich starkes Spritzen beim Zugießen und ein allzu leichtes Verklumpen des Zuckers vermeiden.

### *Abrösten*
Röstmasse (Brandmasse, Brühmasse). Die nach dem Einrühren der gesamten Mehlmenge verkleisterte Masse wird so lange im Kessel gerührt, bis im Kessel ein weißer Belag entsteht. Die Masse löst sich hierbei vom Kessel (ballt sich zusammen). Dies ist ein Zeichen dafür, daß die Masse ausreichend „abgeröstet" ist. Dieser Vorgang wird auch als abbrennen bezeichnet („Brand"masse).

### *Abziehen*
Einen Fond (z. B. Crème anglaise) unter ständigem Rühren (Spateln) bis zur Rose (max. 86 °C) erhitzen. In Fonds erfolgt die Bindung allein durch den Eianteil (Eigelb), ohne Zusatz von Stärkepuder. Deshalb muß ein Überschreiten der Temperaturgrenze beim „Abziehen" eines Fonds unbedingt vermieden werden. Die Eiweißgerinnung beginnt etwa ab 60 °C, aber bei 86 °C ist die Flüssigkeit durch das Eiweiß am stärksten immobilisiert (das Wasser ist gebunden). Der enthaltene Eianteil, welcher bei 86 °C am meisten Flüssigkeit binden kann, beginnt bei höherer Erhitzung zu gerinnen (flockt aus), und die Bindung würde daraufhin wieder verlorengehen.

### *Amarenakirsche*
Amarenakirschen werden aus den als Marasken oder Maraschen bezeichneten Früchten der etwa 1 bis 2 m hohen und in Bosnien sowie Dalmatien beheimateten Strauchweichsel gemacht. Zur Herstellung von Amarenakirschen werden die Früchte zuerst „dickzuckergelegt" (kandiert) und anschließend in einem Sirup aus Läuterzucker, Glucosesirup, Zitronensäure und eventuell Geschmacksstoff (Mandel) eingelegt. Aus Marasken wird auch der bekannte Maraschinolikör hergestellt. Bei der industriellen Erzeugung von Amarenakirschen wird den Früchten ein Farbstoff zugesetzt, um die dunkle Farbe zu erreichen, ein Geschmacksstoff, um das „typische" Aroma zu verstärken, und Bicarbonat, um Amarenakirschen von besonders prallem Aussehen zu erhalten. Bei künstlicher Färbung müssen die Früchte und/oder die mit ihnen erzeugten Produkte als „mit Farbstoff" kenntlich gemacht werden.

### *Anziehen*
Der Begriff bezeichnet das Kristallisieren (Festwerden) von Kuvertüre, Pralinencanache, → Nugat und → Mousse au chocolat, aber auch das Erstarren von Gelees, Glasuren und von mit → Gelatine gebundenen Sahnefüllungen.

### *Aprikotieren*
Als aprikotieren bezeichnet man das Bestreichen von ausgebackenen Gebäckstücken (meist Plunder- und Blätterteig, aber auch Krapfen usw.) mit heißer bzw. aufgekochter Aprikosenkonfitüre. Durch das Auftragen der Aprikotur werden Glasuren wie z. B. Fondant und andere Überzüge von der trockenen Gebäckoberfläche isoliert. So behalten die glasierten Gebäcke länger ihr saftiges und appetitliches Aussehen, da die Glasur nicht so schnell austrocknen und überdies „absterben" (den Glanz verlieren) kann. Durch das Aprikotieren lassen sich aber auch gehobelte und geröstete Mandeln, Kokosraspel und dergleichen hervorragend an Gebäcke wie z. B. Windbeutel ankleben.

### *Ausschminken*
Gießformen zur Herstellung von Schokoladenkörpern (Hohlkörpern) oder Dekorteilen, mit denen eine besondere Optik erzielt werden soll, werden vor dem Aus-

gießen mit Kuvertüre auf der Innenseite kontrastreich „ausgeschminkt". Dies geschieht durch Auftragen von Kuvertüre anderer Färbung bzw. gefärbter Kakaobutter mit einem Pinsel, Spritztütchen usw. oder durch Aufsprühen von verdünnter Kuvertüre mit der Sprühpistole.

## B

***Blindbacken***
Mit Pâte sucrée (süßem Mürbteig) oder auch Blätterteig ausgelegte Tartelettes- oder Tartesformen werden mit rohen getrockneten Linsen, Erbsen oder Reis gefüllt und je nach Verwendungszweck vorgebacken oder fertig ausgebacken. Der Ausdruck blindbacken rührt daher, daß die Backfarbe wegen der Füllung (die den höheren Rand einer Tarte in Form halten soll) nicht zu sehen ist. Soll das Backgut „fertig" ausgebacken werden, kann die Füllung nach etwa zwei Dritteln der Backzeit entfernt werden. Dadurch sind die Tartes sehr schnell ausgebacken und erhalten dann auch etwas mehr Backfarbe.

***Brickteigblatt (französisch „feuille de brick")***
Ein sehr dünnes, meist kreisrundes Teigstück, das aus Mehl, Wasser und Salz hergestellt wird und als gefrorenes Blatt erhältlich ist. Der geschmacksneutrale Brickteig wird für die asiatische Küche in großem Umfang verarbeitet und findet dort, meist mit sehr pikanten Füllungen versehen, z. B. bei Teigtaschen-, rollen usw., seine Verwendung. Bei uns ist Brickteig in Feinkostgeschäften oder in den Asia-Food-Shops erhältlich. In der Konditorei lassen sich die dünnen Teigblätter sehr einfach und rationell durch → Karamelisieren oder Füllen und anschließendes Fritieren zu einem optisch sehr markantem Kleintortendekor verarbeiten.

***Bûche/Bûche de Noël***
Traditioneller französischer Weihnachtskuchen in Form eines Holzscheits oder dickeren Aststückes. Die französische Bûche erinnert an die schöne Sitte, als von den Familien vor dem Gang zur Christmette ein großes Stück Holz in den Ofen gelegt wurde, das brennen konnte, bis man wieder nach Hause zurückkam. Noch spät in der Nacht feierte man dann gemeinsam in der Familie und mit Freunden das Weihnachtsfest und genoß dabei ein umfangreiches Menü von erlesenen Speisen. Auch außerhalb der Weihnachtszeit werden Bûches hergestellt. Diese werden dann z. B. unter der Bezeichnung Bûche framboise (Himbeer) oder Bûche chocolat usw. verkauft. Sie haben die gleiche Form wie eine Bûche de Noël und unterscheiden sich im wesentlichen von dieser nur im Dekor.

## C

***Canache***
Als Canache bezeichnet man einen sehr fetthaltigen Krem, welcher sich aus den Hauptbestandteilen des Grundrezeptes eines mittelfesten Pralinencanache, aus Kuvertüre und Sahne, im Verhältnis 2:1, zusammensetzt. Canache kann äußerst vielfältig z. B. mit Destillaten oder anderen geschmacksgebenden Zusätzen, welche auch in der Sahne mitgekocht werden können, aromatisiert sein. Und er ist auch ebenso vielseitig in der Verwendung. Es gibt aber auch bestimmte Canachegruppen, die sich nach Rezeptur und in der Herstellungsweise unterscheiden. Beispiele hierfür sind Buttercanache oder Eiercanache. Die Qualitätsmerkmale eines guten Canache sind die homogene Bindung, speckiger Glanz und ein zarter Schmelz des Endproduktes. Ein Canache, unter Verwendung von Schlagsahne oder mit einer → Crème anglaise hergestellt, ist fast immer das Ausgangsprodukt für eine → Mousse au chocolat.

***Chemisieren („la chemise" französisch „das Hemd")***
Eine Terrine oder sonstige Form am Boden und an den Seiten z. B. mit Butter auspinseln und mehlen oder mit Gelee (Aspik) ausgießen, mit Speck, Butterbrotpapier, Biskuit und dergleichen auslegen oder eine Eisbombenform mit einer Schicht Ganzeis (Kremeis) auskleiden usw. Das Chemisieren dient entweder dem leichteren Ausformen der zubereiteten Speisen, z. B. Terrinen, oder dazu, Füllungen in mehreren Schichten von außen nach innen in eine Form zu bringen. Beispiel: Kremeismantel für eine Eisbombe mit einem → Parfait-Kern.

### Convenience

Der Begriff steht für „bequem" und „verfügbar" und ist heute in vielen Bereichen des Alltags von großer Bedeutung. Für den Konditor sind als Convenienceprodukte bereits hochwertige Grundprodukte wie Marzipanrohmassen, Nugatmassen oder Fondant anzusehen, weil es heutzutage zu kostenaufwendig und zu mühselig ist, diese Produkte noch selber herzustellen. Ferner bietet Convenience Zeitersparnis in der Produktion oder eine für den Handwerker sonst nicht erreichbare Sicherheit des Produktes gegenüber dem Kunden.

### Crème anglaise

Die Anglaise oder Englische Creme erhält ihre Bindung durch das in der Rezeptur enthaltene Eigelb. Dabei muß in der Herstellung darauf geachtet werden, daß die Creme keinesfalls über 86 ° C erhitzt wird (→ zur Rose abziehen). Abschließend die Creme durch ein feines Sieb → passieren.
Durch geringste Gewichtsveränderung der Hauptzutaten Milch (Sahne), Eigelb, Zucker und Aromen ist die Créme anglaise eine äußerst variable Basiscreme für viele Desserts wie zum Beispiel Crème bavaroise (Bayerische Creme). Sie ist aber auch die klassische Vanillesauce und das Ausgangsprodukt für Kremeis.

### Crème brûlée („gebrannte" Creme)

Eine Sahne-(Milch)-Eigelb-Mischung, die bis → zur Rose abgezogen sein kann und bei mäßiger Hitze (etwa 150 ° C) im Backofen gegart wird. Bei einer Crème brûlée als Dessert wird die Oberfläche vor dem Servieren mit etwas Zucker bestreut und anschließend → karamelisiert.

### Crème Chantilly (französisch für Schlagsahne)

Beispiel: → Mousse au chocolate Chantilly ist eine Schokoladensahne, hergestellt nur aus Schlagsahne und Kuvertüre.

### Crème Chiboust

Gekochte Creme (z. B. → Crème pâtissière), mit oder ohne Zusatz von Fruchtpürees, unter die noch heiß cremig geschlagener Eischnee gezogen wird. Durch den Eischnee erhält man eine geschmacklich leichtere Creme mit einer beachtlichen Volumenzunahme. Eine Crème Chiboust muß sofort nach dem vollständigen Unterziehen des Eischnees verfüllt werden, da weiteres Rühren oder ein Verarbeiten der erkalteten Creme einen totalen Volumenverlust bedeuten kann. Hierbei geht dann auch die Stand- bzw. Schnittfestigkeit der Creme sehr stark zurück.

### Crème pâtissière

Sie wird zur puren Verwendung meist mit echter Vanille hergestellt und nach dem Kochen durch Zugabe von Butter etwas „gehaltvoller" gemacht. Vielleicht die universellste Grundcreme überhaupt. Andere Namen, welche auch zu Verwechslungen führen können, sind: Konditorcreme, Vanillecreme oder gekochte Creme. Crème pâtissière findet eine äußerst weit gefächerte Verwendung, ob als Füllcreme mit unterschiedlichstem Aromenzusatz wie Kaffee-Extrakt, Liköre, Orangenschale usw. oder im deutschen Butterkrem sowie bei der Weiterverarbeitung zu Sahnecremes wie z. B. einer Bienenstichfüllung[1].

[1] Dies ist eine Vanillecreme, unter die anschließend noch wenig Gelatine und Schlagsahne gezogen wird.

### Crêpes

Hauchdünne, besonders zarte Eierpfannkuchen, die aus einem sehr dünnflüssigen Teig hergestellt werden (spezielle Crêpespfanne). Crêpes sind eine typische französische Spezialität. Sie werden mit den unterschiedlichsten Füllungen angeboten. Die vielleicht bekannteste Version sind die Crêpes Suzette, welche in einer Orangenkaramelsoße mariniert und vor dem Servieren mit Orangendestillat (Grand Marnier oder Cointreau) flambiert werden.

## D

### Dekorierzucker (sogenannter „Süßer Schnee")

Dekorierzucker wird aus Puderzucker unter Zusatz von etwas Fett und mit Zugabe von Stärkepuder (Reisstärke) industriell hergestellt. Der Vorteil liegt in der deutlich geringeren Empfindlichkeit gegenüber Wärme-, Fett- und Feuchtigkeitseinwirkung durch die Luft oder durch das Produkt selber, das mit diesem speziellen Zucker dekoriert wurde.

### Dextrinlösung
Geröstete Kartoffel-, Mais- oder Weizenstärke wird mit etwas Wasser angerührt und durch Aufkochen aufgelöst. Dextrinlösung wird vorwiegend zum Abglänzen von Lebkuchen, Printen usw. verwendet.

### Dressieren
Wichtige und häufige Arbeitstechnik, um diversen Massen oder Krems eine bestimmte Form zu geben und diese dabei gleichzeitig zu portionieren. Üblicherweise wird mit entkeimten, gummierten Dressier-(Spritz-)Beuteln aus Leinen oder mit sogenannten Einmal-Spritzbeuteln aus Kunststoffolie gearbeitet. Durch Einstecken von Dressiertüllen (meist Stern- oder Lochtüllen) kann die Formgebung exakt auf die Belange bzw. auf die unterschiedliche Beschaffenheit der zu verarbeitenden Massen eingestellt werden. Bei großen Mengen lohnt sich die Anschaffung einer automatischen Ausform-(Dressier-) Maschine.

## E

### Elastische Masse/Emulsion
Bezeichnung für die geschmeidige und vor allem homogene Konsistenz eines unter Zugabe wasserhaltiger Komponenten wie z. B. Fruchtpüree, Sahne oder Destillaten hergestellten → Canaches, der meist zu einer → Mousse weiterverarbeitet wird. Die elastische, homogene Wasser-(Zusätze) + Fett-(Kuvertüre-)Emulsion ist neben der korrekten Temperatur (bei der sich die Kakaobutter bis zum Ende der Verarbeitung der → Mousse in einem amorphen bzw. gelösten Zustand befindet) die grundlegende Voraussetzung, um eine Schokoladenmousse von zartschmelzender, glänzender Struktur herstellen zu können.
In einer optimal hergestellten Schokoladenmousse liegt die Kakaobutter nach dem Auskristallisieren durch die vorgenannten Punkte Homogenität und Temperatur in mikrokristalliner Form (glänzende und geschmeidige Struktur der → Mousse) oder bei Nichtbeachtung in amorpher Form (gestaltlos fest, stumpfe Farbe) vor.

## F

### Farinzucker
Gelblicher bis dunkelbrauner feinkristalliner Zucker, der aus Rohr- oder Rübenzucker-Nachprodukten (Zuckerablaufsirup) hergestellt wird und häufig bei der Lebkuchenherstellung Verwendung findet.

### Fond
Als Fonds werden in der Küche Grundbrühen für zahlreiche Zubereitungen, z. B. Soßen, bezeichnet. In der Konditorei ist Fond der Begriff für Grundcremes bzw. Vorcremes, welche → zur Rose abgezogen werden und einen relativ hohen Flüssigkeitsanteil aufweisen. Fonds erhalten ihre Bindung im allgemeinen durch den enthaltenen Eigelbanteil – Beispiel: → Crème anglaise. Sie werden häufig mit den Geschmacksträgern hergestellt (um sie auszulaugen) und nach dem sogenanten → Abziehen fein passiert. (Charakteristisch auch: Im Fond ist immer ein reduzierter Flüssigkeitsanteil vorzufinden.)

## G

### Gelatine (Platin)
Gelatine ist ein Hydrolyseprodukt (durch Wasser abgespalten) des tierischen Gerüsteiweißstoffes (Protenoid) Kollagen. Für den Gebrauch in der Konditorei/Patisserie hergestellte Gelatine wird aus den Knochen, der Haut, den Sehnen usw. von Rindern und Schweinen gewonnen. Bei der Herstellung von Süßspeisen bzw. Desserts kommt hauptsächlich Gelatine in Blattform (Blattgelatine) zum Einsatz. Hierbei werden durch das hohe Quellvermögen Zubereitungen gebunden bzw. schnitt- oder stürzfest gemacht. Der Zusatz von Gelatine sollte so gering wie möglich ausfallen, wobei jahreszeitliche Temperaturunterschiede und der Verwendungszweck, z. B. Stürzcreme, Schüsselcreme, grundsätzlich berücksichtigt werden sollten. Die Preisunterschiede der Gelatinequalitäten sind in der Kalkulation des Verkaufspreises für mit Gelatine gebundene Produkte nahezu bedeutungslos. Deshalb sollte vom Fachmann nur Gelatine der Qualität

„Platin" verarbeitet werden. Dieses ausschließlich aus Schweineschwarten hergestellte Produkt bietet neben dem geringen BSE-Risiko schnelle Vorquellfähigkeit, neutralen Geschmack, Geruchlosigkeit und Dünnflüssigkeit (nicht wärmer als 40 ° C auflösen!), durch die ein unkompliziertes Verarbeiten möglich ist.

***Griottines***

Die Griottines besitzen ein unvergleichbares und überdies besonders mildes Aroma. Die vielleicht bekanntesten werden von einer traditionellen französischen Destillerie hergestellt. Griottines sind wild wachsende Sauerkirschen, die verlesen und von Stengel und Kern befreit in einer Mischung aus Branntwein, Kirschwasser und Zuckersirup eingelegt werden. Diesem Produkt werden keinerlei Zusätze wie z. B. Farbstoffe, Konservierungsstoffe oder Säuren und dergleichen zugesetzt. Die Besonderheit dieser Spezialität liegt sicher in der Harmonie seiner natürlichen Bestandteile und dem unvergleichbaren Geschmack.

## H

***HACCP***

(HA) Hazard Analysis (Risikoanalyse) and (CCP) Critical Control Points (kritische Steuerungspunkte im Sinne von Lenkungs- und Eingriffspunkten).
HACCP ist eine Schwachstellenanalyse, die auf die Vermeidung gesundheitlicher Gefahren beim Verbraucher abzielt. (Die Analyse ist aber als Bestandteil eines Eigenkontrollsystems zu sehen.) Auf Grund dieser Analyse sind die notwendigen vorbeugenden Maßnahmen festzulegen, mit denen sich die ermittelten Gefahren bereits während der Herstellung des jeweiligen Lebensmittels vermeiden, ausschalten oder zumindest auf ein akzeptables Maß vermindern lassen. Ein derartiges System ist vor allem in Betrieben mit feststehenden, sich ständig wiederholenden Arbeitsabläufen anwendbar. Fazit: Die entscheidende Stärke des Konzeptes (Lebensmittel-Sicherheitskonzept) liegt in der Analyse und Darstellung potentieller Gefahrenquellen und in der hierdurch möglichen Gewährleistung einer sauberen, korrekten und kontrollierbaren Herstellung.

## I

***Invertzucker***

Rüben- oder Rohrzucker (Doppelzucker/Saccharose) wird durch Zusatz von Enzymen (Invertase) oder durch Kochen mit verdünnten Säuren in Trauben- (Glucose) und Fruchtzucker (Fructose) aufgespalten. Er dient zur Herstellung von Invertzuckersirup und Invertzuckercreme (früher Kunsthonig), aber auch als Frischhaltemittel für Marzipan, Pralinen, Sandkuchen u. a., ebenso zur Verhinderung des Auskristallisierens von Doppelzucker. Außerdem fördert Invertzucker die Bräunung von z. B. Keksen, Makronen und Sandgebäck.

***Invertzuckersirup***

Eine nach der Zuckerartenverordnung wäßrige Lösung mit mehr als 50 Prozent in der Trockensubstanz aus Saccharose hergestelltem Invertzucker. Invertzuckersirup zählt zu den sogenannten flüssigen Zuckern und wird besonders dann eingesetzt, wenn dem Produkt Zucker in gelöster Form zugesetzt werden kann. Auf Grund der wirksamen Eigenschaft als Einzelzucker, die Rekristallisation von gelöstem Doppelzucker (Saccharose) zu behindern, und wegen der großen Hygroskopizität dient Invertzuckersirup ganz hervorragend als Weichmacher bzw. zur Frischhaltung der mit einem Anteil Invertzuckersirup hergestellten Erzeugnisse.

## J

***Jus***

Das appetitliche Aussehen (Färbung) und die Haltbarkeit (Konservierung) von rohen oder gegarten Früchten kann u. a. durch Übergießen mit gekochtem Jus erreicht werden. Hierzu wird Fruchtsaft gegebenfalls mit Zusatz von Wein und ähnlichem sowie einem Teil Zucker und eventuellen Aromen gekocht und dann eine entsprechende Menge mit etwas Flüssigkeit angerührte Stärke eingerührt. Beim weiteren Kochen verkleistert die Stärke und bindet die Flüssigkeit entsprechend stark ab. Sobald

die gesamte Mischung transparent erscheint, ist die Stärke vollkommen verkleistert, d. h. alle Stärkekörnchen sind beim Kochen geplatzt, der Jus ist somit ausreichend durchgekocht.
In der Küche bezeichnet der Begriff Jus einen fettfreien Fleischsaft, der beim Garen (Braten) von Fleischstücken austritt und nach dem Erkalten geliert.

## K

***Karamel***

1. Beim Zuckerkochen die Kochstufe ab 145 ° C (sogenannter schwacher Karamel) und nahezu ohne Färbung sowie die Kochstufe zwischen 150 ° C und 160 ° C (sogenannter starker Karamel) mit leichter Gelb- und beginnender Braunfärbung. Der Beginn der Färbung ist das Anzeichen für die sich entwickelnde → Karamelisierung (Versetzung) des Zuckers. Erst jetzt kommt es zur Geschmacksbildung. Der Verwendungszweck bestimmt den Bräunungsgrad und dieser dann den Geschmack von mild-süß bis intensiv-bitter.
2. Vielleicht aus der Sicht des Verbrauchers: typischer Geschmack (Aroma) eines Produktes, das eine gold- bis mittelbraune Färbung (sogenannte Karamelfarbe) aufweisen kann.

***Karamelisieren***

1. Puren Kristall- oder Puderzucker auf mindestens 160 ° C (Schmelzpunkt) erhitzen. Durch die große Hitze beginnt der Versetzungsprozeß (nicht Verbrennnungsprozeß), wobei Wasserabspaltungen (daher der Name Kohlenhydrate = Kohlenstoff mit Wasser) zu neuen geschmacksintensiven Verbindungen (Farb- und Geschmacksstoffe) führen. Letztlich würde nur noch reiner schwarzer Kohlenstoff verbleiben (wirkt wie Medizinalkohle!).
Karamelisierter Zucker ist das Ausgangsprodukt für Hartkrokant, Blätterkrokant sowie Weichkrokant.
2. Zum Beispiel Ölsamen mit einer Schicht geschmolzenem oder gekochtem Zucker (Kochstufe etwa ab 150 ° C) umhüllen oder einem Dessert – wie z. B. der Crème brûlée – durch Schmelzen von etwas aufgestreutem Zucker eine hauchdünne Karamelkruste geben.

## L

***L-Ascorbinsäure (E 300)***

Bezeichnung für Vitamin C aus der Gruppe der wasserlöslichen Vitamine. Die in der Natur vorkommende Ascorbinsäure besitzt eine antioxidierende Wirkung z. B. gegenüber Äpfeln und Bananen, da die Säure gegen das lebensmitteleigene Enzym Polyphenoloxidase wirkt, das für die Braunfärbung insbesondere bei Obst und Gemüse verantwortlich ist. (Oxidation hier = Braunfärbung von Fruchtfleisch beim direkten Kontakt mit dem Sauerstoff aus der Luft.) Eine Mischung aus Trinkwasser mit einem Anteil von 10 Prozent L-Ascorbinsäure reicht aus, um entsprechende Wirkung beim Behandeln von Obst zu erreichen.
L-Ascorbinsäure dient auch als Oxidationshemmstoff gegen Fettranzigkeit (Antioxidation) sowie zur Verfeinerung des Geschmacks von Fruchterzeugnissen. L-Ascorbinsäure zählt zu den Antioxidantien. Wie uns schon der Name darüber Auskunft gibt, verhindern Antioxidantien den (oxidativen) Verderb, also die Veränderungen, die durch den Einfluß von Luftsauerstoff entstehen (siehe auch unter → Oxidation). Antioxidantien gehören zu den Zusatzstoffen. Bezüglich der Deklaration ist derzeit vorgeschrieben, daß bei den Zusatzstoffen der Klassenname Antioxidationsmittel und in der Zutatenliste die jeweilige E-(U)-Nummer mit dem Namen des eingesetzten Stoffes aufgeführt werden muß. Die Deklaration durch E-Nummer ist für den Verbraucher immer sehr abstoßend, was aber in diesem Fall völlig unbegründet ist und wogegen durch gezielte Aufklärung bzw. Information vorgesorgt werden kann.

## M

***Marinieren***

Als Marinieren (Beizen) wird die Behandlung bzw. das Einlegen von Lebensmitteln in Marinade (Beize) bezeichnet. In der Küche sind Marinaden Flüssigkeiten, die einen Anteil Säure z. B. durch zugesetzten Essig, Buttermilch oder Zitronensaft und meist verschiedene

Gewürze enthalten. Durch Einwirken der Säure verändern sich die Lebensmittel sehr stark. Für den Konditor/Patissier ist das Marinieren von Früchten mit Zitronensaft von großer Bedeutung, da durch die Wirkung der im Saft enthaltenen Säure eine allzuschnelle Braunfärbung (→ Oxidation und L-Ascorbinsäure) beispielsweise bei Äpfeln oder Bananen sehr gut verhindert bzw. verzögert werden kann. Früchte können z. B. auch mit Zucker mariniert werden, um den typischen Geschmack etwas zu heben.

***Marone***
Edelkastanie bzw. Eßkastanie, die vorwiegend in den Mittelmeerländern angebaut wird. Maronen finden in der Konditorei bzw. Patisserie Verwendung als Püree für → Mousses sowie → Cremes und dergleichen, oder sie werden kandiert und glasiert und heißen dann → Marrons glacés.

***Maronenpüree***
Für den Einsatz in der Konditorei bzw. Patisserie hergestellte Zubereitung aus Edelkastanien (Eßkastanien). Um reines Maronenpüree selbst herzustellen, werden geschälte Maronen kurz weich gekocht und nach dem Abkühlen passiert. In Gefrierbeuteln oder entsprechenden Behältnissen gut verpackt, kann das Maronenpüree mehrere Monate tiefgekühlt gelagert werden.

***Marrons glacés***
Kandierte Maronen, die mit einer dünnen Zuckerglasur (Fadenzuckerglasur) überzogen oder nur kandiert sind, wobei der Zucker auf der Oberfläche dann zu einer dünnen schützenden Schicht auskristallisiert. Ganze Marrons glacés sind ein besonders hochwertiges und teures Produkt, da in der Herstellung bei den empfindlichen Maronen relativ viel Bruch (durch eine Haut, welche die Frucht in zwei Teile trennt) entstehen kann. Der Bruch kommt gesondert zum Verkauf. Leider sind die Marrons glacés in der Bundesrepublik Deutschland kaum verbreitet, aber ihren Kennern vor allem in den romanischen Ländern oder in der Schweiz bereiten sie allerhöchsten Genuß.

***Marzipanrohmasse***
Dieses Halbfabrikat gibt es in drei unterschiedlichen Qualitätsstufen, die als M1, M0 und als M00 – die Stufe der höchsten Güte – deklariert sind. Das Mengenverhältnis der Rohstoffe, aus denen diese Rohmasse hergestellt wird, ist: 2 Teile Mandeln zu 1 Teil Zucker. Rohmasse vom Typ M1 darf einen Anteil bitterer Mandeln (höchstens 12 Prozent des Mandelgewichts) enthalten. Dieser Typ ist von kräftigerem geschmacklichem Ausdruck und eignet sich sehr gut für den Einsatz in zu backenden Zubereitungen. Für die Qualitäten M0 und M00 ist ein Anteil von bis zu 5 Prozent Bittermandeln zulässig. Durch Unterwirken von Puderzucker (maximal bis zur gleichen Gewichtsmenge) wird aus der Rohmasse Marzipan. Um einen unvergleichlich guten Geschmack seines Marzipans zu erreichen, sollte der Konditor den zugesetzten Anteil Puderzucker jedoch so gering wie möglich halten bzw., falls machbar, ganz auf eine Zugabe von Puderzucker verzichten. Die Marzipanrohmasse findet in unzähligen Rezepturen der Konditorei ihre Verwendung.
Ferner ist für den besonders qualitätsbewußten Fachmann Marzipanrohmasse der Qualität M00G von Bedeutung. Dies ist eine Spitzenqualität („Konditorenmarzipan") nach besonderen Güteanforderungen des Deutschen Konditorenbundes. Die besonderen Merkmale sind: anstatt der üblichen 17 Prozent nur 16 Prozent Wasseranteil. Es ist kein Zusatz von Konservierungsstoffen erlaubt. Zur Herstellung werden ausschließlich süße süditalienische Mandeln (Avola/Bari) verwendet. Der Zusatz von Zucker zur Rohmasse ist hier auf maximal 25 Prozent beschränkt.

***Melieren***
Mischen, vermengen, → unterziehen von verschiedenen Komponenten einer Masse, aber auch bei → Mousse oder Sahnefüllung. Meist werden Massen, Füllungen und dergleichen beim Herstellungsvorgang durch das Melieren bzw. Ein- oder Untermelieren fertiggestellt.

***Mousse (französisch für Schaum)***
In der Konditorei/Patisserie wird als Mousse eine Dessertspeise bzw. -füllung von cremiger und besonders schaumiger (luftiger) Konsistenz bezeichnet. Grundsätzlich unterscheidet man die Gruppen der Fruchtmousses und der Schokoladenmousses. Mousse wird auf sehr vielfältige Art hergestellt, wobei die Rezeptur dann einen Anteil von schaumigem Vollei, Eigelb, Eiklar oder Butter in Verbindung mit schaumigem Ei (schwere

„Mousse au chocolat") enthalten kann. Charakteristisch ist aber immer die besondere „Luftigkeit" (siehe Name) dieser Süßspeise, welche sich besonders prägnant eigentlich nur durch Zusetzen von schaumiger Eiermasse erzielen läßt. In der deutschen Konditorei/ Patisserie unterscheiden sich hierdurch bisher häufig, jedenfalls wegen ihrer Bezeichnung, die Mousses von anderen Zubereitungen bzw. Rezepturen mit Schlagsahne, da oft im deutschen fachlichen Sprachgebrauch der Zusatz „...mousse" erst bei einem Anteil schaumiger Eier in der Rezeptur gebräuchlich ist.
(Siehe hierzu auch auf Seite 303 Versuch/Litergewichte!)
Wird eine Füllung, in die nur durch einen bestimmten Anteil Schlagsahne Luft bzw. Volumen eingebracht wird, als Mousse bezeichnet, sollte gegebenenfalls die Bezeichnung Sahnecreme oder z. B. Schokoladensahne gewählt werden. Hierdurch ließe sich zum einen für den Fachmann der Begriff Mousse für eine Rezeptur mit einem Anteil von schaumigem Ei festlegen und zum anderen für den (deutschen) Verbraucher ein Unterschied zu Produkten ohne schaumiges Ei deutlich machen. Letzteres kann nur beides als Empfehlung gelten, da der Begriff Mousse für die deutsche Konditorei/Patisserie bisher noch nicht festgeschrieben worden ist, darüber als Überbegriff gültig ist und zudem in Frankreich auch eine Mousse-au-chocolat-Rezeptur ohne einen Anteil von schaumigem Ei nur aus Schlagsahne und Kuvertüre (Schokoladensahne) als Mousse bezeichnet wird.

## N

### ***Nappieren***

1. Überziehen z. B. eines Fours mit einem gelierfähigen Überzug, um ein Antrocknen der Oberfläche zu verhindern – hauptsächlich bei kalten Desserts.
2. Ein auf einem Dessertteller arrangiertes z. B. Moussetörtchen nur zu einem Teil mit der auf das Dessert abgestimmten Soße übergießen bzw. nur teilweise angießen.

### ***Nugat***

Eine im kristallisierten Zustand schnittfeste und für die Konditorei sehr bedeutende universelle Masse bzw. Grundmasse, welche heute als Convenienceprodukt zur Verfügung steht. Nugat wird üblicherweise durch feines Walzen (früher im sogenannten Melangeur) von Krokant, d. h. gerösteten Mandeln und/oder Haselnüssen sowie einem Zusatz von geschmolzenem oder gekochtem Zucker (Karamel), hergestellt. Die Festigkeit wird durch Beimegen von Kakaobutter (auch Kuvertüre) schon während der Fertigung entsprechend eingestellt bzw. korrigiert. Es kann jedoch auch noch nachgehärtet werden. Dunklem Nugat wird zur gewünschtem Farbgebung während des Zubereitens meist Kakao bzw. Kuvertüre hinzugefügt. Sahnenugat wird durch das Zusetzen entsprechender Trockenbestandteile (Sahnepulver) bereitet. Bei Bitternugat herrscht ein sehr starker Röstgrad der Bestandteile und/oder eine sehr starke Karamelisierung des Zuckeranteils vor.
Nugat darf bei der Verarbeitung nicht über einen bestimmten Punkt hinaus erwärmt werden, da sonst die zum Rekristallisieren notwendige Bindung der Trocken- und Fettbestandteile verlorengeht. Nugat ist dann, ähnlich wie Kuvertüre, erneut zu temperieren.

## O

### ***Oxidation***

Verschiedene Enzyme sind in der Lage, Sauerstoff aufzunehmen und mit anderen Stoffen zu verbinden (sogenannte Atmungsenzyme oder Oxidasen); z. B. bewirken sie die Mehlatmung, aber auch das unerwünschte Braunfärben der Anschnittstellen beim Obst. Das lebensmitteleigene Enzym Polyphenoloxidase ist für die Braunfärbung insbesondere bei Obst und Gemüse verantwortlich. Diesem Braunfärben des Obstes kann durch behandeln mit → L-Ascorbinsäure entgegengewirkt werden.

## P

### ***Pailleté Feuilletine***

Dies sind hauchdünn gebackene und außergewöhnlich knusprige Flocken, die in der Konditorei/Patisserie bei der Herstellung verschiedenster (wasserarmer) Füllungen für Torten oder Desserts ihre Verwendung finden und heute als Convenienceprodukt gebräuchlich sind. In Frankreich werden sie ganz ursprünglich aus einem getrockneten, zerkleinerten → Crêpe gefertigt, der nach einer Rezeptur aus Weizen- und Buchweizenmehl, Milch, Rum und Zimt hergestellt worden ist.

***Parfait (glace)***
***(französisch für das Vollkommene)***
Parfait ist eine hochwertige und äußerst vielfältige Variante der Speiseeissorte Sahneeis und wird meist nach dem vorherrschenden Geschmack bezeichnet, z. B. Mokkaparfait. Zur Herstellung werden unter eine → Pâte à bombe (schaumige Eiermasse) Schlagsahne und Aromen, aber auch Zusätze wie gehackte Dickzuckerfrüchte, Makronen oder Walnüsse usw. → meliert. Das Parfait wird in verschiedenste Formen, auch in sogenannte → chemisierte Eisbombenformen eingefüllt und im Froster in ruhendem Zustand tiefgefroren. Parfait wird auch als Halbgefrorenes oder Halbeis bezeichnet.

***Parisienne-Ausstecher***
Auch Kartoffelausstecher oder Kugelausstecher genannt. Es gibt ovale (sogenannte Olivenmesser) und zusätzlich gerippte (kannelierte) Versionen. Der Parisienne-Ausstecher ist ein meist doppelseitig mit scharfkantigen Halbkugeln in unterschiedlichen Größen besetztes Küchenwerkzeug. Mit diesem Ausstecher lassen sich besonders dekorative Kugeln von Früchten wie Melonen, Mangos und dergleichen, aber auch von vielerlei Gemüsen herstellen.

***Passieren***
Bezeichnung für den Vorgang des Durchgießens oder Durchstreichens (Durchpassieren) z. B. von pürierten Früchten, → Crème anglaise für Bayrische Creme oder gekochte Creme, üblicherweise durch ein feines Sieb, aber auch durch eine fein gelochte Metallscheibe bei Verwendung eines sogenannten Passiergerätes.

***Pasteurisieren***
Verfahren, bei dem Lebensmittel (z. B. Milch) oder entsprechende Zubereitungen durch Erhitzen auf unter 100 °C kurzfristig haltbar gemacht werden. Dabei kommt es bei den gebräuchlichsten sowie gesetzlich vorgeschriebenen und überwachten Verfahren wie der Kurzzeiterhitzung (etwa 75 °C über 30 bis 40 Sekunden) und der Hocherhitzung (bei 86 °C für 5 bis 10 Sekunden z. B. für Eiskremmix) zu einer weitgehenden Abtötung der Mikroorganismen. Damit es im weiteren Produktionsverlauf zu keiner erneuten verstärkten Keimentwicklung kommen kann, ist es von entscheidender Bedeutung, den beispielsweise pasteurisierten Eiskremmix schnellstmöglich auf unter + 5 °C abzukühlen.

***Pâte à bombe***
Die französische Bezeichnung für eine Grundmasse, welche vergleichbar ist mit dem Grundprodukt für die Herstellung der Sahneeisvariante (Halbeis) Parfait. Das hierbei entscheidende Merkmal liegt beim im fachlichen Sprachgebrauch als → Warm- und Kaltschlagen bezeichneten Aufschlagen des Eianteils (meist Eigelb) mit dem Zucker (auch Zuckersirup unterschiedlicher Dichte und gekocht).
Wird eine „Pâte à bombe" z. B. für eine → Mousse au chocolat hergestellt, sollten zunächst die pasteurisierten Eier möglichst staubfrei kalt geschlagen werden. Weiter sollte dann die fertige Pâte à bombe sehr zügig verarbeitet werden, damit beim fertigen Produkt eine Temperatur von unter 7 °C – besser maximal 4 °C – nach möglichst kurzer Zeit wieder erreicht werden kann. Dies hat für die Sicherheit der mit einer Pâte à bombe hergestellten Produkte eine entscheidende Bedeutung, denn im Temperaturbereich bis maximal 7 °C kommt es nur zu einer sehr trägen Keimvermehrung.
Bei einem Praxisversuch zur Herstellung einer Pâte à bombe unter Berücksichtigung des → HACCP-Konzeptes konnte ich in Zusammenarbeit mit einem Fachmann für Mikrobiologie eine sehr interessante Feststellung machen. Siehe hierzu auf Seite 298.

***Patisserie***
1. Die Kunst der Süßspeisenherstellung im allgemeinen.
2. In Frankreich, Belgien und in der Schweiz ein Geschäft zum Verkauf von Konditoreiwaren.
3. Die Abteilung bzw. der Arbeitsbereich in einer Küche, wo die Herstellung der Dessertteller und sonstiger Süßspeisen stattfindet.

In der Patisserie der Küche gibt es, neben steten modernen Einflüssen, unzählige traditionelle Dessertrezepturen. Die neuzeitliche Konditorei-Patisserie hingegen begann sich etwa seit Anfang der neunziger Jahre und nach bedeutenden Impulsen durch kreative Berufskollegen im Inland und im benachbarten europäischen Ausland unaufhaltsam weiterzuentwickeln.

***Pâtissier/Pâtissière***
Steht in Frankreich für Konditor bzw. Konditorin, in Deutschland für das für die Desserts zuständige Mitglied einer Küchenbrigade. (La pâtissière ist in Frankreich auch eine Bezeichnung für Kremkocher bzw. Kessel zum Kremkochen.)

***Petits fours***
Als Petits fours (französisch für kleine süße Teilchen) werden alle süßen, kleinen und meist raffiniert gefüllten Leckereien von der zierlichen Größe eines Mundbissens bis etwa zur Größe von zwei Gabelbissen bezeichnet. Sie werden in ihrem Aufbau, ihrer Füllung, ihrem Überzug und im Geschmack äußerst vielfältig und variabel hergestellt. Der Kreativität sind hierbei keine Grenzen gesetzt. Dabei können alle herkömmlichen Grundprodukte und Zubereitungen aus der Konditorei bzw. Patisserie zum Einsatz kommen. Die große Auswahl der glasierten Fours, die Frischfruchtfours – hergestellt mit → blindgebackenem Mürbteig oder Blätterteig – , die Brandteigfours oder die Moussefours sind nur einige Gruppen, die hier genannt sein sollen. Petits fours sind im Konditoreiverkauf und bei den verschiedensten Anlässen hochgeschätzte Köstlichkeiten. Im Restaurant werden sie meist zum Kaffee serviert und bieten wegen ihrer Raffinesse oft den wunderbaren Abschluß eines umfangreichen Menüs.

***Pomadig***
Als pomadig bezeichnet man den Zustand von Butter, auch von anderen Fetten, der zwischen kühl und fest und dem Gegenteil hierzu – weich bis flüssig – vorzufinden ist. Beispiel hierzu: Aus einem fertiggestellten und bereits etwas abgekühlten Pralinencanache wird durch Einrühren von pomadiger Butter eine sogenannte Trüffelmasse.

## Q

***Quellstoffe***
In der Konditorei/Patisserie werden Quellstoffe für Erzeugnisse als Dickungs- und Geliermittel verwendet, die einen hohen Wasseranteil haben, z. B. für Konfitüre, Gelees, Frucht- und Sahnecremes, Speiseeis und dergleichen. Ferner werden sie solchen Produkten zugegeben, bei denen das Wasserbindungsvermögen ihrer Eigenbestandteile nicht ausreicht, die für das Erzeugnis angestrebte feste Beschaffenheit zu erreichen. Ein tierischer Quellstoff ist z. B. → Gelatine, pflanzliche sind u. a. Agar-Agar, Alginate, Guarkernmehl, Gummiarabikum, Johannisbrotkernmehl, Pektine und Tragant. Die meisten Quellstoffe besitzen keinen Nährwert, gehören aber nach der Zusatzstoff-Zulassungsverordnung entweder zu den allgemein oder beschränkt zugelassenen Zusatzstoffen.

## R

***Reduzieren***
Flüssigkeit (Wasser) z. B. bei Fruchtsaft oder Wein durch Einkochen verdampfen. Hierdurch verändert sich die Flüssigkeitsmenge, was bei der weiteren Verarbeitung hinsichtlich der Bindung von großer Bedeutung sein kann. Es ergibt sich aber auch eine Konzentration des Geschmacks und eine veränderte Viskosität, besonders wenn zuckerhaltige Lösungen reduziert werden.

## S

***Sabayon***
In Deutschland als Weinschaum sowie im Italienischen als Zabaione (mit Marsala) bekannt. Das klassische französische Sabayon wird aus Eigelb, Zucker und trockenem Weißwein hergestellt. Das Grundrezept eines Sabayons kann aber sehr leicht variiert werden. Hierzu

wird der Weißwein gegen edlen Champagner, schweren Rotwein oder Marsala ausgetauscht. Aber auch durch Beigabe von fein abgeriebener Zitronen- oder Orangenschale, Fruchtpürees oder Destillaten lassen sich sehr einfach raffiniert schmeckende Varianten von Sabayons zubereiten.

***Schaummasse (Baisermasse, Eiweißmasse)***
Sehr voluminöse, aus Eiklar und Kristall- bzw. Puderzucker oder durch Beigabe von gekochtem Zuckersud unter Schlagen hergestellte Masse. Man unterscheidet nach der Herstellungsweise warme und kalte sowie nach dem Zuckeranteil leichte und schwere Baiser- bzw. Schaummassen. Schaummasse ist ein überaus universell einsetzbares Grundprodukt für die Konditorei und Patisserie und kann dabei sehr vielfältig abgewandelt (aromatisiert) bzw. in verschiedenster Form weiterverarbeitet werden.
Als weitere Begriffe sind hier Schweizer Baisermasse (Eiklar und Zucker wird zusammen erwärmt und dann aufgeschlagen) – französische Baisermasse (Eiklar und Zucker werden kalt aufgeschlagen) und italienische Baisermasse (Windmasse) (wird durch Zugießen von heißem, bis 117 °C gekochtem Zuckersud hergestellt) zu nennen.
Erzeugnisse aus kalter Schaum-(Baiser-)Masse sind mürbe, aus warm hergestellter sind sie eher hart bis splitterig. Schaummasse (aus pasteurisiertem Eiklar hergestellt) kann auch, um das Volumen zu verbessern, einer Mousse (auf Schlagsahnebasis) beigegeben werden.

***Serigraphie***
Dies ist ein anderer Name für die Siebdrucktechnik bzw. Bezeichnung für einen mit dieser Technik hergestellten Druck. Siebdruck ist heute eine sehr gebräuchliche Drucktechnik, bei der die Farbe durch die Druckform hindurch gedruckt wird. Mit der entsprechenden Sachkenntnis und etwas Erfahrung kann ein „Sieb" (Druckmotiv) auch selber hergestellt werden. Für den Konditor ergibt sich mit dem Einsatz dieser Technik eine unglaublich große Zahl von Möglichkeiten, kreative Dekore herzustellen, bei denen allerfeinste Details besonders wirkungsvoll zur Geltung kommen können. Als Druckfarbe wird in der Konditorei z. B. Kakaomasse, Eiweißspritzglasur oder mit Pigmentfarbe gefärbte Kakaobutter verwendet. Dabei können Materialien wie Gelatinezucker, Marzipan, Mürbteig usw. und auch Kunststoffolien oder → Silikonbackmatten bedruckt werden.

***Silikonbackmatte***
Eine besonders vielseitig einsetzbare und etwa zweitausendmal (laut Hersteller) wiederverwendbare Matte als Ersatz für herkömmliches Backpapier. Sie besteht aus einem gröberen Gewebekern, der aus einer künstlichen Seidenfaser hergestellt ist. Das auf eine übliche Größe von Backblechen zugeschnittene Gewebestück wird durch einen Tauchvorgang mit besonders hitzebeständigem Silikonkautschuk umhüllt.

***Stupfen***
Vorgang des Einstechens in ausgerollte Teilstücke, speziell bei ausgelegten Formen oder mit Teig abgedeckten Kuchen, um starke Blasenbildung beim Backen zu vermeiden. Zum Stupfen kann eine Gabel oder eine spezielle Stupfrolle verwendet werden.

## T

***Temperieren***
Im ursprünglichen Sinn bedeutet dies die Temperatur regeln. In der Konditorei/Patisserie ist das Temperieren ein häufig angewandter Prozeß, durch den oft erst die entscheidenden Voraussetzungen zum Gelingen einer Rezeptur oder eines Fertigungsschrittes hergestellt werden. In der Praxis unseres Berufes temperiert man z. B. Pralinenkörper zum Überziehen auf etwa 25 °C (Nugat- und Buttercanache-Pralinenkörper bis an die machbare Temperaturgrenze) oder einen → Fond oder eine Kuvertüre auf die entsprechende Temperatur, um Schlagsahne → einmelieren zu können, aber auch Massen, um Zusätze möglichst homogen untermelieren zu können, und vieles andere mehr. Ferner ist der Begriff des Temperierens gebräuchlich als Bezeichnung für den Vorgang des → Vorkristallisierens von aufgelöster Kuvertüre.

## U

***Umkristallisieren***
Bei zu langer Tiefgefrierlagerung kommt es zur Umkristallisierung der im Produkt vorliegenden Eiskristalle. Dabei wachsen wenige große Kristalle auf Kosten der vielen kleinen. Hierdurch verschlechtert sich die Qualität der eingefrorenen Lebensmittel hinsichtlich der Backeigenschaft (bei Teiglingen), Geschmack (z. B. Schmelz) und Aussehen (Struktur/Anschnitt). Speiseeis kann z. B. dadurch seine cremigen Eigenschaften vollständig einbüßen. Mousseprodukte bekommen eine rauhe Struktur und ein stumpfes Aussehen.

***Unterziehen***
Auch → Melieren genanntes Verfahren, welches das Zusammenfügen von verschiedenen Grundzubereitungen bzw. Teilen einer Masse (z. B. Eischnee oder Schlagsahne) durch vorsichtiges Einrühren (nach dem Aufschlagen) bedeutet.

## V

***Vorkristallisieren***
Bei der Kuvertüreverarbeitung wird der Vorgang des Vorkristallisierens in der Praxis auch als → Temperieren bezeichnet. Das heißt, in einer auf max. 45 °C erwärmten Milchkuvertüre oder einer bei max. 54 °C aufgelösten Bitterkuvertüre werden durch das Unterarbeiten von fester (kristalliner) Kakaobutter (Kuvertüre) der vollkommen destabilisierten bzw. gelösten Kakaobutter Kristallisationskerne zur Verfügung gestellt. Die überwiegend angewandte Methode des Vorkristallisierens ist das sogenannte Impfen der entmischten (über 33 °C) Kuvertüre durch Zugabe von gehackter Kuvertüre. Die überwärmte und entmischte Kuvertüre kühlt dabei ab in den Kristallisationsbereich der Kakaobutter, ab 27 °C und kühler. Dabei stabilisiert sich die gesamte Kakaobutter, und sie ist dann wieder in der Lage, die Trockenbestandteile Kakao und Zucker zu binden. Die Kuvertüre kann jetzt wieder bis an ihre Grenze, das heißt z. B. bei hochwertiger Bitterkuvertüre bis auf etwa 33 °C, angewärmt und anschließend verarbeitet werden.

Das Vorkristallisieren von aufgelöster, überwärmter Kuvertüre ist ein unerläßlicher Schritt zur Herstellung eines homogenen, feinkristallinen, wärmestabilen Fettgefüges, d. h. einer Kuvertüre, die nach dem Auskristallisieren einen harten Bruch und glänzendes Aussehen besitzt.

## W

***Wachsweich***
Ist ein Ausspruch, der vor allem bei der Kuvertüreverarbeitung von Bedeutung ist. Dort bezeichnet der Begriff Wachsweich einen bestimmten Zustand beim Kristallisationsvorgang (Erstarren) von temperierter Kuvertüre. Die Kuvertüre befindet sich in diesem Moment mit bestimmten Verschiebungen innerhalb einer engen Grenze zwischen dem flüssigen und festen, bei Bitterkuvertüre harten Zustand. Von einer dünn auf Papier oder Folie aufgestrichenen Schicht Kuvertüre lassen sich bei Erreichen des wachsweichen Zustandes hervorragend Dekorteile ausschneiden oder z. B. Plättchen zum Aufdressieren von Pralinen ausstechen.

***Warm- und Kaltschlagen***
Ist die Bezeichnung für den Vorgang des Aufschlagens einer zuvor auf etwa 50 bis 60 °C erhitzten Ei-(Vollei-)-und-Zucker-Mischung meist für Wiener Masse. Durch die Erwärmung wird der Zuckeranteil leichter gelöst. Somit entsteht eine zähflüssigere Masse mit verstärkter Schaumbildung. Gleichzeitig verbessert sich auch die Emulgierfähigkeit des Eigelbs. Dies ist beim Einmelieren von weiteren Zutaten, insbesondere bei der Fettzugabe, von großer Bedeutung.

***Wiener Masse***
Das Besondere bei der Herstellung einer Wiener Masse liegt im Warm- (50 bis 60 °C) und Kaltschlagen des Volleis mit dem Zucker. In die kalt ausgeschlagene Masse wird zunächst das Mehl mit dem Weizenpuder und danach das erhitzte (40 °C) flüssige Fett (Butter)

gefühlvoll untermeliert. Tortenböden aus Wiener Masse sind durch den Fettgehalt relativ saftig und stabil. Sie besitzen aber auch eine feinporige, elastische Krume und haben eine zarte Konsistenz.

## X

### *Xylit*

Xylit ist ein fünfwertiger Alkohol, der durch Hydrierung von Xylose (Holzzucker) hergestellt wird und dabei etwa die gleiche Süßkraft wie Saccharose besitzt. Da er nur in geringem Umfang kariesförderlich ist, ist er als Süßungsmittel besonders für Geleebonbons, Kaugummi usw. geeignet, wird aber auch, da er koch- und backfest ist, manchmal für Konditorei-/Patisserieprodukte verwendet. Xylit dient wegen seiner Süße als Zuckeraustauschstoff bei diätetischen Lebensmitteln für Diabetiker, ist jedoch für nicht diätetische Lebensmittel nur beschränkt zugelassen.

## Y

### *Yucca*

Südamerikanische Knollenfrucht, aus welcher neutrale und leichtverdauliche Stärke gewonnen wird. Verwendung wie z. B. (Synonym) Pfeilwurzelmehl/Marantastärke u. a. für Backwaren, Nahrungsmittel oder in diätetischen Lebensmitteln.

## Z

### *Zur Rose abziehen*

Der Begriff rührt von dem heutzutage wegen der gestiegenen hygienischen Ansprüche nicht mehr zeitgemäßen Abziehen einer durch Ei gebundenen Creme mit dem Holzlöffel her. Dabei wurde zur Probe des Erreichens der gewünschten Temperaturstufe bzw. Bindung auf den hölzernen Kochlöffel geblasen. Hierbei sollte die auf dem Kochlöffel befindliche Masse wellenförmig auseinander laufen, wobei der Eindruck einer erblühten Rose entstehen konnte.

Im aktuellen fachlichen Sprachgebrauch bedeutet die Bezeichnung „zur Rose abziehen": Eine Mischung, z. B. eine → Crème anglaise oder ein → Fond, der durch den zugesetzten Eianteil (Eigelb) gebunden werden soll, wird unter ständigem Rühren bis auf maximal 86 ° C erhitzt. Infolge der Erhitzung erreichen die Eiweißstoffe ihre volle Quellfähigkeit und sind dabei in der Lage, ein Vielfaches ihres Eigengewichts an Wasser aufzunehmen (das Wasser zu immobilisieren). Zugleich verfestigen sich die Eiweißstoffe aber auch und geben daher „zur Rose" abgezogenen Cremes eine mehr oder weniger starke Bindung. Beim Überschreiten der Temperaturgrenze kommt es zu einer Gerinnung der Eiweißstoffe, dabei geht jegliche Bindung wieder verloren, die Mischung wird dabei grießelig.

## *Zusatzinformationen für Hygiene und Arbeitstechnik*

### *Hygiene beim Umgang mit Frischeiern zur Mousseherstellung*

Für den Konditor ist bei einer „handwerklichen" sogenannten hohen Pasteurisierung, etwa wie bei der ohnehin schwierigen Erhitzung von kleinen Mengen Ei und Zucker auf 86 ° C zur Herstellung einer Pâte à bombe, keine 100prozentige Salmonellenfreiheit, sondern nur eine Keim- bzw. Restrisikoverminderung zu erreichen. Der Grund hierfür liegt in der mangelnden Möglichkeit das Ei im offenen Kessel über einen längeren Zeitraum (mehrere Minuten) auf so hoher Temperatur zu halten, bei welcher dann die ausreichende Kerntemperatur (85 ° C) erreicht wird, die notwendig ist, um alle Keime wirkungsvoll abzutöten. Ferner dickt die Eimasse durch Entweichen von Wasserdampf aus dem offenen Kessel mehr oder minder stark ein, was die weitere Verarbeitung nachteilig beeinflussen kann. Fazit: Als Handwerker können wir bei diesen Produkten kaum eine 100prozentige Sicherheit garantieren bzw. herstellen! – Ausnahme: Der Einsatz eines automatischen „Pasteurisierers" mit einem Programm zur sogenannten flachen Pasteurisierung bei 65 ° C über einen Zeitraum bis zu 30 Minuten (ab etwa 15 Liter Eimasse). Deshalb

### Vergleich der Litergewichte

Für die Praxis lieferte mir der Versuch, die Litergewichte einer Sahne- bzw. Mousse-Rezeptur aus diesem Buch gegeneinander zu vergleichen, eine recht deutliche Erkenntnis. Mein Bestreben, den Begriff „Mousse“ für die deutsche Konditorei zu erläutern, bzw. meine persönliche Definition von „Mousse“, steht ja im Kapitel „Erläuterungen zu den Fachbegriffen“ auf Seite 292 beschrieben.

**Hier nochmals in aller Kürze:**

Den Begriff bzw. Zusatz „Mousse“ verwende ich, sobald der Rezeptur einer Zubereitung auf Basis von Schlagsahne oder vergleichsweise einer Sahnecreme ein Anteil schaumig geschlagenes Ei zugesetzt wird.

| **Rezeptur 1:** | **Rezeptur 2:** |
|---|---|
| Kirschwasser***sahne*** (1/2 Rezept) (v. Seite 34) | Passionsfrucht***mousse*** (v. Seite 148) |
| 11 Bl. Gelatine (Platin) (19,25 g) | 14 Bl. Gelatine (Platin) (24,5 g) |
| 100 g Milch-Grundcreme | 60 g Wasser |
| 140 g Kristallzucker | 75 g Eigelb |
| 160 g Kirschwasser (50 Vol.-%) | 200 g Vollei |
| 1200 g Schlagsahne (32 %) | 330 g Kristallzucker |
| | 500 g Passionsfruchtpüree |
| | 750 g Schlagsahne (32 %) |
| **zus. 1619,25 g*** | **zus. 1939,5 g*** |

* Ohne Wasser zum Vorquellen der Gelatine

Kirschwassersahne:

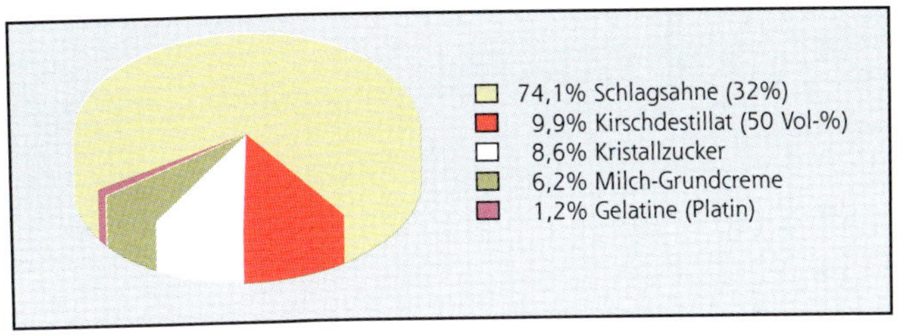


Passionsfruchtmousse:

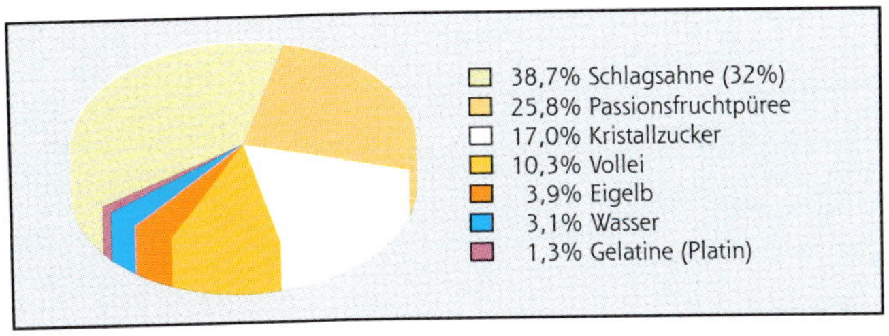


Wie auf dem Foto unten sehr gut zu sehen ist, ergab sich für die Rezeptur „Kirschwassersahne“ (links im Bild) zusammen mit dem Literbecher ein Gesamtgewicht von 787 g und für die Rezeptur „Passionsfruchtmousse“ (rechts im Bild) zusammen mit dem Literbecher ein Gesamtgewicht von 649 g.

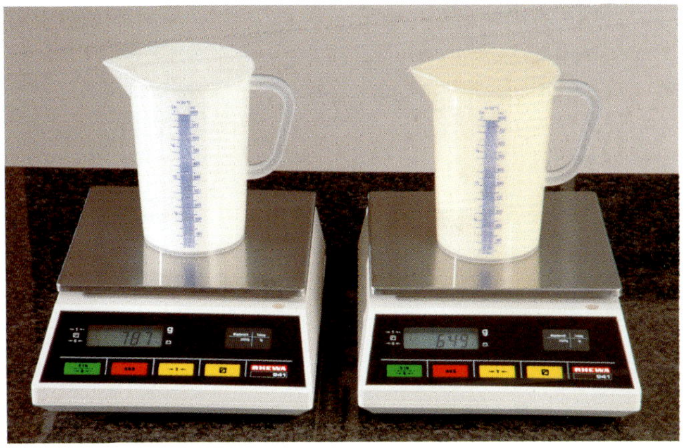

Der Gewichtsunterschied beider, zum genauen Vergleich der Rezepturen gestrichen voll gefüllten Literbecher beträgt somit 138 g von der deutlich „leichteren“ Passionsfruchtmousse zur „schwereren“ Kirschwassersahne.

**Zur Information:**

Die Tara des verwendeten Literbecher-Typs betrug bei beiden 97,5 g!

**Fazit:**

Durch die Zugabe von schaumig geschlagenem Ei läßt sich de facto ein geringeres Litergewicht als bei ausschließlicher Zugabe von Schlagsahne erzielen.

## Kleines Lexikon der Patisserie

Nicht alle der hier zusätzlich aufgeführten französischen Bezeichnungen sind direkter Bestandteil dieses Buches. Mitunter sind sie schon traditionelle und zum Teil in unserem heutigen fachlichen Sprachgebrauch ganz selbstverständlich gewordene bzw. geläufige Begriffe. Brioche, Chaudeau, Croissant, Eclair oder Tourieren sind hierfür nur einige überzeugende Beispiele. Überdies sind viele dieser Fachbegriffe wichtige Elemente der internationalen Küchensprache und deshalb auch für den Patissier bzw. den Konditor von entsprechender Bedeutung.

## B

***Baiser***
Stark schaumige Masse, aus Kristallzucker und Eiklar hergestellt (Meringue).

***Biscuit***
Biskuit, feine Backware aus Eiern, Weizenmehl und Zucker.

***Biscuit Joconde***
Ein zarter, feiner Boden (Kapsel), welche/r durch den enthaltenen Anteil Mandelmehl und Butter saftig ist.

***Bonbon au chocolat***
Praline (Konfekt).

**Brillat-Savarin**
Französischer Gastrosoph, nach dem zahlreiche Zubereitungen bzw. Spezialitäten (à la) benannt sind.

***Brioche***
Schwach-süßes Hefegebäck mit feinem Buttergeschmack. Brioches können sogleich zu süßen und pikanten Spezialitäten weiterverarbeitet (z. B. gefüllt) werden. Süße Brioches sind ein wichtiges Frühstücksgebäck.

## C

***Café***
Kaffee, Kaffeeschänke (Kneipe), Cafeteria.

***Café au lait***
Kaffee mit einem größeren Anteil zugesetzter heißer Milch – gilt als typisch französisches Frühstückskaffee/-getränk.

***Canapé***
Kanapee, kleine, meist runde ungeröstete oder geröstete Weißbrotscheiben, welche pikant belegt und zusätzlich appetitlich dekoriert sind.

***Casserole***
Kasserolle, kleinerer Topf (Brattopf) mit Stiel.

***Cassis, groseille noire***
Schwarze Johannisbeere – Ausgangsprodukt für „Crème de Cassis" –, ein herber, leicht säuerlicher Likör.

***Cerise***
Kirsche.

***Charlotte (russe)***
Süßspeise, meist mit einer charakteristischen, zylindrischen Form und in Verbindung mit Löffelbiskuits serviert bzw. dekoriert.

***Chaudeau***
Weinschaumcreme – hierzu wird Wein (auch aufgekocht) zusammen mit einer schaumigen Eigelb-Zucker-Masse (Pâte à bombe) und unter gleichmäßigem Schlagen bis zur Rose (86 °C) erhitzt. Das schaumige Sabayon anschließend im Eiswasserbad unter gefühlvollem Rühren abkühlen.

***Chocolat***
Schokolade.

**Chocolat au lait**
Milchschokolade.

**Chocolat foncé**
Dunkle Schokolade (Bitterkuvertüre).

**Chocolatier**
Hersteller von Erzeugnissen aus Schokolade.

**Chou (Choux)**
Windbeutel (aus Brandteig/-masse).

**Confiserie**
Konfiserie, Konfekt (Pralinen) herstellende Abteilung in einer Konditorei, Konfekt herstellender Betrieb.

**Coulis**
Relativ flüssiges (soßenähnliches) Püree von Früchten – in der Küche auch aus Gemüse hergestellt.

**Couverture**
Kuvertüre (Schokolade).

**Crème**
Creme, Süßspeise.

**Crème (au) caramel**
Karamelpudding (gestürzt).

**Crème bavaroise**
Bayerische Creme – eine (aromatisierte) Crème anglaise mit Zusatz von Gelatine und Zugabe von Schlagsahne.

**Crème mousseline**
Schaumige Masse von besonders feiner Struktur – (Crème pâtissière, die nach dem Erkalten mit Butter aufgeschlagen wird).

**Croissant**
Hörnchen mit variierendem, von sehr gering bis teils starken Butteranteil (Buttercroissants), aber stets mit röscher Kruste und feiner, zarter Krume – Croissants und eine große Tasse (Schale) mit Café au lait bilden zusammen das typisch französische Frühstück.

**Croquembouche**
Aus Profiteroles (meist mit Crème pâtissière gefüllt) und mit geschmolzenem Zucker (Karamel) zusammengesetzte hohe Pyramidenform (klassisch).

**Curaçao**
Bitterer Orangenlikör (auch Triple sec).

## D

**Demiglace**
(In der Patisserie) Halbeis, Halbgefrorenes (Parfait).

**Dessert**
Nachspeise, Abschluß einer Menüfolge.

**Dragée**
Meist Mandeln und Haselnüsse, welche gegebenenfalls zuvor geröstet und sodann mit einer Zuckerkruste und/oder einer Schokoladenschicht umhüllt, dragiert werden.

**Duchesse (à la)**
Kleines, flaches und typischerweise sehr krosses Mandel-/Nußgebäck, das auch mit Nugat und ähnlichem zusammengesetzt werden kann.

## E

**Eclair**
Stangenförmiges Brandteiggebäck, meist oben mit zäher Schokoladenglasur oder Fondant glasiert und mit verschiedenen Füllungen wie z. B. Crème pâtissière (in Frankreich) oder auf Schlagsahnebasis gefüllt.

**Entremet**
In der Konditorei/Patisserie die Bezeichnung für eine Kleintorte – aber auch allgemein Süßspeisen.

## F

***Financier***
Besonders geschmeidiger, lockerer und charakteristisch immer sehr saftiger Mandelbiskuit(-boden).

***Fondant***
Aus Zucker, Wasser und Glucose durch Einkochen bis auf 116 ° C und anschließendes auf einer zuvor mit Wasser benetzten Marmorplatte durch kräftiges Tablieren (Durcharbeiten) hergestellte universelle Zucker-Grundmasse für zahlreiche Konditoreiprodukte. Fondant steht für die Konditorei schon lange Zeit als überaus arbeitserleichterndes Convenienceprodukt zur Verfügung.

***Fours secs***
Teegebäck.

***Fraise***
Erdbeere.

***Framboise***
Himbeere.

***Frangipane***
Cremige Füllmasse auf Mandelbasis, z. B. für Tartes oder Plundergebäckstücke und dergleichen mehr. Frangipane wird aus Marzipanrohmasse (auch Mandelmehl) hergestellt, welche dann unter Zugabe von Ei (Eigelb) und cremiger Butter schaumig gerührt wird.

***Friandise***
Besonders zierliches, süßes Naschwerk, wird im Restaurant als Dreingabe zum Kaffee als Abschluß eines umfangreichen Menüs gereicht.

## G

***Gâteau***
Kuchen.

***Gelée***
Gelee, durch verschiedene Prozesse wie z. B. Einkochen von reinem Fruchtsaft mit Zucker und Pektin oder durch Zusatz von Geliermitteln wie etwa Gelatine oder Agar-Agar aus stark flüssigen Grundstoffen hergestelltes Produkt, das in der Konditorei vielfache Bedeutung besitzt.

***Glaçage***
Glasur.

***Glace***
Speiseeis – aber auch die Bezeichnung für Eiweißspritzglasur.

***Glacier***
Der Hersteller von Speiseeis.

***Granité***
Grobkristalline (-körnige) Eiszubereitung auf Basis von Wasser mit Zusätzen von Fruchtsaft und/oder Zuckersirup sowie auch Aromen wie Liköre oder Kaffee.

***Gratin***
Im Ofen und bei starker Oberhitze überbackene gratinierte Speise. Vorwiegend wird mit Sabayon bei Süßem oder mit Käse bei Pikantem gratiniert.

***Griotte***
Weichselkirsche.

# M

**Macaron**
Makrone.

**Marron**
Marone (Edelkastanie).

**Mélange**
Mischung, Gemisch.

**Meringue**
Meringe, → Schaum- bzw. Baiser(-masse) – Erzeugnis einer bei etwa 100 ° C im Ofen getrockneten, z. T. auch schwach gebackenen Masse, die im Grundrezept aus mit Zucker geschlagenem Eiklar hergestellt wird. Die Meringe besitzt je nach Verwendungszweck und Rezept eine Konsistenz von zart-mürb bis hart-splittrig.

**Mignardise**
Zierliches, süßes Naschwerk. → (Friandise). Auch die kleinste Ausführung (Größe), welche von einer Torte hergestellt wird bzw. sich im Programm befindet.

**Millefeuille**
Sogenannter Tausendblätterkuchen, Schnitte aus dünnen Schichten von gebackenem Blätterteig, welche mit gekochter Creme (klassisch unter Zusatz von roher Baisermasse) geschichtet ist (gekochte Creme, → Crème Chiboust).

# N

**Nappage**
Geleeartige Glasur, überwiegend auf Basis von Aprikosen und unter Zusatz von Geliermittel (Pektin) hergestellt – wird überwiegend in kaltem Zustand bei relativ zäher Konsistenz verarbeitet (je nach eingestellter Viskosität). Das Produkt Nappage neutre (eine vollkommen transparente Zubereitung) wird im Buch bei den Rezepturen als Kaltgelee bezeichnet.

**Noix**
Nuß (Hasel-, Walnuß).

**Nonpareille**
Grieß-Zuckerkristalle werden durch Dragieren (Umhüllen) mit gefärbter Zuckerglasur zu Miniatur-Kügelchen. Eine bunte Mischung davon bezeichnet man als Nonpareille-Zucker.

**Nougat**
In Deutschland oft fälschlicherweise verwendete Bezeichnung von Nugat – in Frankreich Nougat de Montélimar (weißer Nougat) mit stückigem Anteil an Mandeln, Pistazien usw., welche dann im fertigen Produkt sehr gut an der Oberfläche zur Geltung kommen. Zählt im eigentlichen Sinne nicht zu echtem Nugat (Schaumzuckerware).

**Nougatine**
Krokant, geschmolzener Zucker (Karamel) mit einer Zugabe von Mandeln, Haselnüssen, aber auch Pistazien, Sesam usw. Krokant wird klassisch in Deutschland mit gehobelten Mandeln, in Frankreich mit gehackten Mandeln angefertigt.

# P

**Pâte**
Teig.

**Pâte à choux**
Brandteig (Brandmasse).

**Pâte brisée**
Zuckerarmer Mürbteig (in Deutschland auch die Bezeichnung für den sogenannten geriebenen Teig).

**Pâte sablée**
Süßer Mürbteig.

**Pâte sucrée**
Zuckerteig (eine Form von süßem Mürbteig).

**Pêche**
Pfirsich.

**Petits gâteaux**
Desserts in Portionsgröße.

**Pistache**
Pistazie.

**Poire**
Birne.

**Pralin**
Fein gestoßener Krokant, bezeichnet aber auch eine zerkleinerte Krokantmischung von zäher Konsistenz aus gerösteten Mandeln oder Haselnüssen usw. und Karamel.

**Praliné**
Nugat (mit geschmolzenem Zucker hergestellt).

**Profiterole**
Kleinere Version der Choux.

## Q

**Quiche (lorraine)**
Pikanter, flacher Kuchen (Pâte brisée), welcher (klassisch) mit Schinken, Zwiebeln und einem Guß auf Crème-fraîche-Basis gebacken wird. Kann warm und kalt gegessen werden.

## R

**Roulade**
Süßspeise in gerollter Form, steht in Frankreich aber auch als Begriff für eine rechteckig aufgestrichene, gebackene Kapsel.

## S

**Sablé**
„Sandig".

**Sauce**
Soße.

**Savarin**
Meist mit Rum-Punsch sehr saftig getränkter Hefeteigkranz (gerührter Hefeteig) unterschiedlicher Größe, bei dem üblicherweise in der Mitte Schlagsahnefüllung eingebracht und darauf ein Obstdekor arrangiert wird.

**Sorbet**
Auch Sorbett, Speiseeiszubereitung meist aus Fruchtsaft/-püree (auch Gemüse) und mit geringerem Zuckeranteil. Hierdurch ergibt sich eine deutlich rauh-kristalline Struktur, welche jedoch den erfrischenden Geschmack von Sorbett gut unterstützt – als Zwischengang und als Dessert. Die Herstellung erfolgt in einer sogenannten Sorbetière, einer kleinen Eismaschine mit relativ langsamer Spatelung (Rührwerk). Sorbett muß auf Grund des geringeren Zuckeranteils frisch portioniert bzw. vor dem Tiefgefrieren (Lagern) weiterverarbeitet werden.

**Soufflé**
Auflauf, empfindliche, warme Speise oder Dessert mit besonders luftiger, zart-flaumiger Beschaffenheit. Soufflés werden langsam im Ofen in einem Wasserbad gegart oder im Ofen gebacken und müssen danach sofort serviert werden.

**Sucre**
Zucker.

**Sucre cristallisé**
Kristallzucker.

**Sucre glace**
Puderzucker.

**Surprise**
Überraschung.

# T

***Tablieren***
Auf der Tafel (Tisch) durcharbeiten.

***Tarte***
Flacher Kuchen, häufig mit Fruchtbelag, wobei dieser dann mitgebacken wird, aber auch in Verbindung mit diversen Crèmes und dergleichen hergestellt.

***Tartelette***
Kleines Törtchen – Mürbteigschale, die zum Füllen verwendet und deshalb bei großen Durchmessern auch „blindgebacken" sein kann.

***Tourieren***
Durch wiederholtes Ausrollen und Übereinanderschlagen von in Butter eingeschlagenem Wasser- bzw. Grundteig (Beispiel französischer Blätterteig) entsteht ein Teig, der aus zahlreichen hauchdünnen Teig- und Butter-(Fett-)Schichten besteht, der sogenannte Blätterteig. Beim Tourieren ist es wichtig, zwischen den einzelnen Touren (Rollvorgängen) dem Blätterteig die notwendigen Ruhe- und Kühlphasen zur Entspannung und für ein gutes Endprodukt zu geben.

***Traiteur***
Hersteller von pikanter Feinkost.

***Tuiles***
Dachziegelförmiges, meist aus Nüssen oder Mandeln, Zucker, Eiklar, einem geringen Anteil Weizenmehl und Butter oder hochwertigem Nußöl hergestelltes Gebäck (Tee-/Eisgebäck). Tuiles haben etwa 4 bis 5 cm Durchmesser, sind dabei hauchdünn, leicht gewölbt und sehr kroß, aber durch die große Oberfläche auch sehr feuchtigkeitsempfindlich.

# Dank des Autors

Süße Genüsse selber zu erleben oder anderen damit eine Freude bereiten zu können, hat bis heute einen besonderen Stellenwert für mich. Als Kind bedeutete der Gedanke an die verführerischen Backwerke meiner Mutter stets auch die Erinnerung an ein ganz besonders nachhaltiges und schönes Erlebnis. Die kreative Vielfalt, ja oft bunte Farbenpracht konditorlicher Erzeugnisse hat dann auf mich so anziehend gewirkt, daß ich eines Tages beschloß, meine berufliche Laufbahn der „süßen Seite" des Lebens zu widmen.

Keine vordergründigen kommerziellen Ziele und auch keine hintergründigen Profilierungsabsichten könnten als Motivationsfaktor genügen, um als „Freizeitautor" in der Zeitspanne mehrerer Jahre, angefüllt mit sehr aufwendiger sowie detailgenauer Arbeit, die Erstellung eines solchen Fachbuches zu realisieren. Vielmehr ist es der ganz aus dem Unterbewußten heraus und durch viel Begeisterung für den Beruf so überraschend schnell zur Realität gewordene Gedanke an ein ursprünglich sehr weit entferntes Vorhaben, „später, irgendwann einmal", ein Fachbuch zu schreiben. Es wurde mir ab einem bestimmten Zeitpunkt zum überzeugenden persönlichen Ziel, mein Wissen und meine berufliche Weiterentwicklung, die ich über rund zwei Jahrzehnte hinweg in schriftlichen Unterlagen festgehalten habe, nunmehr in einem aussagekräftigen Fachbuch zusammenzufassen und es auf diesem Wege engagierten Kollegen sowie unserem berufsbegeisterten Nachwuchs zur Verfügung zu stellen. Ich möchte aus meiner Sicht auf die jüngsten Impulse, welche sich aus verschiedenen europäischen Richtungen für den Konditorei- und Patisseriebereich ergaben, hinweisen und aufzeigen bzw. Vorschläge machen, wie sich der stete Wandel nutzbringend auf unser Geschmacksverhalten respektive auf das unserer Kunden übertragen läßt. Bewährtes wird hierbei nicht voreilig über Bord geworfen, sondern in abgewandelter, neu gestalteter Form wiederbelebt oder aber mit den „modernen" Einflüssen kombiniert.

Ich halte es für einen ausgesprochenen Glücksfall, daß ich gleich bei meinem Berufsstart im Herbst 1981 an die richtige Adresse gelangte. Im weiteren Verlaufe durfte ich zahlreichen Lehrmeistern, die nicht selten meine persönlichen Vorbilder wurden, über die Schultern sehen und an deren Wissen teilhaben. An dieser Stelle möchte ich daher vor allem meinen Ausbildern, Konditormeister Claus Langer und Konditormeister Bernd Zwirner, danken. Sie waren es, die in entscheidendem Maße mit dazu beitrugen, daß ich mich ab dem ersten Lehrjahr im gewählten Beruf sehr wohl gefühlt habe. Ihnen gelang es zudem, mich zu besonderen Leistungen anzuspornen. Durch ihre Motivation vermittelten sie mir große Freude in der Tätigkeit als Konditor, sicher ein wichtiges Plus, das sich im späteren Berufsleben in vielen Momenten positiv niedergeschlagen hat.

Von den Fachlehrern während meiner Berufsausbildung an der Münchner Berufs- und Meisterschule für Konditoren, Konrad Hahn und Wilhelm Mairhofer, erhielt ich schon als „Berufseinsteiger" die Chance, etwas von ihrem großen, sehr kompetenten Wissensschatz vermittelt zu bekommen. Darüber hinaus erhielt ich 1990 beim Besuch der Meisterschule für Konditoren der Landeshauptstadt München nochmals eine besonders umfassende und sehr fundierte berufliche Weiterbildung, welche mich in manchen Bereichen erst richtig „sattelfest" gemacht hat. Dort wurde ich durch Fachstudienrat Hans Herrmann, dem Leiter der Meisterschule, mit einer positiv für unser Handwerk vorausblickenden Denkweise konfrontiert. Er versteht es auf überzeugende Weise, die Fähigkeiten seiner Schüler zu fördern und ihnen gute Perspektiven für den neuen Abschnitt mit dem Meistertitel zu eröffnen.

An dieser Stelle möchte ich meiner Kollegin, der künftigen Konditormeisterin Ute Budzinski, sehr herzlich danken. Sie stand mir schon viele Male bei besonderen beruflichen Vorhaben mit dem ihr eigenen außerordentlichen Engagement zur Seite. Dabei hat sie mich vor allem bei den Vorbereitungen zum Wettbewerb „Konditor des Jahres" und bei der Realisierung bzw. bei der Fotoproduktion dieses Fachbuches großartig unterstützt.

Ebenfalls gilt mein herzlicher Dank den Fotografen Rainer Schmitz und Kai Stiepel, die mit ihren beiden Assistenten die so herausragend gelungenen Aufnahmen für dieses Buch realisiert haben. Für die Herausgabe eines so exzellent ausgestatteten Werkes und die besonders verbindende Zusammenarbeit mit dem Team des Lektorats und der Buchherstellung bedanke ich mich sehr gerne beim Matthaes Verlag in Stuttgart.

Vor allem danke ich besonders meiner Familie. Ohne deren große Unterstützung und Toleranz wäre es mir wohl kaum möglich gewesen, in einem ohnehin sehr zeitaufwendigen Beruf, in der verbleibenden Freizeit auch noch als Fachautor tätig zu sein.

Mit dem „Kleinen Bilderbogen" auf den Seiten 276 bis 285 möchte ich versuchen, ein visuelles Zeugnis abzulegen, aber auch darstellen, wie ab meinen beruflichen Anfängen am Beginn der 80er Jahre manche meiner beruflichen Stationen aussahen und welche ich bis heute noch erleben konnte. Es ist naturgemäß nicht einfach in jungen Berufsjahren, die persönliche Vorstellung des eigenen Berufes zu verwirklichen. Damals wie auch heute ist man im Beruf mehr oder minder starken äußeren Einflüssen ausgesetzt, wobei man wohl die Fülle von Eindrücken zunächst in sich aufnehmen muß, sie aber dann kritisch reflektieren sollte, um so eine persönliche Linie zu entwickeln.

Das Buch insgesamt versteht sich als Ergebnis einer permanenten Weiterentwicklung und als transparenter Versuch, beruflich nicht stehenzubleiben. Diesem selbstgesteckten Ziel bin ich aber auch durch meinen Beitritt zum Condi-Creativ-Club e. V. nähergekommen. Es bestehen dort in allen theoretischen und praktischen Fachgebieten durch einen offenen Gedankenaustausch hervorragende Möglichkeiten, positive Impulse zur besonderen Aufgabenstellung, die sich heutzutage an eine Führungskraft in unserem Beruf richtet, zu erhalten.

Hier möchte ich nun auch noch einen Teil meines Dankes wohlwollenden Begleitern meiner bisherigen beruflichen Laufbahn abstatten. Was ich von ihnen lernen durfte und das, was ich an weiteren Impulsen von außen bekommen habe, möchte ich nun mit den im Buch dargestellten eigenen Entwicklungen wiederum an gleichgesinnte Fachleute, junge Berufseinsteiger und aufgeschlossene Laien weiterreichen. Aber auch allen Freunden süßer Sachen soll dieses Werk – ohne Anspruch auf Vollkommenheit – eine Inspirationsquelle sein, in der sie gerne blättern und Anregungen für eigene Kreationen finden können.

Alles in allem möchte ich mit dem Buch „Kreative Kompositionen für Konditorei und Patisserie" weit mehr als „ausschließlich" ein Fachbuch vorlegen. Vielmehr soll es auch ein Bilderbuch sein, das beim vergnügten Betrachter die Augen, den Geschmackssinn und auch das Herz anspricht.

Mit verzuckerten Grüßen
Ihr

Andreas Heil

## Dank

Sehr gerne danke ich den nachfolgenden Firmen für ihre engagierte sowie kompetente Zusammenarbeit bei Fragen und den Bestellungen, welche im Verlauf der Buchproduktion angefallen sind:

**IKM – Ing.-Büro Klaus Menzel**, Ravensburg
(Arbeitsgeräte zur Schokoladenverarbeitung)

**Alfred Pfersich GmbH & Co.**, Neu-Ulm
(Fachgroßhandel, Lieferant spezieller Arbeitsgeräte und Rohstoffe aus Frankreich)

**Bombasei GmbH**, Müllheim
(Folien für Schokoladendekor und -siegel)

# Register nach Gruppen

### ***Basisrezepte***



### ***Bebilderte Herstellungsverfahren***



### ***Dekorvariationen***